«Im Zentrum der minimalistischen Erziehung steht die offizielle Erlaubnis, von der Tretmühle des modernen Elternseins abzusteigen und Spaß dabei zu haben. Sie vermasseln dadurch nicht die Erfolgschancen Ihrer Kinder – ganz im Gegenteil. Ein Leben voller Freude, das Ihren eigenen Werten entspricht, gibt Ihren Kindern den Raum, um sich zu starken, einzigartigen Persönlichkeiten zu entwickeln. Und was noch wichtiger ist: Auf diese Weise leben Sie Ihren Kindern vor, dass sie ihren Instinkten trauen sollen, wenn sie sich in Richtung Unabhängigkeit und Erwachsensein bewegen. Darüber hinaus wird ein minimalistisches Familienleben auch Ihnen selbst Raum für ein eigenes, wunderbares Leben zugestehen. Schließlich ist es genauso Ihre Reise wie die Ihrer Kinder.»

Asha Dornfest ist Gründerin des Blogs parenthacks. com und schreibt für verschiedene Magazine über Familienthemen. Sie lebt mit ihrem Mann und zwei Kindern in Portland, Oregon.

Christine Koh ist Musik- und Gehirnwissenschaftlerin, Journalistin und Beraterin. Sie ist Gründerin des Mütterportals BostonMamas.com und verantwortet die Digitalstrategie bei Women Online. Sie zählt zu den «Top50 TwitterMoms».

CHRISTINE KOH · ASHA DORNFEST

MINIMALISMUS FÜR ELTERN

So macht Erziehung
wieder Spaß

Aus dem Englischen von
Susanne te Gude

ROWOHLT TASCHENBUCH VERLAG

Veröffentlicht im Rowohlt Taschenbuch Verlag,
Reinbek bei Hamburg, Februar 2018
Copyright der deutschsprachigen Ausgabe © 2018 by
Rowohlt Verlag GmbH, Reinbek bei Hamburg
Die amerikanische Originalausgabe erschien 2013
bei Bibliomotion, Inc., Brookline, Massachusetts,
unter dem Titel «Minimalist Parenting.
Enjoy Modern Family Life More by Doing Less»
Copyright © 2013 by Christine Koh & Asha Dornfest
All Rights Reserved
Authorized translation from English language edition
published by Routledge,
an imprint of Taylor & Francis Group LLC.
Redaktion Ana González y Fandiño
Umschlaggestaltung ZERO Media GmbH, München
Umschlagabbildung myillo/Getty Images
Satz aus der Adriane Text bei
Dörlemann Satz, Lemförde
Druck und Bindung CPI books GmbH, Leck, Germany
ISBN 978 3 499 63306 5

MIX
Papier aus verantwor-
tungsvollen Quellen
FSC® C083411

Das für dieses Buch verwendete Papier ist FSC®-zertifiziert.

Christine Koh: *Für Jon, Laurel und Violet – jeder Tag mit euch ist ein Geschenk, für das ich unendlich dankbar bin.*

Asha Dornfest: *Für meine Eltern, Rosalyn und Jagdish Jirge, die mir Liebe und Vertrauen beigebracht haben. Für meine Familie, Rael, Sam und Mirabai, die meine Welt und mein Herz geöffnet haben.*

INHALT

EINLEITUNG

Lassen wir den Blick über das Panorama unseres Lebens schweifen, so wissen wir im Grunde, dass wir für vieles dankbar sein können. Wir haben eine wunderbare Familie und ein gemütliches Zuhause, und vor uns liegt eine Zukunft voller Möglichkeiten. Das Leben mag nicht vollkommen sein, und vielleicht gibt es auch das ein oder andere Problem zu bewältigen, aber insgesamt stehen die Dinge doch gut.

Woher kommt also dieses nagende Gefühl, dass etwas nicht stimmt? Das Familienleben scheint aus allen Nähten zu platzen. Der Terminkalender ist brechend voll, das Haus ist vollgestopft und der Geist lechzt nach Klarheit. Es scheint, als ließen die vielen schönen Dinge in unserem Leben etwas Wesentliches außer Acht. Aber was könnte das sein?

Jede und jeder von uns weiß, dass viele Familien mit Situationen zu kämpfen haben, die von mehr Unsicherheiten geprägt sind und in denen ihnen weniger Möglichkeiten offenstehen. Wenn man sich umsieht, dann scheint es so, als hätten alle anderen ihr Familienleben recht gut im Griff. Vielleicht kommt einem schon allein der Gedanke albern vor, dass man ein Problem haben könnte. Aber sosehr man sich auch bemüht, plagt einen doch die Sorge, dass man nie genug tut, und dass man, sobald man nachlässt, die Chancen der eigenen Kinder auf ... Glück? Erfolg? ... oder was auch immer zunichtemacht. Auch wenn man nicht genau weiß, was das überhaupt ist – aufs Spiel setzen möchte man es keinesfalls.

Auch wir haben all das selbst schon durchgemacht. Und

machen es manchmal immer noch durch. Aber wir haben einen Weg gefunden, die Gefühle von Selbstzweifel, Schuld und Überforderung zu umschiffen, die dem Erziehungsklima heutzutage innewohnen, um an einen Ort der Klarheit, des Beisammenseins und vor allem der Freude zu gelangen. Wir nennen es *minimalistische Erziehung*.

WAS IST MINIMALISTISCHE ERZIEHUNG?

Minimalistische Erziehung geht von der Erkenntnis aus, dass wir schon *in diesem Moment* alles besitzen, was wir für ein Familienleben ganz nach unseren Wünschen benötigen. Wir haben genug Zeit, um uns voll und ganz der Erziehung zu widmen und uns gleichzeitig um uns selbst, unsere Arbeit und unsere Beziehungen zu kümmern. Wir verfügen über genug Kompetenzen, genug Liebe, genug Dinge und genug Selbstvertrauen, um unseren Kindern eine ganz besondere Kindheit und einen fliegenden Start in ein glückliches Erwachsenenleben zu bieten.

Das Hindernis zwischen uns und einer glücklicheren, weniger überfrachteten Version unseres Familienlebens ist nicht, dass wir etwas falsch machen. Es ist der Überfluss, mit dem wir ringen: zu viele Möglichkeiten, zu viele Verpflichtungen, zu viel Zeugs – und zu viele Schuldgefühle angesichts des Versuchs, das alles zu bewältigen.

Kein Wunder. Niemals zuvor hatten Eltern es mit einer so großen Auswahl an Möglichkeiten zu tun: Erziehungstheorien, Arbeitspläne, Ausbildungsalternativen, Sparpläne, Klamotten sowie sonstiger Schnickschnack, Ernährungsweisen und sogar Unterhaltungsangebote für unsere schwindende Freizeit. Die Möglichkeiten, Bequemlichkeiten und Sicherheiten des modernen Lebens führen unweigerlich dazu, dass man zu diesen und vielen weiteren Themen Entscheidungen treffen muss.

Es ist gut, eine Auswahl zu haben. Aber das schiere Ausmaß der heutigen Möglichkeiten ist überwältigend, wenn nicht sogar paralysierend. *Minimalismus für Eltern* ist unser Rezept dafür, wie man mit einem Zuviel des Guten umgeht. Wir zeigen Ihnen, wie Sie Ihr Familienleben minimalisieren – wie Sie Ihre Termine, Ihren Besitz und Ihre Erwartungen herunterschrauben, damit Sie mehr von dem haben, was Sie lieben, und weniger von dem, was Sie nicht lieben.

Nach und nach werden Sie und Ihre Familie Raum zum Atmen finden und die damit einhergehende Freiheit genießen. Ihr Leben als minimalistische Eltern können Sie sich folgendermaßen vorstellen:

- Entscheidungen fallen Ihnen leichter, weil sie auf *Ihren* Werten basieren und nicht auf der Angst, den Zug zu verpassen oder etwas falsch zu machen.
- Ihr Terminkalender ist nicht mehr randvoll mit Dingen, die Sie meinen, tun zu *müssen*. Stattdessen haben Sie Luft, sich um Ihre beruflichen Verpflichtungen, notwendige Erledigungen, Hausaufgaben und Termine zu kümmern, aber auch für Puzzle-Spiele, Radfahren, Schneeballschlachten, improvisierte Treffen, gelegentliche Ausgehabende und Zeit für sich selbst.
- Ihr Zuhause wird ein Ort für kreative Projekte, wilde Pyjamapartys, ruhige Abende, liebevolle Erinnerungen und reichlich unverplante, freie Zeit statt einer Heimstätte endloser Verpflichtungen und vergeblicher Versuche, häusliche Perfektion zu erreichen.
- Sie haben immer noch Spaß daran, neue Dinge zu kaufen, doch Sie wählen Ihre Einkäufe danach aus, was Ihren Stress

langfristig vermindern und Ihre Freude auf Dauer steigern wird.

- Ihren Kindern steht außerhalb des Unterrichts und sonstiger Aktivitäten ausreichend freie Zeit zur Verfügung, um sich selbst zu beschäftigen und forschend herauszufinden, was sie begeistert und interessiert.
- Die Ernährung Ihrer Familie entwickelt sich von der scheinbar unlösbaren Aufgabe, die das Planen und Vorbereiten einer täglichen Folge ausgewogener und ansprechend präsentierter Mahlzeiten darstellt, zu einem einfachen und dennoch nahrhaften Teil Ihrer wöchentlichen Abläufe.
- Sie können entspannen und sich an dem Zauber erfreuen, Ihre Kinder aufwachsen zu sehen.

Dies ist keine Mary-Poppins-Phantasie von einem Leben im Wolkenkuckucksheim. Sie können all das erreichen, und wir werden Ihnen dabei helfen herauszufinden, wie.

Wir behaupten ja nicht, dass unsere Leben Zen-artig perfekt sind. Wenn Sie eine Woche bei uns zu Hause verbrächten, dann würden Sie auf allerlei Chaos und Wollmäuse treffen. Aber wir haben konkrete Schritte ausgemacht, die Ihnen helfen werden, Ihr Denken umzustellen und eine Lebensweise zu entwerfen, die Sie zu glücklicheren, zuversichtlicheren Eltern machen kann. Zuallererst sollte aber nun mal geklärt werden, was es überhaupt bedeutet, alles zu haben, was Sie sich wünschen. Und zwar gemäß Ihren Vorstellungen.

In diesem Buch geht es gleichermaßen um «Lebensoptimierung» wie um Kindererziehung. Die Voraussetzung für ein entspanntes Familienleben sind Freiräume in Ihrem Terminkalender, Ihrem Zuhause und Ihrem Budget. Ironischerweise bedeutet es Arbeit, sich diese Freiräume zu schaffen – und da kommen wir ins Spiel. Wir helfen Ihnen zu erkennen, was wichtig ist und Freude in Ihre Familie trägt, und wir zeigen Ihnen, wie Sie sich von dem materiellen und seelischen Ballast befreien, der Ihnen im Weg steht. Wir wollen Ihnen nicht vorschreiben, wie Sie Ihre Kinder großziehen sollen, wir wollen Sie vielmehr dahin bringen, Ihren *eigenen* Erziehungsstil «richtig» zu finden.

Unsere Interpretation von Minimalismus, so viel sollte klar sein, weicht von der traditionellen bzw. alltagssprachlichen Definition ab. Minimalistische Erziehung bedeutet also nicht spartanisch oder wie ein Mönch zu leben (dafür lieben wir Urlaub und Brownies viel zu sehr). Sie brauchen weder Geizknochen, Erfolgsmuffel noch Heilige oder Heiliger zu werden. Und genauso wenig gibt es starre Regeln, denn jede Familie folgt ihrem höchsteigenen Pfad.

Im Zentrum der minimalistischen Erziehung steht vielmehr die offizielle Erlaubnis, von der Tretmühle des modernen Elternseins abzusteigen und Spaß dabei zu haben. Sie vermasseln dadurch nicht die Erfolgschancen Ihrer Kinder – ganz im Gegenteil. Ein Leben voller Freude, das Ihren eigenen Werten entspricht (statt einer künstlich geschaffenen Version «erfolgreicher» moderner Elternschaft), gibt Ihren Kindern den Raum, um sich zu starken, einzigartigen Persönlichkeiten zu entwickeln. Und was noch wichtiger ist: Auf diese Weise leben Sie Ihren Kindern vor, dass sie ihren Instinkten trauen sollen, wenn sie sich in Richtung Unabhängigkeit und Erwachsensein bewegen. Darüber hinaus wird ein minimalistisches Familienleben auch Ihnen selbst Raum für ein eigenes, wunderbares Leben zugestehen. Schließlich ist es genauso Ihre Reise wie die Ihrer Kinder.

Wenn Sie sich auf minimalistische Erziehung einlassen, wird die familiäre Achterbahnfahrt ihren Schrecken verlieren und Spaß machen. Sie werden nach wie vor nervenaufreibende

Talfahrten, ein Auf und Ab sowie den ein oder anderen Irrweg hinter sich bringen. Doch Sie werden sich auf einen Sicherheitsgurt aus Selbstvertrauen und Orientierung verlassen können. *Und so werden Sie die verrückte Fahrt genießen.*

ÜBER UNS

Was wissen wir über minimalistische Erziehung? Wir sind beide vielbeschäftigte Mütter: Zusammengerechnet jonglieren wir vier Kinder, zwei Ehemänner, mehrere Blogs, Unternehmen und Jobs, Laufbahnen als Autorinnen sowie in den sozialen Medien, Tausende von E-Mails, Geschäftsreisen, zwei Stadtwohnungen und einen Hund. Wir wissen also alles darüber, wie man unter dem begraben wird, was sich zunächst als «positives Problem» darstellt: ein Leben voller Möglichkeiten in dieser schnelllebigen Welt, die immer mehr will.

CHRISTINE KOH

Ich wuchs als sechstes von sieben Kindern in einem Mehr-Generationen-Haushalt auf. Meine Eltern waren Immigranten und arbeiteten unglaublich hart, um sowohl unsere Kernfamilie als auch diverse Verwandte über Wasser zu halten. Ständig füllte mehr oder weniger ein Dutzend Menschen alle Ecken und Winkel unserer drei Schlafzimmer.

Der wohlhabende und vorwiegend von Weißen bewohnte Bostoner Vorort, in dem ich meine Jugend verbrachte, stellte als Umgebung eine Herausforderung dar, wenn man so eindeutig eine andere Herkunft und einen anderen sozioökonomischen Status hatte. Die rassistischen Beschimpfungen waren durchaus verletzend, aber fast noch schwerer fiel es mir, mit meiner Scham umzugehen, wenn die Kinder in meiner Klasse bemerkten, dass ich dasselbe T-Shirt drei Tage hintereinander getragen hatte (was sowohl einem Mangel an umfangreicher Garderobe geschuldet war als auch der Tatsache, dass ich dieses T-Shirt wirklich sehr gerne mochte), oder wenn ich von der Tischrunde in der Cafeteria ausgeschlossen wurde, weil ich nicht die Mindestvoraussetzungen von drei Paar Guess-Jeans und zwei Benetton-Sweatern erfüllte, um mich dazusetzen zu dürfen.

Diese sozialen Erschwernisse waren genauso herausfordernd wie die Dynamik zu Hause, aber es herrschte dort auch viel Liebe. Mein Vater war hart, manchmal sogar zum Fürchten, er hatte jedoch auch eine weiche, charmante Seite, die ich erst später im Leben richtig entdeckte. Meine Mutter war der Fels in der Brandung und hielt alles zusammen, trotz immenser und teils außergewöhnlicher Schwierigkeiten. Und auch wenn nicht immer alles rosarot und zuckersüß war, so verbindet meine Geschwister und mich ein tiefes Gefühl der Solidarität durch alles, was wir gemeinsam durchlebt haben.

Seit ich selbst Kinder habe, spüre ich häufig einen inneren Konflikt zwischen der praktischen Ausprägung, die meine Eltern mir mitgegeben haben, und der Versuchung, aufgrund meiner Kindheit als Außenseiter, ständig überzukompensieren. Doch nach reichlich Herumexperimentieren – und der Ironie, mich nun selbst in einer beruflichen Situation zu befinden, die mir Überfluss ermöglicht – habe ich letztlich gelernt, einen Mittelweg zu finden. Ich kann Dinge anschaffen, die ich mag, die ich schön, interessant oder bedeutsam finde, ohne die Klippe der Maßlosigkeit zu überqueren. Meine Kinder können tun, was «cool» ist, ohne verwöhnt oder anspruchsvoll zu werden. Es ist mir gelungen, meinen eigenen Weg zu finden, wobei ich nicht nur gut damit leben kann, *keine* Tigermutter zu sein, sondern auch akzeptiere, dass andere Eltern – ob nun Tiger oder nicht – sich letztlich durch ihre eigenen Probleme kämpfen und genauso stolpernd ihren Weg suchen wie ich. Wir sitzen alle im selben Boot und versuchen jeden einzelnen Augenblick das Beste für unsere Kinder und uns selbst zu tun.

Von den eigenen Kindheitserfahrungen einmal abgesehen – warum habe ich mich veranlasst gesehen und kompetent genug gefühlt, mit Asha dieses Buch zu schreiben? Zum einen habe ich schon immer geschrieben und mich gerne mitgeteilt. Als Kind schrieb ich Geschichten. Auf der Highschool und dem College war ich Reporterin und Redakteurin der jeweiligen Schülerzeitungen. Eine Karriere als Akademikerin liegt bereits hinter mir: Ich habe ein Doppelstudium am Wheaton College absolviert und mit einem BA in Musik sowie einem BA in Psychologie abgeschlossen, habe einen Master in Kognitiver Psychologie von der Brandeis University, einen Doktortitel in Gehirn- und Verhaltensforschung sowie Kognitionswissenschaft mit Schwerpunkt Musik und Pädagogik an der Queen's University in Ontario, Kanada, erworben sowie im Rahmen eines institutionenübergreifenden dreijährigen Postdoktoranden-Stipendiums von MIT, Massachusetts General Hospital sowie Harvard Medical School geforscht. Ich habe wissenschaftliche Artikel verfasst, und in meinem Keller setzt eine recht umfangreiche Dissertation Staub an. Seit ich die akademische Welt zugunsten einer Laufbahn als Freiberuflerin verlassen habe, habe ich Tausende von Blog-Einträgen und Artikeln zum Thema «Lifestyle und Leben mit Kindern» geschrieben.

Zum anderen stelle ich mich tagtäglich der Herausforderung, das Dasein als Elternteil mit dem Berufsleben zu vereinbaren. Als Akademikerin hatte ich lange Arbeitstage im Labor. Gleichzeitig musste ich als Mutter funktionieren (ein besonderer Tiefpunkt war der Moment, als ich auf dem Boden einer einzelnen Toilette am MIT hockte und Milch abpumpte), während ich mit Schuldgefühlen kämpfte, weil ich Laurel in die Kita schickte (zu jener Zeit sah ich sie höchstens ein paar Stunden am Tag, vor und nach der Uni), und mich in der begrenzten Zeit dann auch noch um alles andere kümmern sollte, was nicht mit meiner Arbeit oder meinem Baby zu tun hatte. Nun ist meine Arbeit insofern «flexibel» (man beachte die Anführungszeichen!), als dass ich von meinem Home Office aus arbeite. Trotzdem komme ich auf genauso viele oder sogar noch mehr Arbeitsstunden als während meiner akademischen Laufbahn. Mein kreatives Spektrum umfasst meine Arbeit als Gründerin und Verfasserin des Erziehungs- / Lifestyle-Blogs *Boston Mamas*, als Gründerin / Designerin bei Posh Peacock (eine Grafikdesign-Firma), als Beraterin bei Women Online (eine Firma für digitale Strategien), als Mitbegründerin von The Mission List (eine Online-Community und Beratungsunternehmung, die soziale Medien nutzt, um Gutes zu tun) und Pivot Boston (eine Reihe von Events, die Ihr Leben bereichern sollen) sowie als Redaktionsleiterin der wissenschaftlichen Zeitschrift *Music Perception*. Hinzu kommen weitere freiberufliche Verpflichtungen als Autorin und Beraterin, das Schreiben dieses Buches sowie regelmäßige arbeitsbedingte Reisen. Der grundlegende Unterschied zwischen meinem früheren und jetzigen Berufsleben ist der, dass ich in der Welt der Wissenschaft unglücklich wurde und liebe, was ich jetzt tue.

Außerdem habe ich inzwischen zwei Kinder: Violet geht halbtags in die Kita, und Laurel geht zur Schule, nimmt aber nur ungern an Ausflügen oder Aktivitäten nach dem Unterricht teil. Dies bedeutet meist, dass mir während des Tages keine vollständigen Arbeitszeiten zur Verfügung stehen, weswegen ich oft nachts arbeite und eine beachtliche Anzahl von

Konferenzschaltungen absolviere, während ich gleichzeitig mein Baby stille, Dehnübungen mache oder Mittag esse. Außerdem habe ich noch weitere berufliche Träume: zukünftige Bücher, Zeitschriften-Artikel und das Arbeiten vor der Kamera.

Zu guter Letzt bin ich genauso wie Sie neben meiner Identität als Mutter auch ein Rädchen in einem Beziehungssystem. Ich heiratete Jon im Jahr 2000; er ist mein Lieblingsmensch auf diesem Planeten und läuft, allein weil er mir am nächsten steht, manchmal Gefahr, nur noch den «Bodensatz von Christine Koh» abzubekommen, wie wir es manchmal scherzhaft nennen. Ich bin außerdem Tochter, Schwiegertochter, Schwester, Tante, Cousine, Nichte, Freundin und Mitglied einer Gemeinschaft – mit all den dazugehörigen Treffen, Anforderungen, dem Schriftverkehr und gelegentlichen Krisen, die zu einem ausgefüllten und manchmal komplizierten Leben gehören.

Mit all dem will ich sagen, dass ich es *schaffe*. Jeden einzelnen Tag lebe ich die Großartigkeit und Herausforderung, Mutter und gleichzeitig berufstätig zu sein. Ich habe durchaus meine Momente, in denen ich durchdrehe. Aber der Grund, weshalb ich mich geradezu gezwungen fühlte, dieses Buch zu schreiben (das mir seit 2010 im Kopf herumgeistert), ist der, dass ich in den letzten Jahren immer mehr danach strebe – verzeihen Sie meine Direktheit –, mit dem Mist aufzuhören. Ich möchte mich auf das Wesentliche konzentrieren und die Verpflichtungen, die «Bösen Brownies» (lesen Sie weiter, die Geschichte von den Bösen Brownies wird Ihnen nützlich sein) und sogenannte toxische Menschen (ja, es ist äußerst wichtig gewesen, toxische Menschen aus meinem Umfeld zu eliminieren) in meinem Leben auf ein Minimum zu reduzieren, sodass das Spektrum meines Lebens weniger überfrachtet ist. So gibt es mehr von der «glücklichen und starken Christine Koh» und weniger vom «Bodensatz der Christine Koh». Jeder Tag bringt

Herausforderungen mit sich, und der Weg verändert sich ständig, aber ich habe verdammt viele Fortschritte gemacht. Ich weiß, wie offensichtlich ertastbar die Schmerzpunkte bei vielen Eltern sind, und ich möchte Menschen aus dieser elenden, schmerzhaften und festgefahrenen Lage heraushelfen. Ich hoffe, Sie folgen Asha und mir auf diesem Weg vom Bodensatz zum starken Ich. Schön, dass Sie hier sind.

ASHA DORNFEST

Ich wuchs als einziges Kind eines indischen Vaters und einer jüdischen Mutter osteuropäischer Herkunft in einer soliden und glücklich-unkomplizierten Mittelklasse-Umgebung auf. Meine Kindheit spielte sich hauptsächlich in einer US-amerikanischen Vorstadt ab.

In meiner Kindheit gab es keine Geschwisterkonflikte, keine Schwierigkeiten in der Schule und keinerlei Fragen danach, wo mein Platz in der Welt war. Wir lebten bescheiden, aber ohne größere Entbehrungen. Kämpfe waren mir fremd. Mein recht unbeschwertes, glückliches Leben setzte sich die gesamte College-Zeit über fort, bis zur Heirat mit meinem Mann Rael und den Anfängen meiner Laufbahn als Schriftstellerin.

Auch wenn ich immer noch glücklich war, setzte das Mutterwerden der Leichtigkeit ein jähes Ende. Die Tagesabläufe und mein Selbstbild veränderten sich so dramatisch, dass Glück nicht länger mein müheloser Grundzustand war. Nun erforderte es Arbeit, für die ich keinerlei Erfahrung mitbrachte.

Während meine Kinder aufwuchsen und sich veränderten, begab ich mich auf einen holprigen Weg zu einem Familienleben, das für uns alle funktionierte. Ich versuchte verzweifelt Lösungen zu finden, in Büchern oder anhand von Ratschlägen scheinbar erfahrenerer Eltern, schaffte es aber nie. Was in anderen Familien funktionierte, schien nicht die richtige Herangehensweise für meine Familie zu sein ... oder für mich. Eine Weile dachte ich, als Mutter versagt zu haben (das waren lange, harte Jahre), bis ich allmählich zu verstehen begann, dass es in der Erziehung mehr um Lernbereitschaft geht als darum, die Antwort zu kennen.

Im Jahr 2005 begann ich einen Blog mit dem Namen *Parent Hacks* zu betreiben, um mit anderen Eltern zu kommunizieren und Ideen und Erkenntnisse auszutauschen. Das war noch in der Zeit vor Facebook und Twitter, sodass mir die Community bei *Parent Hacks*, die immer größer wurde, geradezu magisch erschien. So viele andere Eltern stolperten genauso wie ich dahin und versuchten ihren eigenen Weg zu einem ausgeglichenen Familienleben zu finden, und wir konnten darüber reden und einander helfen. So begann ein spannender Austausch, der bis heute andauert.

Parent Hacks wuchs und ebenso die Komplexität der Erziehungsfragen. Für meinen Ältesten, Sam, waren die ersten Schuljahre extrem schwierig. Als Grundschüler litt er unter Ängsten, und das daraus resultierende Absacken in der Schule war verheerend für seine Gesundheit und seine Selbstachtung. So begann für unsere Familie eine dreijährige Odyssee durch das Schul- und Gesundheitssystem. Es war eine beängstigende und anstrengende Phase, vor allem, weil mein Mann zeitgleich ein Internet-Start-up-Unternehmen gründete. Meine Tochter Mirabai war erfolgreich in der Schule, doch Sam kämpfte nach wie vor. Die Ängste brachten Sams Lernen regelrecht zum Stillstand, und nach und nach gingen uns die Möglichkeiten aus. Mitten in Sams viertem Schuljahr entschieden wir uns zu etwas, das wir eigentlich nie tun wollten: Wir beschlossen, ihn zu Hause zu unterrichten.

Ich könnte ein ganzes Buch darüber schreiben (und vielleicht tue ich es eines Tages), was ich alles während dieser eineinhalb Jahre lernte, die wir Sam zu Hause unterrichteten – Dinge, die mich in den Wahnsinn trieben, mich begeisterten und mir die Augen öffneten. Was die Anliegen von *Minimalismus für Eltern* angeht, habe ich vor allem zwei Dinge mitgenommen: Vertrauen in meine Entscheidungen in Erziehungsfragen und Vertrauen in meine Kinder. Viele Leute fanden unsere Entscheidung, Sam von der Schule zu nehmen, nicht gut, auch Menschen, deren Meinung und Zustimmung ich schätze. Aber wir wussten, dass es richtig war, auch wenn wir keine Ahnung hatten, was da auf uns zukam (und, ehrlich gesagt, panische Angst hatten).

Schließlich merkte ich, dass unser Familienleben umso leichter und besser wurde, je mehr ich auf meine Werte und die speziellen Bedürfnisse meiner Familie achtete, und je weniger ich mich von Erziehungsexperten, sozialem Druck und den Ansichten wohlmeinender Weggefährten irritieren ließ.

Heute kommen sowohl Sam als auch Mirabai an ihren jeweiligen Schulen wunderbar zurecht, und Sams Ängste gehören der Vergangenheit an. Meine Familie wird nicht länger von der Sorge um die Gesundheit unseres Kindes bestimmt. Mein Mann und ich haben beide eine Arbeit, die wir lieben, und beobachten, wie unsere beiden unglaublichen (und sehr unterschiedlichen) Kinder größer werden. Und ich glaube mit ganzem Herzen, dass es die minimalistische Erziehung war (auch wenn ich es damals noch nicht so genannt habe), die uns geholfen hat, dorthin zu gelangen. Wir haben noch eine weite Strecke vor uns, wir ringen noch immer um Ausgeglichenheit und mit all den Komplikationen des modernen Lebens. Aber wir sind glücklich, wir sind gesund, und wir lernen ständig dazu.

WAS SIE IN DIESEM BUCH
FINDEN WERDEN

Minimalismus ist eine Geisteshaltung wie auch ein ganzer Satz von Empfehlungen, um Ihr Familienleben zu vereinfachen und zu rationalisieren. Um Ihr Leben *dauerhaft* zu minimalisieren, führen wir Sie dahin, Ihre Sichtweise genauso zu verändern wie Ihre Gewohnheiten.

Wir konzentrieren uns dabei auf die frühen und mittleren Jahre der Kindheit (vom Neugeborenen bis zum etwa Zwölfjährigen), weil diese Jahre Ihren Freiräumen und Ihrer Zeit die größten Einschränkungen auferlegen. Wir sehen minimalistische Erziehung aber auch als einen aufbauenden Weg zu starken, gesunden Teenager-Jahren. Wenn Kinder zu Teenagern werden, verschiebt sich der Erziehungsschwerpunkt von enger Betreuung und Anleitung dahin, die Unabhängigkeit der Jugendlichen zu fördern, sie bei den Erfahrungen, die sie machen, zu begleiten und zu unterstützen und sie auf ihren Start ins Erwachsenenleben vorzubereiten. Sie werden ihre eigenen Entscheidungen treffen und sich auf dem Pfad zur Eigenständigkeit bewegen, hoffentlich mit einer gut verinnerlichten Portion Ihrer minimalistischen Prägung im Gepäck.

In Kapitel 1 legen wir das grundlegende Fundament für eine minimalistische Erziehung. Wir erklären die sechs einfachen – aber entscheidenden – Glaubenssätze, die der minimalistischen Lebensweise zugrunde liegen.

Die folgenden fünf Kapitel helfen Ihnen, den Weg zu einem ruhigeren Familienleben zu ebnen, indem sie die fünf Hauptbereiche minimalisieren. Kapitel 2 und 3 unterstützen Sie dabei, Ihre eigene Zeitplanung sowie die Ihrer Familie zu organisieren und zu öffnen. In Kapitel 4 und 5 geht es darum, wie und warum Sie Raum schaffen und Ihr Zuhause entrümpeln.

Kapitel 6 bietet unseren minimalistischen Ansatz zum Thema Geld und Geldausgaben sowie Tipps, wie Sie Ihre finanziellen Abläufe vereinfachen.

In den darauf folgenden sechs Kapiteln gehen wir über das Grundgerüst hinaus und minimalisieren das tagtägliche Familienleben mit Kindern. In Kapitel 7 geht es darum, das Spielen zu überdenken und dass Spaß mit Freunden kein Zuhause erfordert, das randvoll mit Spielsachen ist. In Kapitel 8 und 9 finden Sie unsere Gedanken zu den Jahren in der Schule, wobei wir Sie anregen möchten, Ihre Definition von Bildung zu *erweitern*. Kapitel 10 ist den außerschulischen Aktivitäten gewidmet. Wir machen Vorschläge, wie Sie die Interessen und Lernmöglichkeiten Ihres Kindes mit offener, unstrukturierter Zeit für die ganze Familie in Einklang bringen. In den Kapiteln 11 und 12 lernen Sie, wie Sie die Essenszeiten minimalisieren und Ihre Mahlzeiten planen, damit Sie nie mehr unvorbereitet dastehen, und wie Sie Ihre Ansprüche bezüglich der Familien-Mahlzeiten auf das richtige Maß bringen.

Kapitel 13 befasst sich mit den besonderen Anlässen in unserem Leben. Wir behandeln Wege, wie Sie sich bei Festen, an Feiertagen und auf Reisen den Spaß und die Freude erhalten und gleichzeitig Stress sowie Übermaß vermeiden.

Zu guter Letzt kommen wir darauf zurück, womit wir begonnen haben: Sie. Kapitel 14 widmen wir der Selbstfürsorge – warum sie nötig ist und wie man sie in den Alltag integriert – sowie der Frage, was Sie mit den neu gewonnenen Freiräumen in Ihrem Leben gerne anfangen möchten.

Im ganzen Buch finden Sie Anekdoten und Beiträge, die unsere Konzepte illustrieren, teils von uns (vorgebracht von unseren Avataren), teils von anderen Eltern (angezeigt durch eine Sprechblase) oder Kolleginnen und Kollegen aus dem Bereich Erziehung und Lifestyle (abgesetzt in gesonderten Kästen).

Minimalismus für Eltern ist nur der Anfang. Im Abschnitt «Hilfsmittel» empfehlen wir Ihnen einige unserer Lieblingsbücher, Websites, Apps und andere Tools zur Fortsetzung Ihrer Reise zu einem glücklicheren, weniger vollgestopften Leben.

Weitere Anregungen finden Sie auf der *Minimalist-Parenting*-Website (minimalistparenting.com). Wenn Sie über dieses Buch hinausgehen möchten, erwarten Sie dort Arbeitsblätter zum Ausdrucken, Aktivitäten und eine Community, die Sie unterstützt.

Schnallen Sie sich an: Es wird ein aufregender Ritt. Die Szenerie ist phantastisch, und Sie sind unterwegs zu einem außergewöhnlichen Ort. Brechen wir auf.

DER WEG ZU
MINIMALISTISCHER
ERZIEHUNG

S ie sind soeben zu einer Reise aufgebrochen, zusammen
mit Ihren beiden neuen Freunden: Weniger und Ge-
ringer. Die sechs Glaubenssätze in diesem Kapitel sind
die Himmelsrichtungen auf Ihrer Wegkarte. Eigentlich ist
Schatzkarte die bessere Metapher, denn es ist keine bestimmte
Route vorgegeben, die Sie zum Gewinn führt. Auf dieser Reise
navigieren Sie mit Hilfe der Sterne und anderer Orientierungs-
punkte – und Sie werden gelegentlich anhalten, um die Aussicht zu genießen.

Der erste Schritt zu einem minimalistischen Familienleben
besteht darin, eine neue Geisteshaltung anzunehmen, die das
moderne Erziehungsrezept «Mehr» in Frage stellt. Wenn Sie
Ihre eigenen Vorstellungen und Einschränkungen überdenken, beginnen Sie zu verstehen, wie Ihr Leben dank Minimalisierung die Form annehmen kann, die Sie selbst sich vorstellen
und erschaffen. Nachfolgend finden Sie die Ansätze zur Ände-
rung Ihrer Einstellung und neue Blickwinkel, die Ihnen dabei
helfen werden.

SCHAFFEN SIE RAUM
FÜR BESONDERES

Reden wir von Himmelsrichtungen, so zeigt die Nadel hierbei geradewegs auf den geographischen Norden. Wenn Sie sich von dem Zeug trennen, das Sie nicht mögen, dann haben Sie mehr Platz für die Dinge, die Sie lieben. Auf den ersten Blick eine einfache Feststellung, die aber unglaublich wirkungsvoll ist, wenn Sie sie auf Ihr Leben anwenden.

Eine Million Dinge fordern unsere Aufmerksamkeit. Geburtstagsgeschenke, die gekauft werden müssen, Pläne, die gemacht werden müssen, ein Nachmittagsprogramm, das gestaltet werden muss, um nur einige zu nennen. Einer der Vorteile der modernen Erziehung ist die Unmenge an Auswahlmöglichkeiten in so ziemlich jedem Bereich des Familienlebens.

Aber je zahlreicher die Auswahlmöglichkeiten, Entscheidungen und Dinge, durch die wir uns hindurchwühlen müssen, desto ferner sind wir einem einzigartigen und besonderen Leben. Haben Sie schon einmal eine Viertelstunde in der Drogerie gestanden, auf das große Angebot an Erkältungsmedikamenten gestarrt und sich gefragt, welches Ihrem fiebernden, bettlägerigen Kind wohl am besten hilft? Welches das *richtige* ist? Eine Viertelstunde klingt vielleicht nicht viel, aber wenn Sie all die Zeit und Aufmerksamkeit zusammenrechnen, die Sie dabei verloren haben, sich in der Flut von Auswahlmöglichkeiten zurechtzufinden, die Ihnen jeden Tag, jeden Monat entgegenschwappt, dann kommt schnell einiges zusammen. Darüber hinaus liegt das daraus resultierende gedankliche Wirrwarr wie ein Schatten über Ihnen.

 *Da ich dazu neige, übergründlich zu recherchieren, hat es lange gedauert, bis ich meinen Drang, alles genau zu erforschen, ablegen konnte. Ich habe gelernt, meine Suche nach der «besten» Lösung abzukürzen und mich* mit dem zufriedenzugeben, das den Zweck am ehesten erfüllt. Die Zeit und der mentale Raum, den ich dadurch gewonnen habe, fühlen sich an wie Sauerstoff für mein Gehirn.*

Bei der minimalistischen Lebensweise geht es darum zu kürzen. Ihre Zeit und Aufmerksamkeit sind zu kostbar, um gedankenlos weggeknabbert zu werden. Wie bei einer Goldwäsche wirbeln Sie Ihr Leben auf, um die glänzenden Nuggets bloß zu legen und Schlamm und Schutt wegzuspülen. Wenn Sie das Unnötige herauskürzen – ob es nun Gegenstände, Aktivitäten, Erwartungen oder auch ein paar Menschen sind –, schaffen Sie Raum für das Besondere.

Das Ziel ist eigentlich ganz einfach: Behalten oder vermehren Sie Dinge, die Ihrem Leben mehr Freude, Bedeutung und Zusammenhang geben, und reduzieren oder entsorgen Sie Dinge, die dies nicht tun.

Der Gedanke, dass man glücklicher wird, wenn man den Müll in seinem Leben reduziert, ist nicht gerade revolutionär. Aber im Gegensatz zum Entrümpeln Ihres Zuhauses kann das Entrümpeln Ihres Lebens viel undurchsichtiger sein. Woher wissen Sie, was Sie behalten und was Sie entsorgen sollten?

LERNEN SIE SICH SELBST BESSER KENNEN

Wenn wir Sie dazu ermutigen, sich auf die Freude zu konzentrieren, dann meinen wir damit keine blitzartigen Glücksmomente. Gemeint ist, dass Sie im Einklang mit Ihren tiefverwurzelten Werten leben. Wenn Sie Entscheidungen treffen, die auf Ihren Werten beruhen (im Gegensatz zu dem, was all die äußeren Stimmen in Ihrem Leben Ihnen vorschreiben), dann macht etwas in Ihrem Innern *klick*. Nicht immer sofort und nicht immer deutlich, aber dennoch klickt es früher oder später.

Um herauszufinden, wie Sie in Ihrem Leben Kürzungen vornehmen können, müssen Sie also zunächst Ihr eigenes Wertegefüge erkennen. «WERTE» ist ein erhabenes Wort, das durch seine Bedeutung geradezu nach Großbuchstaben verlangt. Aber in Wirklichkeit sind Ihre Werte wahrscheinlich recht bescheiden und greifbar. Einfach gesagt: Ihre Werte sind das, woran Sie im tiefsten Innern glauben.

Einige Ihrer Werte sind dadurch entstanden, wie Sie selbst aufgewachsen sind (im Guten wie im Schlechten). Wir alle kommen irgendwoher. Zu akzeptieren, dass ein großer Teil von uns mit unserer Familienkultur verwoben ist, stellt einen wesentlichen Teil des Erwachsenwerdens dar. Zum Beispiel sind Sie vielleicht – wie auch wir – geprägt durch das Elternhaus eher genügsam. Oder Ihre glamouröse Mutter hat Ihnen einen exquisiten Geschmack für Mode und Design mitgegeben. Oder vielleicht haben Sie als Kind viel im Wald gespielt, weswegen es Ihnen wichtig ist, dass Ihre Kinder Zeit im Freien verbringen.

Andere Werte wiederum können denen Ihrer Herkunftsfamilie genau entgegengesetzt sein. Wenn es in Ihrem Elternhaus kalt und förmlich zuging, betrachten Sie vielleicht emotionale Wärme und Gelächter als Grundpfeiler Ihrer Erziehung. Falls Ihre Eltern sparsam mit Leckereien waren, finden Sie vielleicht, dass Ihre Kinder das Recht auf einen Eimer voller Halloween-Süßigkeiten haben.

Das Gute ist, dass Sie sich die Kirschen Ihrer eigenen Kindheit herauspicken können. (Es mag ein wenig Therapie erfordern, dorthin zu gelangen, aber es ist möglich.) Nehmen Sie sich die Zeit, Ihre eigenen Werte zu ergründen. Sie sind bei jedem unterschiedlich, also gibt es kein Richtig oder Falsch. Niemand wird Sie entsprechend Ihrer Heiligkeit oder Tiefgründigkeit beurteilen. Fragen Sie sich:

- Was haben meine Eltern mir beigebracht, wofür ich ihnen dankbar bin?
- Was möchte ich anders machen als meine Eltern?
- Was soll meine Familie darstellen?
- Was ist mir wichtig? (Falls es Ihnen leichter fällt, nach dem Ausschlussverfahren vorzugehen, dann fragen Sie sich: Was ist mir *unwichtig*?)
- Was möchte ich meinen Kindern mitgeben, wenn sie in die Welt hinausgehen?
- Welche Rollen möchte ich einnehmen – als Ehepartner/-in bzw. Partner/-in, im Beruf und / oder als Teil der Dorf- oder sonstigen Gemeinschaft, die ich für meine Familie geschaffen bzw. ausgewählt habe?

Die eigenen Werte einzukreisen, ist ein fortwährender Prozess, machen Sie sich also keine Gedanken, falls Ihre Antworten unvollständig scheinen. Legen Sie ein Notizbuch bereit und halten Sie darin relevante Erkenntnisse fest, wenn sie Ihnen in den Sinn kommen. Das Wichtigste, das Sie jetzt tun können, ist, mit dem Ausgrabungsprozess zu beginnen. Wenn Sie die Eckpunkte Ihrer Werte freilegen, dann schürfen Sie weiter, und das größere Bild wird mit der Zeit erkennbar werden.

LERNEN SIE IHRE FAMILIE BESSER KENNEN

Wenn Sie an Ihre persönlichen Werte denken, ist es wichtig zu erkennen, dass alle Mitglieder Ihrer Familie ihre eigene, ganz besondere Prägung mitbringen, ihren eigenen Geist und ein Wesen, das sich von Ihrem unterscheiden mag. Was, wenn Sie und Ihr Partner Abenteuer und Aufregung suchen, Ihr Kind aber ein Stubenhocker ist? Sie fühlen sich vielleicht wohl, wenn Sie von Büchern umgeben sind, während Ihr Partner oder Ihre Partnerin ständig versucht, Sie zu irgendwelchen Veranstaltungen mitzunehmen. Das eine Kind begleitet Sie vielleicht fröhlich bei Ihren Erledigungen, während das andere einen Tagesablauf mit sehr viel mehr Routine braucht (so wie das Kind, das im Flugzeug in der Sitzreihe hinter Ihnen herumschreit).

Ich würde meinen Ehemann Rael und mich nicht als gegensätzliche Pole bezeichnen, denn wir haben so viele grundlegende Werte gemeinsam. Aber unser tagtägliches Verhalten – wie wir in unserem täglichen Leben funktionieren – ist sehr unterschiedlich. Ich bin grundsätzlich gesellig und tue Dinge lieber gemeinsam oder in Gesellschaft. Rael schöpft seine Energie hingegen aus ruhigen Zeiten alleine zu Hause. Ich bin eine intuitive Entscheiderin, die sich gegen feste Strukturen wehrt, was bedeutet, dass meine häuslichen Fähigkeiten ... nun ja, sich noch im Werden befinden. Für ihn bedeuten feste Abläufe Ruhe, er bewegt sich systematisch durch seinen Tag (und sein Büro sieht makellos aus).

Wir mussten daran arbeiten, die Art des jeweils anderen zu akzeptieren und unsere Gemeinsamkeiten zu finden, um eine einheitliche Familienkultur schaffen und unsere Kinder in Übereinstimmung erziehen zu können. Gleichzeitig versuchen wir die individuellen Stärken und Verschrobenheiten des anderen anzuerkennen ... sie haben uns schließ-

lich ursprünglich angezogen. Es ist ein langwieriger Prozess, zu dem wir
immer wieder zurückkehren, wenn sich die Umstände, unsere Ziele, die
Kinder (und wir selbst uns) verändern.

Stellen Sie sich folgende Fragen zu jedem Mitglied Ihrer Familie:

- Wenn ich meinen Partner oder meine Partnerin / mein Kind mit einem einzigen Wort beschreiben sollte, welches wäre das?
- Auf welche Weise ähneln wir uns?
- In welcher Hinsicht sind wir völlig verschieden?
- Mein Partner oder meine Partnerin / mein Kind ist am glücklichsten, wenn er / sie …
- Welche Aktivitäten machen ihm / ihr am meisten Spaß?

Nun sollen Sie nicht gleich Ihre Träume über Bord werfen, nur weil die Veranlagungen in Ihrer Familie verschieden sind. Der Schlüssel liegt darin, ein Leben anzusteuern, das den einzelnen Familienmitgliedern den Raum und die Möglichkeit zugesteht, sie selbst zu sein, und ihnen gleichzeitig die Gelegenheit bietet, ihren Horizont zu erweitern und Neues zu lernen. Schließlich brauchen auch Stubenhocker (vielleicht sogar ganz besonders Stubenhocker) Ermutigung und die Chance, über die Schwelle und in die große, weite, aufregende Welt hinauszutreten.

Sie werden ohne Frage auf Straßensperren stoßen, besonders in Familien mit mehreren unterschiedlichen Temperamenten. Vergessen Sie nicht, dass Sie Ihre Kinder immer wieder neu kennenlernen, vor allem, wenn sie noch klein sind. Gene verändern sich ständig, und Sie selbst genauso. Auch Ihre besten Lösungen basieren lediglich auf wohlbegründeten Vermutungen und können in einem halben Jahr schon völlig danebenliegen. Das macht aber gar nichts. Merken Sie sich diese Entdeckungen (in Ihrem Notizbuch!) für Ihren weiteren Weg.

TRAUEN SIE IHREN ENTSCHEIDUNGEN

Sie haben angefangen, sich damit auseinanderzusetzen, wie Sie selbst und Ihre Familie «ticken» ... Bravo! Sie sitzen am Steuer, und nun ist es an der Zeit, Ihre innere Stimme – die insgeheim den Weg kennt – die Richtung angeben zu lassen.

LERNEN SIE IHREN INNEREN NAVIGATOR KENNEN

Ihr innerer Navigator ist Ihr Bauchgefühl, der tief in Ihnen schlummernde Sinn dafür, was richtig oder falsch ist. Wir alle haben einen inneren Navigator, doch wir hören nicht immer auf ihn oder trauen ihm nicht. Und manchmal sind wir so abgelenkt von dem Lärm und dem Druck um uns herum, dass wir unseren inneren Navigator nicht einmal wahrnehmen können.

Damit ist nun Schluss. Denn Ihr innerer Navigator weiß, wo es langgeht. Sie brauchen nur auf ihn zu hören. Um wen oder was möchten Sie herumlenken? Um all die Stimmen, die Ihnen immer wieder sagen, dass Ihre Meinung nicht zählt. Um Erziehungsexpertinnen, Lifestyle-Gurus und Verkäufer. Um Verwandte, die es gut meinen. Um Veröffentlichungen in Hochglanz-Magazinen. Um veraltete Botschaften aus Ihrer Kindheit. Um Ihre eigene Unsicherheit, weil die Eltern der Freunde Ihrer Kinder ganz genau zu wissen scheinen, was sie tun. Oder um die engen Definitionen dessen, was laut moderner Erziehungskultur «richtig» ist.

Es wird auch Zeit, dass Sie und Ihr Partner oder Ihre Partnerin die Rolle als Anführer Ihrer Familie annehmen. Heutige Erziehungsvorstellungen tendieren stark dahin, die Individualität jedes Kindes zu beachten und sich entsprechend anzupassen. Im Innersten glauben wir, dass dies ein guter Gedanke ist, dennoch müssen Eltern den Weg vorgeben, Verhaltensweisen lenken und dabei auch Grenzen setzen.

Also zeigen Sie Flagge, richten Sie sich auf und fordern Sie das Recht auf Ihr eigenes Leben! Es ist nicht immer leicht, sich selbst zu vertrauen, wenn man komplett ratlos ist und die äußeren Stimmen sich ihrer Sache so sicher scheinen. Es fällt sogar noch schwerer, sich nicht mit anderen Eltern zu vergleichen, die alles im Griff zu haben scheinen – besonders, wenn das eigene Kind gerade im Supermarkt vor dem Müsli-Regal alles zusammenbrüllt. Aber Sie kennen sich und Ihre Kinder am besten, auch wenn es sich nicht immer so anfühlt, und es ist Ihr Leben, das Sie führen. Sie schulden es sich selbst und Ihrer Familie, Ihrem inneren Navigator ebenso viel Autorität zuzugestehen wie der Kakophonie der Stimmen um Sie herum. Der Navigator weiß mehr, als Sie denken.

OPTIMIEREN SIE IHRE «INFORMATIONS-KOMFORTZONE»

Jeder hat seine eigene Art, mit Optionen umzugehen und Entscheidungen zu treffen. Wenn Sie lernen, Ihrem inneren Navigator zu vertrauen, können Sie Ihre «Informations-Komfortzone» – die Art und Weise, wie Sie Informationen aufnehmen und danach handeln – bestimmen und justieren. So gewinnen Sie Zeit sowie mentale Klarheit und vermindern ein kräftezehrendes Zaudern. Nachfolgend finden Sie einige gängige Methoden, Entscheidungen zu treffen, sowie Strategien, um sie zu optimieren.

Sie recherchieren ausgiebig

Informieren Sie sich vor einer Entscheidung oder Anschaffung über jede erdenkliche Möglichkeit, auch wenn Sie schon nach recht kurzer Zeit ein oder zwei vielversprechende Optionen ausgemacht haben?

(Warnung: Hier kommt das Geständnis eines ehemaligen Recherche-Junkies.) Als ich die Babyausstattung für mein erstes Kind Laurel ausgesucht habe, wollte ich für jeden Kauf die absolut beste (sprich: perfekte) Wahl. Als es zum Beispiel darum ging, ein Kinderbett zu kaufen, las ich Testergebnisse, besuchte Geschäfte in der Nähe, um die Auswahl zu begutachten und die Mitarbeiter nach ihrer Meinung zu befragen, ich durchforstete das Internet nach Bewertungen und las Blogs über Babyzubehör. Ich hielt meine Funde in einer Tabelle fest und erstellte eine detaillierte Pro-und-Contra-Analyse, bevor ich mich entschied. Aber trotz meiner ausgiebigen Recherchen war ich bei jedem Kauf frustriert, denn es gab immer mindestens eine Sache, die nicht perfekt war.

Der springende Punkt dieser Geschichte liegt im letzten Halbsatz: *Es gab immer mindestens eine Sache, die nicht perfekt war.* Falls Sie jemand sind, der gerne recherchiert, dann sparen Sie eine Menge Zeit und Energie, wenn Sie Ihre Suche nach, sagen wir, drei Artikeln mit positiven Bewertungen aus verlässlichen Quellen abbrechen. Es ist normal, «nur das Beste» für sein Kind zu wollen. Aber denken Sie nicht nur in Schwarz-Weiß-Kategorien wie «das Beste / nicht das Beste», sondern entscheiden Sie sich einfach für «eine von mehreren guten Optionen».

Eine andere Vorgehensweise ist es, einfach die Einkaufsmethode zu wählen, die am meisten Spaß macht, und bei den Auswahlmöglichkeiten zu bleiben, die verfügbar sind. Voltaire traf den Nagel auf den Kopf: *Das Bessere ist der Feind des Guten.*

Sie verlassen sich auf die Kompetenz eines Fachmanns

Niemand möchte zu den Eltern gehören, die beim ersten Anzeichen einer Erkältung sofort den Kinderarzt rufen. Doch obwohl man viele Ratschläge aus Büchern, aus dem Internet oder von Freunden bekommt, sind manche Menschen einfach beruhigter, wenn sie mit einem Arzt sprechen.

Falls dies auch auf Sie zutrifft, muss es Ihnen nicht peinlich sein. Ein Glaubenssatz der minimalistischen Lebensweise ist es, *sich selbst besser kennenzulernen.* Dies bedeutet, ohne jede Wertung von der eigenen Grundlinie auszugehen. Wir ermutigen Sie immer wieder, Ihrem inneren Navigator zu vertrauen. Aber wenn es hilft, eine Entscheidung voranzubringen, sollten Sie sich Stress ersparen und eher früher als später eine Expertenmeinung einholen. Es ist kein Zeichen für eine Niederlage, wenn Sie nicht wissen, was los ist oder wenn Sie sich wohler damit fühlen, Entscheidungen nicht alleine zu treffen. Denken Sie nur daran: *Sie* halten das Steuer. *Sie* fahren.

Sie fühlen sich am wohlsten, wenn Sie der Mehrheit folgen

Wir haben schon mehrere Eltern sagen hören, dass Entscheidungsprozesse um Anschaffungen und Aktivitäten zu treffen damit vergleichbar sei, wieder zur Schule zu gehen. Häufig kommen Gruppenzwang und Unsicherheiten ins Spiel, selbst wenn dies unbewusst geschieht. Wenn Sie sich bei Ihren Entscheidungen unsicher fühlen, ist es nur natürlich, sich umzusehen und zu gucken, was alle anderen tun. Die Sache ist nur, dass alle anderen nicht Ihr Leben führen und nicht Ihr Kind großziehen.

Sprechen Sie mit Freunden darüber, wie sie mit verschiedenen Schwierigkeiten und Erziehungsalternativen umgehen. Doch halten Sie dann inne, besprechen Sie sich mit Ihrem inneren Navigator, und treffen Sie die Entscheidung, die sich für *Ihre* Familie richtig anfühlt, basierend auf *Ihren* Werten und dem kollektiven Naturell *Ihrer* Familie.

KURSKORREKTUR SCHLÄGT PERFEKTION

Da so viel auf dem Spiel steht (immerhin sind es Ihre Kinder, über die wir hier sprechen), ist der Druck, wirklich die richtige Entscheidung zu treffen, so hoch wie nie zuvor. In *jedem* Bereich. Was, wenn Sie sich falsch entscheiden? Verdammen Sie Ihr Kind damit zu einem Leben in Mittelmäßigkeit oder mindestens zu einer mehrjährigen Therapie?

Zunächst einmal möchten wir darauf hinweisen, dass schon die Tatsache, dass Sie dieses Buch lesen, zeigt, dass Sie bereits eine Grundlage geschaffen haben, die auf guten Entscheidungen fußt. Sie sind liebevoll und gewissenhaft und tun für Ihr Kind das Beste, das Sie können. Ihr Kind erhält als große Gabe Liebe sowie Bildung, und seine grundlegenden Bedürfnisse sind gedeckt. Natürlich ist nicht jeder Tag perfekt, aber Ihre besten Absichten sind gegeben – und damit ein großer Schritt dahin, dass sich alles andere fügen wird, auch wenn Sie nicht jedes Detail vorhersagen oder kontrollieren können.

Davon abgesehen führt nicht nur jede Entscheidung, die Sie treffen, zu einer großen Anzahl möglicher Ergebnisse – die allesamt Ihr Leben mit Erfahrungen und Farbe bereichern –, Sie bekommen in aller Regel auch eine zweite Chance. Also brauchen Sie sich keine Gedanken darüber zu machen, jedes Mal richtigzuliegen, denn Sie können den Kurs jederzeit ändern. Und wer weiß? Wenn Sie die Route zum Ziel neu berechnen, stoßen Sie womöglich auf ein noch viel großartigeres Abenteuer.

Unseren Sohn aus der Schule zu nehmen, war die Furcht einflößendste Entscheidung unseres Lebens. Wir hatten es nie in Betracht gezogen, eins unserer Kinder zu Hause zu unterrichten, außerdem hatten wir überhaupt keine Ahnung, wie wir dabei vorgehen sollten. Aber allmählich begriffen wir, dass es nicht um ganz oder gar nicht ging. Denn auch wenn wir zunächst das Gefühl hatten, eine irreversible Entscheidung getroffen zu haben, aus dem System auszubrechen und ein «normales Leben» aufzugeben – in Wahrheit hatten wir uns nur für eine bestimmte Abzweigung auf dem Weg entschieden. Wir konnten den Kurs später wieder ändern.

Als ich mit Laurel schwanger war, arbeitete ich als Wissenschaftlerin, und diese Forscher-Mentalität übertrug ich auch auf meine Kindererziehung. Ich las und recherchierte zu allem und jedem. Ich war zugegebenermaßen auch ein wenig streng, wenn es um Spielsachen ging, und mied alles, was batteriebetrieben war.

Vieles änderte sich in den sechseinhalb Jahren zwischen Laurel und Violet. Vor allem richtete ich mich nicht länger nach Daten und Fakten oder nach dem, was man tun «sollte», sondern gehorchte meinem Instinkt, wenn ich persönliche und berufliche Entscheidungen traf. Jedes Mal, wenn ich meinem Instinkt gefolgt bin, hat es sich gelohnt. Jedes Mal, wenn ich es nicht tat, habe ich es bereut.

Als ich mit Violet schwanger war, achtete ich zwar auf mich und folgte den Anweisungen meiner Hebamme, las aber nichts mehr zum Thema Schwangerschaft. Als meine Freundin Heidi anbot, eine Babyparty für mich zu schmeißen, sagte ich: «Ja, gerne, solange wir daraus eine Secondhandparty machen können» (die ich in Kapitel 4 näher beschreibe).

Es war unglaublich wohltuend, diese zweite Chance zu bekommen und meine zweite Schwangerschaft so zu genießen, wie es sich für mich richtig anfühlte.

Ich möchte nicht unerwähnt lassen, dass sich unter den Bergen weitergereichter Dinge, die ich bekam, als Violet unterwegs war, auch batteriebetriebene Spielsachen befanden. Okay, einige davon waren schlicht zu laut (ein Stück Klebeband auf dem Lautsprecher löste das Problem), aber diesmal hielt ich nicht an meinen strengen Parametern fest. Und wissen Sie was? Violet hätte nicht glücklicher sein können als beim Schaukeln zu den batteriebetriebenen Musik-Spielzeugen.

Man sollte sich im Klaren darüber sein, dass auf Entscheidungen sicherlich auch mal harte Zeiten und Enttäuschungen folgen können. Einige sind das Ergebnis unserer Entscheidungen, andere wiederum liegen außerhalb unserer Kontrolle. Eltern haben das natürliche Bedürfnis, ihre Kinder um jeden Preis vor Leid zu bewahren, aber in Wahrheit bedeutet jede schwierige Erfahrung eine Lektion oder vielleicht sogar ein Geschenk fürs Leben.

Es ist nicht schwammig, wenn Sie Ihren Erziehungsansatz justieren, je nachdem, wie Sie und Ihre Kindern sich weiterentwickeln. Es bedeutet vielmehr, dass Sie sich den Möglichkeiten der Welt und den sich verändernden Bedürfnissen Ihrer Familie öffnen. Sie sind bescheiden und mutig genug, um sozusagen auf dem Weg zu lernen.

Wenn Sie insgesamt die zu fällenden Beschlüsse und Entscheidungen in Ihrem Leben reduzieren, dann sollten Sie auch versuchen, den verbleibenden Entscheidungen die Intensität zu nehmen. Scannen Sie jedes Mal, wenn Sie vor einer Wahl stehen, die Möglichkeiten, und beraten Sie sich dann mit Ihrem inneren Navigator, um herauszufinden, welche Option sich am richtigsten anfühlt (nur wenige Optionen sind *vollkommen* richtig) – und dann entscheiden Sie sich dafür! Sie können immer noch Kurskorrekturen vornehmen, wenn sich Ihre Ansichten, Ihre Kinder oder die Umstände verändern.

WIR SITZEN ALLE IM SELBEN BOOT

Viele Eltern handeln in dem Irrglauben, dass «mehr» gleichbedeutend mit «sicherer» ist, wenn es um die Zukunft ihrer Kinder geht. Bei all dem Druck, unseren Kindern den Sprung in ein erfolgreiches Erwachsenenleben zu ermöglichen, verlieren wir leicht den Blick dafür, dass wir *alle im selben Team* spielen.

Der heutige Trend in Erziehungsfragen, (maßlos) zu übertreiben, scheint zumindest teilweise von einer Furcht vor Mangel getrieben zu sein: einem Mangel an materiellen Gütern, einem Mangel an Plätzen in der Kita oder in der «besten» Schule. Wir glauben nicht daran. Wir glauben, es ist genug für alle da. Okay, es gibt nur einen Jahrgangsbesten und nur eine erste Geige. Aber es ist ein Irrtum zu denken, dass der zukünftige Erfolg Ihres Kindes von solchen Details abhängt.

Weil wir unsere Kinder so sehr lieben, ist es beängstigend, akzeptieren zu müssen, dass ihre Zukunft teilweise das Ergebnis der sie umgebenden Umstände ist. Der beste Weg in ein glückliches Erwachsenenleben liegt darin, ihre Stärken zu entdecken und zu fördern, Flexibilität zu üben, wenn sie auf Hindernisse stoßen, und Werkzeuge zu entwickeln, mit denen sie dauerhafte Freundschaften schmieden. Ein minimalistischer, weniger verbauter Pfad führt geradewegs dorthin.

Sie können sich für ein Weniger entscheiden. *Sie* können sich entscheiden, präsent zu sein. Und das ist aufregend. Sie können *jetzt* etwas bewirken. Mit dieser Einstellung sind Sie bestens gerüstet, auch den Rest Ihres Lebens zu minimalisieren!

2

ES GEHT UM IHRE ZEIT:
EINSTELLUNGEN VORNEHMEN
UND PRIORITÄTEN SETZEN

Zeigen Sie uns Eltern, die genug Zeit haben, und wir zeigen Ihnen ein hübsches Grundstück mit Meerblick in der Arktis. Selbst jetzt staunen wir noch darüber, dass wir dieselbe Anzahl an Stunden zur Verfügung haben wie immer. Es scheint, dass wir so viel mehr in jeden einzelnen Tag quetschen müssen.

Den Terminkalender einer ganzen Familie zu managen, ist exponentiell komplizierter, als nur mit dem eigenen umzugehen. Es gibt einfach *mehr*, das in den Kalender passen muss, dazu kommt der gnadenlose Druck, zu allem ja sagen und alles perfekt machen zu müssen. Wenn wir auf all die Erziehungsbotschaften um uns herum hören, scheint es, als sei *jede Entscheidung* lebenswichtig. Viele von uns leben in der ständigen Angst, irgendwie zu versagen, wenn sie ihre Kinder nicht rechtzeitig zum Freizeitcamp anmelden, den Ballett-, Schwimm- und Musikunterricht unter einen Hut bringen sowie selbstgekochte Mahlzeiten für die ganze Woche planen, während sie gleichzeitig Sport treiben, halbwegs den Haushalt schmeißen, einen Beruf ausüben und eine mehr als nur funktionierende Beziehung mit ihrem Partner oder ihrer Partnerin führen. Kurz: Es gibt immer noch mehr Wege, unsere Zeit und Aufmerksamkeit in kleine Scheibchen und Stückchen zu zerteilen, und unzählige Wege, sich deswegen schlecht zu fühlen.

Wir offenbaren keinen Trick, wie man das alles hinbekommt. Denn *niemand* schafft all das, auch wenn Zeitschriften und Produktivitäts-Blogs es Ihnen weismachen wollen. Promi-Mütter schaffen es nicht, das gestylte Elternratsmitglied, das den Schulflur entlangschwebt, schafft es nicht, und Ihre Mutter hat es seinerzeit auch nicht geschafft. Aber jede und jeder kann *weniger* tun und dennoch gesunde, glückliche, intelligente und verantwortungsvolle Kinder großziehen.

Der Schlüssel liegt in der Feinabstimmung Ihrer Filter, sodass nur noch die wichtigen Dinge es auf Ihren Radar schaffen, mit dem Sie orten, was Ihre Beachtung verdient und bekommt. Die Frage sollte nicht sein: «Wie bringe ich alles unter einen Hut?» sondern: «Was ist am wichtigsten unterzubringen?» Das Schöne an diesem Denkansatz ist: Wenn Sie Ihren Terminplan minimalisieren, dann stehen die Chancen gut, dass Sie am Ende der meisten Tage sicher sein können, den Großteil der wichtigen Dinge erledigt zu haben.

In diesem Kapitel verhelfen wir Ihnen mit Übungen zu einem allgemeinen Überblick, damit Sie sich eine deutlichere Vorstellung von den Zeit-Prioritäten Ihrer Familie machen und die Art, wie Sie momentan Ihre Zeit verbringen, im Licht dieser Prioritäten unter die Lupe nehmen können. Danach stellen wir Ihnen einige Strategien vor, um die Lücke zu schließen zwischen dem, was Sie tun, und dem, was Sie für wichtig halten.

Also schnappen Sie sich Notizbuch und Stift, und lassen Sie uns loslegen!

LERNEN SIE SICH SELBST BESSER KENNEN

Bevor Sie entscheiden können, was einen Platz in Ihrem Kalender verdient, sollten Sie Ihr eigenes Verhältnis zur Zeit kennen. Dieses Verhältnis zu verstehen und zu akzeptieren, ist der erste Schritt dahin, Ihren Terminplan in den Griff zu bekommen.

ERKENNEN SIE IHREN «ZEIT-STIL»

Sicher könnte jede und jeder von einem Tuning seines Zeitmanagements profitieren. Um aber zu wissen, wo Sie anfangen sollten, müssen Sie erst einmal Ihren eigenen «Zeit-Stil» kennen. Ihr Zeit-Stil ist die Art und Weise, in der Sie sich mit dem Organisieren und Verbringen Ihrer Zeit am wohlsten fühlen.

Begeben wir uns für einen Augenblick in die Welt der Phantasie. Wenn Sie die einzige Person in dieser Szenerie wären, wie würden Sie dann Ihre Zeit verbringen? Beantworten Sie die folgenden Fragen (und kümmern Sie sich zum jetzigen Zeitpunkt nicht darum, was realistisch scheint):

- Sind Sie jemand, der gerne nach Plan arbeitet? Oder sind Sie eher spontan und flexibel?
- Empfinden Sie vorhersehbare Abläufe als beruhigend, oder fühlen Sie sich davon eingeengt?
- Würden Ihre Freunde Sie als pünktlich bezeichnen? Und Sie selbst? Ist Ihnen Pünktlichkeit wichtig?
- Können Sie leicht von einer Aktivität zur nächsten springen, oder brauchen Sie zwischendurch etwas Zeit zum Durchatmen?
- Würden Sie für einen idealen freien Tag ein Programm vol-

ler großartiger Unternehmungen planen, oder hätten Sie Spaß daran, sich treiben zu lassen?
- Verbringen Sie Zeit lieber mit Menschen oder alleine? In welchem Verhältnis?

Ihre Antworten geben Aufschluss über Ihren idealen Terminplan, und zwar basierend auf Planung, Inhalt und der Einbeziehung anderer Menschen. Zum Beispiel kann der ideale Terminplan für manche Menschen einen festgelegten Tag pro Woche beinhalten, an dem Erledigungen besorgt werden, sowie regelmäßige Pflichten und Aktivitäten für die Kinder und ein monatliches Treffen zum Essen mit Freunden. Andere wiederum verplanen ihre Wochenenden vielleicht kaum (halten sich aber haufenweise Optionen offen). Es gibt unendlich viele Arten, seine Zeit einzuteilen.

Spielen Sie mit Ihren Antworten, bis sich eine Vision Ihres idealen Terminplans verdichtet, auch wenn er aufgrund Ihrer Arbeit, Ihres Familienlebens und anderer Verpflichtungen völlig unmöglich scheint. Haben Sie Spaß dabei! Ziel ist es, ein klares Bild davon zu erhalten, wie Ihr Wunschergebnis aussieht, und dann die Marschroute festzulegen.

ERKENNEN SIE IHRE GOLDENEN STUNDEN

Ihren eigenen Zeit-Stil zu kennen, ist ein wichtiger Schritt auf dem Weg, den Terminplan Ihrer Familie zu entwerfen. Der nächste Schritt ist, den natürlichen Rhythmus Ihres Körpers zu berücksichtigen. Jeder Mensch hat tägliche Energie-Hochs und -Tiefs, die relativ regelmäßig auftreten und daher planbar sind. Wenn Sie diese Muster erkennen, holen Sie das meiste aus Ihrem Terminplan heraus. Sie können dann die geistig anspruchsvolle Arbeit möglichst während der Hochs erledigen und die alltäglichen Pflichten während der Tiefs. Überlegen Sie:

- Wenn Sie mehr Zeit für sich selbst brauchen, stehen Sie dann lieber früh auf oder bleiben Sie abends länger wach?
- Wann am Tage fühlen Sie sich am vitalsten und haben die meiste Energie?
- Und umgekehrt: Wann erleben Sie größere Energie-Tiefs?

Auch hier befinden wir uns noch in der Welt der Phantasie. Versuchen Sie diese Fragen allein für sich selbst zu beantworten und nicht im Hinblick darauf, was machbar oder vernünftig scheint. Wenn Ihre Energie-Spitzen zwischen 15 und 17 Uhr liegen, dies aber gleichzeitig die Zeit ist, in der Ihre Kinder quengelig von ihrem Mittagsschlaf aufwachen, so sind dies dennoch Ihre Goldenen Stunden. Mit der Realität setzen wir uns gleich im Anschluss auseinander.

FINDEN SIE IHRE «HABITABLE ZONE»

Die Wochen rasen dahin, und die Verpflichtungen türmen sich – und plötzlich sind Sie überfordert. Glauben Sie uns, wir kennen das nur allzu gut. Manchmal ist es unvermeidbar und Sie müssen einfach die Zähne zusammenbeißen und sich durchboxen. Aber oft genug ist dieses Gefühl der Überforderung die Folge davon, dass Sie unbeabsichtigt den Terminplan voller gepackt haben, als Ihre Familie es bewältigen kann.

Versuchen Sie folgendes Experiment: Nehmen Sie sich Ihren Kalender des letzten Monats vor. Sehen Sie in jeder Woche nach, wie viele Verpflichtungen Sie und Ihre Kinder hatten –

zählen Sie sie, und halten Sie die Anzahl in Ihrem Notizbuch fest. Danach notieren Sie die Wochen, in denen gefühlt zu wenig los war, die Wochen, die sich zu voll anfühlten, und die Wochen, die genau richtig waren.

Was ist die «genau richtige» Anzahl Ihrer wöchentlichen Verpflichtungen? Schreiben Sie diese Zahl (groß!) in Ihr Notizbuch. Später, wenn Sie tatsächlich richtig mit Ihrem Kalender arbeiten, stellt dies die Anzahl der wöchentlichen Termine dar, die Sie anstreben sollten (vielleicht auch ein paar weniger, da immer mal wieder kurzfristig Verpflichtungen oder Krankheiten dazwischenkommen können).

FÜHREN SIE EINE ZEIT-INVENTUR DURCH

Nachdem Sie eingegrenzt haben, wie Ihr idealer Terminplan aussehen sollte, stellt sich die Frage, wie Sie Ihre Zeit tatsächlich verbringen. Aber bevor wir weitermachen und dieser Frage auf den Grund gehen, lassen Sie uns eines klarstellen: Niemand wird tadelnd mit dem Finger auf Sie zeigen. Wir bewerten nicht, was Sie mit Ihrer Zeit anstellen. Es ist uns gleich, ob Sie drei Stunden täglich auf Facebook verbringen, neun Stunden täglich im Büro sitzen oder zehn Stunden pro Woche Reality-Shows ansehen. Wir prüfen nicht, ob Sie sich ehrenamtlich engagieren, wie viel Zeit Sie mit Hausarbeit zubringen oder ob Sie womöglich ein Workaholic sind. Mit dieser Zeit-Inventur sammeln Sie lediglich Daten zum aktuellen Stand der Dinge, um dann wohlüberlegt entscheiden zu können, wie Sie Ihre Zeit am sinnvollsten einteilen. Los geht's:

1. Nehmen Sie sich einige Minuten Zeit, um die folgende Tabelle auszufüllen. Die Kategorien sind absichtlich breit gefä-

chert, und wir haben einige Zeilen freigelassen, die Sie selbst füllen können. Wenn Sie möchten, können Sie mehr ins Detail gehen, aber was Sie wirklich brauchen, das ist ein grober Überblick, was Sie mit Ihrer Zeit an einem typischen Tag anstellen. Schätzen Sie, wie viel Zeit Sie mit den folgenden Tätigkeiten verbringen:

Aktivität	Stunden pro Tag	Wie fühlt es sich an?
Schlaf	....	....
Körper-, Gesundheits-, Schönheitspflege	....	....
Bezahlte Arbeit bzw. Hausaufgaben und Ausbildung	....	....
Sport	....	....
Häusliche Pflichten (Putzen, Rechnungen bezahlen etc.)	....	....
Erledigungen (Lebensmitteleinkäufe, Tierarztbesuche etc.)	....	....
Kochen	....	....
Ehrenamtliche / gemeinnützige Arbeit	....	....
Beschäftigung mit den Kindern (Spielen, Chauffieren, Windeln wechseln, Hausaufgabenhilfe etc.)	....	....
Familien-Aktivitäten (Mahlzeiten, Sport, Religionsausübung etc.)	....	....
Hobby und Freizeit (Ihre, nicht die der anderen)	....	....
Zeit zum Abschalten (TV, Internet, soziale Medien etc.)	....	....
Soziale Aktivitäten (Zeit mit der erweiterten Familie und Freunden)	....	....
Beziehungspflege (Ausgehen, Unterhaltungen mit dem Partner oder der Partnerin, Sex etc.)	....	....

Da nur wenige Elterntage nach Schema verlaufen, ist es vielleicht sinnvoll, die Schätzung über den Zeitraum von etwa einer Woche im Auge zu behalten, damit Sie ein deutlicheres Bild davon gewinnen, wie Sie Ihre Zeit verbringen. Überraschen die Zahlen Sie?

2. Nun beschreiben Sie mit ein oder zwei Wörtern Ihre Gefühle zu jeder Kategorie. Schnell! Was auch immer Ihnen in den Sinn kommt! Niemand außer Ihnen wird es lesen – es sei denn, Sie möchten es –, also lassen Sie sich nicht davon abhalten, dass Ihnen etwas peinlich ist. Denken Sie daran, dass Sie gerade Ihr Möglichstes tun und sich durch diese Übungen kämpfen, um etwas zum Besseren zu verändern. Sie sind eine Heldin bzw. ein Held!

3. Nun zur Auswertung: Springt Ihnen etwas direkt ins Auge, das aus dem Lot geraten scheint? Macht Sie irgendetwas besonders stolz oder erschreckt Sie? Fühlt sich die Zeit, in der Sie abschalten, wirklich entspannend an oder eher wie ein zeitliches Äquivalent zu Junk-Food – anfangs angenehm, aber letztlich kräftezehrend? Was sagt Ihnen Ihr innerer Navigator? Schreiben Sie auch das auf. Es handelt sich hierbei um wichtige Erkenntnisse, die Sie für die nächste Übung brauchen.

ERKENNEN SIE DEN «ZEIT-SINN» IHRER FAMILIE

Nachdem Sie nun einige Zeit mit der Auswertung Ihrer eigenen Zeitnutzung verbracht haben, beantworten Sie nun, so gut Sie können, die folgenden Fragen für jedes Mitglied Ihrer Familie. Versuchen Sie, die Antworten nicht zu werten, auch wenn das damit verbundene Verhalten Sie oft in den Wahnsinn treibt:

- Hat Ihr Kind gerne etwas vor und verabredet sich mit Freunden, oder verbringt es seine freie Zeit lieber alleine bzw. mit Ihnen?
- Neigt Ihr Kind von Natur aus eher dazu, seine Zeit einzuteilen, oder hat es wenig Gefühl dafür bzw. kein Interesse daran, wie viel Zeit vergeht?
- Wie geht Ihr Kind mit dem Übergang von einer Tätigkeit zur nächsten um?
- Wacht Ihr Kind von alleine früh auf? Schläft es tagsüber? Welches ist seine ideale Schlafenszeit (für das Kind, nicht unbedingt für Sie)?
- Welches Naturell hat Ihr Kind? Ist es willensstark und unabhängig? Unbeschwert? Nachgiebig? Abenteuerlustig? Schüchtern? Neugierig? Ernst? Ehrgeizig? Verspielt?

Falls Ihr Kind noch zu jung ist, um Ihnen in dieser Richtung konkrete Hinweise zu geben, verwenden Sie diese Fragen einfach als eine Art Linse, durch die Sie bisherige Reaktionen Ihres Kindes in entsprechenden Situationen betrachten.

Wie sieht es mit Ihrem Partner bzw. Ihrer Partnerin aus? Auf welche Weise entspricht sein oder ihr Verhältnis zu Zeit Ihrem eigenen bzw. weicht davon ab?

Die Antworten sind selten schwarz oder weiß, das ist nicht schlimm. Der Zweck dieser Übung ist, ein vollständigeres Bild davon zu erhalten, wie sich Ihre Familie gerne in der Welt bewegt ... ähnlich der Übung, in der Sie Ihre eigene Phantasie-Zeitplanung entworfen haben.

Nun vergleichen Sie Ihre Notizen. Wo überlappt sich das Verhältnis Ihrer Familie zu Zeit mit Ihrem eigenen? Vielleicht sind Sie und Ihr Kind beide Frühaufsteher, sodass sich gemeinsame Morgenaktivitäten und Erledigungen anbieten, während Ihr Partner bzw. Ihre Partnerin ausschläft. Wo können Konflikte entstehen? Vielleicht hassen Sie es, durch zu viel Planung eingeschränkt zu sein, während Ihr Kind (oder Ihr Partner bzw. Ihre Partnerin) Vorhersehbarkeit braucht. Notieren Sie die Überlappungen und Konflikte, sie stellen entscheidende Informationen für den nächsten Schritt dar.

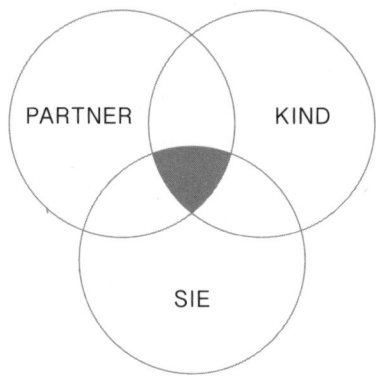

ERSTELLEN SIE EINE MEHR-ODER-WENIGER-LISTE

Sie wissen, wohin Sie wollen (so nah wie möglich an Ihre Phantasie-Zeitplanung). Sie wissen, wo Sie stehen (Ihre Zeit-Inventur gibt Aufschluss über Ihren derzeitigen Terminplan, Sie haben eine Vorstellung der für Sie «genau richtigen» Anzahl wöchentlicher Verpflichtungen, und Sie haben nachgedacht, welches Verhältnis die anderen Familienmitglieder zur Zeit haben und wie es sich von Ihrem eigenen unterscheidet). Nun stehen Sie vor der Aufgabe zu entscheiden, was Sie Ihrem Terminplan hinzufügen und worauf Sie verzichten.

Ihr Werkzeug: die Mehr-oder-weniger-Liste. Es ist genau das, wonach es klingt: eine Liste dessen, wovon Sie sich in Ihrem Leben mehr wünschen, und dessen, wovon Sie lieber weniger hätten.

Lassen Sie sich nicht davon täuschen, dass Ihnen eine Mehr-oder-weniger-Liste womöglich allzu simpel vorkommt. Sie ist ein überraschend effektiver Weg, Ideen in die Tat umzusetzen. Sie ist der Anfang einer Straßenkarte, die Sie von Ihrem jetzigen Standpunkt dorthin führt, wohin Sie möchten. Mit einer Mehr-oder-weniger-Liste erreichen Sie die großen Etappenziele. Mit der Zeit werden Sie Autobahnen und Seitenstraßen hinzufügen, bis die gesamte Strecke zum Ziel erkennbar wird.

Beginnen Sie mit einem leeren Blatt Papier. Ziehen Sie in der Mitte einen Strich von oben nach unten, die linke Seite bekommt die Überschrift MEHR, die rechte Seite die Überschrift WENIGER. Nun schauen Sie noch einmal genau an, was Sie über Ihren Zeit-Stil herausgefunden haben, über die Zeit-Stile Ihrer Familie, Ihren Phantasie-Zeitplan, Ihre Goldenen Stunden und Ihre derzeitige Zeitnutzung. Schreiben Sie das, wovon Sie mehr möchten, in die MEHR-Spalte. Listen Sie auch Dinge auf, die weit hergeholt und absolut unmöglich scheinen. Zum Beispiel könnte hier «eine Reise nach Indonesien» stehen, selbst wenn Sie weder über die finanziellen Mittel noch über die freie Zeit verfügen, um jetzt sofort loszufahren.

Finden Sie dann die Bereiche, die Sie regelmäßig herunterziehen. Schreiben Sie diese Dinge in die WENIGER-Spalte. Keine Sorge, noch streichen Sie ja nichts. Sie notieren nur, was in die engere Wahl kommt, und können sich später immer noch umentscheiden.

Achten Sie auf Ihren inneren Navigator, während Sie die Liste vervollständigen. Ihre Liste ist ganz persönlich, sie basiert auf IHNEN und Ihrer Familie. Passen Sie auf, dass sich keine

Dinge auf die Liste schleichen, von denen Sie meinen, dass Sie sie tun «sollten». Was für andere Menschen passt, muss nicht unbedingt gut für Sie und Ihre Familie sein. Putzen zum Beispiel. Ja, wahrscheinlich würden Sie sich in einem sauberen Zuhause wohler fühlen. Wenn aber Ihr innerer Navigator Ihnen sagt, dass es Dinge gibt, die gerade eine höhere Priorität genießen, dann setzen Sie Putzen in die WENIGER-Spalte.

Lassen Sie genauso wenig zu, dass Angst entscheidet, was auf die Liste kommt oder nicht. Wenn Sie davor zurückschrecken, Ihrem Zeitplan etwas hinzuzufügen oder etwas zu streichen, Ihr innerer Navigator Sie jedoch ruhig, aber bestimmt in diese Richtung drängt, dann hören Sie auf ihn. Ihr innerer Navigator ist immer schlauer als Ihre Angst.

Fahren Sie während der nächsten ein oder zwei Wochen fort, Dinge auf Ihrer Mehr-oder-weniger-Liste zu notieren. Lassen Sie sie auf sich wirken. Ändern Sie, verbessern Sie, spielen Sie damit herum. Schreiben Sie mit Bleistift oder Kugelschreiber. Es ist Ihre Liste. Es ist Ihr Leben.

STARTEN SIE LANGSAM, UND PASSEN SIE IHREN KURS UNTERWEGS AN

Mittlerweile müssten Sie einen besseren Blick dafür haben, welches das «richtige» Maß an Beschäftigung für Ihre Familie ist, was wichtig genug ist, einen Platz in Ihrer Terminplanung zu verdienen, und was Sie vielleicht reduzieren oder aufgeben möchten, um sich mehr Zeit freizuschaufeln. Ihr innerer Navigator weist Ihnen dabei die Richtung. Nun wird es Zeit, den Motor anzuwerfen und den Bus ins Rollen zu bringen.

Sie werden den Familien-Terminplan sicher nicht über Nacht umkrempeln. Entscheidend ist, langsam zu beginnen und unterwegs Anpassungen vorzunehmen. Es erfordert ein ständiges Ausprobieren, um Ausgewogenheit zu erreichen. Es braucht Zeit, sich mit dem Gedanken anzufreunden, dass Sie durch ein «Weniger» letztlich mehr Gutes in Ihr Leben bringen. Um bestimmte Verpflichtungen müssen Sie sich umgehend kümmern, während andere noch nicht einmal am Horizont auftauchen.

Das Wichtige ist, Ihre neu gewonnenen Erkenntnisse von nun an als Lupe und Filter für Ihre Terminplanung zu verwenden. Anfangs kann es beängstigend sein, sich selbst zu vertrauen und dem inneren Navigator die turbulente Fahrt zu überlassen, besonders wenn Sie sich immer noch sorgen, dass Sie Ihren Standard senken oder die Chancen Ihrer Kinder gefährden könnten. Wir wissen sehr wohl, dass das heutige Lebensumfeld nicht unbedingt zu einem «Weniger» von irgendetwas ermutigt.

An diesem Punkt kann es helfen darüber nachzudenken, welche Kompetenzen Ihre Kinder dadurch erwerben, dass Sie Ihr Zeitmanagement überarbeiten. Wenn Sie an das heutige wirtschaftliche und soziale Klima denken, werden Sie uns sicher zustimmen: Die Fähigkeiten, die Kinder durch mehr freie Zeit gewinnen, sind mindestens genauso wertvoll wie alles, was sie in der Schule oder auf dem Fußballplatz lernen:

- Sie haben Zeit, Neues auszuprobieren, Interessen zu entdecken und ihnen nachzugehen – der erste Schritt zu lebenslangen Leidenschaften, die ihre Zukunft vorantreiben können.
- Sie werden auf sinnvolle Weise an der Aufgabe beteiligt, das Familienleben zu managen, sodass sie konkrete Erfahrungen mit Teamwork sammeln und verstehen, wie jeder vom anderen abhängig ist.

- Sie lernen, mit Langeweile umzugehen (der beste Antrieb für Kreativität).
- Sie dürfen spielen und Kind sein, ein Vorläufer für Ausgewogenheit im Erwachsenenleben.
- Sie lernen, dass es wesentlich ist, auf den eigenen inneren Navigator zu achten, um mit zunehmender Verantwortung, moralischen Herausforderungen und Gruppenzwang umgehen zu können.

PLANUNGSWERKZEUGE
UND -SYSTEME

Es ist schön und gut, eine Weile herumzuphilosophieren, doch wenn Sie keine konkreten Schritte unternehmen, bringt es Sie nirgendwohin. Um Ihre neu gewonnenen Erkenntnisse in die Tat umzusetzen, benötigen Sie Werkzeuge und Routinen, damit Ihnen die Zeitplanung zur täglichen Gewohnheit wird.

WÄHLEN SIE IHRE WERKZEUGE

Falls Sie dachten, dass wir immer nur betonen: «Es gibt keine einzig richtige Antwort für jedermann!», kommt hier nun doch ein absolutes Gebot: *Sie brauchen einen Kalender und eine To-do-Liste.* Diese Werkzeuge sind die Dreh- und Angelpunkte des Zeitmanagements, weil sie den Kopf dafür frei machen, Probleme zu lösen, statt sich mit banalem Gedächtnis-Jogging zu beschäftigen.

Verschwenden Sie keine Zeit damit, nach *der* effektivsten Lösung von allen zu suchen, die auf magische Weise die Falten im Stoff Ihres Lebens glättet. Es gibt sie nicht. Verschaffen Sie sich stattdessen einen schnellen Überblick (oder bitten Sie Freunde um Tipps) und wählen Sie die Option, die am vielversprechendsten klingt. Es kann in Papierform sein oder elektronisch, ein billiges, spiralgebundenes Notizbuch und ein Stift, ein «Zeitmanagement-System» für hundert US-Dollar, eine Gratis-App oder ein Stapel Karteikarten. Das ist uns völlig gleich, Hauptsache, es ist:

- tragbar (Sie sollten es die ganze Zeit bei sich haben)
- etwas, dessen Benutzung Ihnen Spaß macht und / oder bequem ist
- gemeinsam mit Ihrem Partner oder Ihrer Partnerin nutzbar (vorausgesetzt, Sie sind beide an der Familien-Zeitplanung und To-do-Liste beteiligt)

Ali auf Minimalist Parenting: Mein Mann und ich arbeiten beide Vollzeit. Unsere Kinder, drei und fünf Jahre alt, sind in der Kita und in der Vorschule. Wir nutzen die Meeting-Funktion von Microsoft Outlook, um unsere Terminpläne zu koordinieren (wer ist verreist / wer holt die Kinder ab etc.). Wir finden es extrem hilfreich, unsere «Arbeits»- und «Freizeit»-Kalender zusammenzuführen, weil Arbeits- und Haushaltspflichten miteinander verflochten sind. Die Kalender sind auch auf unseren Smartphones verfügbar. Ich führe wirklich ALLES auf, sogar die Fahrzeiten zu Veranstaltungen und zurück, zudem notiere ich auch die Termine meines Mannes, wenn er mit den Kindern irgendwohin geht (ich codiere sie gelb und markiere sie für mich als freie Zeit, damit sie meinen Kalender nicht durcheinanderbringen). Ich erfasse sämtliche To-dos für die Kinder und für mich, zusätzlich verwende ich eine laufende To-do-Liste für meine Job-Angelegenheiten. Ich speichere die Liste in der Dropbox, sodass sie von überall abrufbar ist. Für alle neuen Einträge, die mir in den Sinn kommen, schicke ich eine E-Mail an meine Arbeits-E-Mail-Adresse, weil ich sicher sein kann, dass ich sie dort ansehe und dann meiner Liste hinzufüge.

SETZEN SIE IHRE WERKZEUGE EIN – JETZT

Tragen Sie jedes Datums- und Zeit-spezifische Detail in den Kalender ein. Alles andere kommt auf Ihre To-do-Liste. *Alles.* Orte, an die Sie gerne reisen möchten, Zeug, das Sie im Baumarkt kaufen wollen, Telefonate, die Sie erledigen müssen. All die Dinge, an die Sie denken wollen oder müssen und die keinen spezifischen Zeitrahmen haben, sind auf Ihrer To-do-Liste zu Hause. (Falls Ihre To-do-Einträge Fälligkeitsdaten haben, können Sie nach Belieben entscheiden, ob sie auf Ihrer To-do-Liste bleiben oder ob Sie sie in Ihren Kalender übertragen. Wählen Sie die Methode, die Ihnen am sinnvollsten scheint.)

Voilà, schon hat Ihr Geist mehr Raum für Kreativität und Ruhe. Indem Sie sich der geistigen Arbeit des *Erinnerns* Ihrer Termine und Aufgaben entledigen, machen Sie Gehirnzellen frei für die viel wichtigere Arbeit des *Organisierens* und *Managens* Ihres Lebens.

Falls es Ihnen neu ist, mit Kalender und To-do-Liste umzugehen, mag es Ihnen anfangs etwas verschroben erscheinen, wirklich alles einzutragen. Zu Beginn raubt diese neue Gewohnheit Zeit und Energie, die Sie wahrscheinlich nicht zu haben glauben. Aber je häufiger Sie Ihre Werkzeuge benutzen, desto mehr werden Sie ihnen vertrauen und sich auf sie verlassen. Sie werden in Ihrer Woche Muster und wiederkehrende Freiräume entdecken und überlegen, wie Sie diese Zeit in Zukunft besser nutzen können. Ihr Geist wird beginnen, Aufgaben und Ideen automatisch in To-do-Listen- und

Kalender-Einträge zu unterteilen und Sie so beinahe wie von Geisterhand in einen besser organisierten und effizienteren Menschen verwandeln. Wobei hier gar keine Magie im Spiel ist – es sind allein Sie, die oder der all das tut!

BLOCKEN SIE IHRE GOLDENEN STUNDEN

Kürzlich haben Sie Ihre Goldenen Stunden ermittelt – die Stunden, in denen Sie am aufmerksamsten und am produktivsten sind. Planen Sie für diese Stunden möglichst Ihre kreativste und / oder anspruchsvollste Arbeit ein. Dies sind die Stunden, um die Sie sich vorrangig kümmern und die Sie schützen sollten. Wann immer es Ihnen während dieser Zeit möglich ist, schalten Sie Ihr Telefon und alle sozialen Medien ab, schließen Sie die Tür, vermeiden Sie es, Meetings anzuberaumen, und lehnen Sie Einladungen zum Kaffee und jede Beanspruchung Ihrer Aufmerksamkeit ab. Machen Sie es sich zur Aufgabe, Ihre Zeit genug wertzuschätzen, um sich diese Stunden zu bewahren, vielleicht sogar mit Hilfe Ihres Partners bzw. Ihrer Partnerin oder eines Babysitters. Beginnen Sie langsam – und wenn es zu Beginn nur zehn goldene Minuten am Tag sind, die Sie dann allmählich steigern.

SCHALTEN SIE AUF «AUTOPILOT»

Nachdem Ihre Goldenen Stunden gerettet sind, versuchen Sie nun die eher alltäglichen Verrichtungen (Ablage, Rechnungen, Erledigungen, Haushaltsführung) in weniger produktive Zeiträume zu schieben. Der beste Weg dahin sind Routinen und wiederkehrende Aufgaben. Routinen machen aus jedem Prozess, der sich wiederholt, eine Arbeit, die Sie sozusagen mit geschlossenen Augen erledigen können. Durch wiederkehrende Aufgaben gewöhnt man sich daran, sich regelmäßig um ungeliebte Details zu kümmern, bevor diese sich stauen und Sie erschlagen.

 *Ich habe mich immer vor der öden Aufgabe gedrückt, etlichen Kunden monatliche Rechnungen zu schreiben, trotz der Aussicht, bezahlt zu werden, und ungeachtet der Tatsache, dass es überhaupt nicht lange dauerte. Dies änderte sich, als ich jede einzelne Kundenrechnung als monatlich wiederkehrende Aufgabe auf meine To-do-Liste setzte und es mir zur Gewohnheit machte, am Ersten jeden Monats eine Stunde für das Schreiben von Rechnungen einzuplanen. Es fühlt sich großartig an, jeden Monat eine lange Reihe von To-do-Punkten abzuhaken, wenn ich damit fertig bin. Dieselbe Methode funktioniert auch gut für das Verbuchen meiner Belege und Gehaltsabrechnungen, sodass ich nicht kurz vor Ablauf der Steuerfrist mit einem riesigen Haufen Arbeit dasitze.*

Es ist leider nur allzu wahr, dass ein Großteil des Elterndaseins und Alltags aus wiederholtem, langweiligem, aber notwendigem Mist besteht. Er macht keinen Spaß, aber wenn man ihn nicht erledigt, stellen sich die Folgen Ihrer angestrebten minimalistischen Lebensführung in den Weg. Der Trick ist, sich Routinen zu schaffen, um mit den monotonen Aufgaben umzugehen. Wählen Sie die nervige Aufgabe oder lästige Pflicht, die Sie am meisten anödet, und suchen Sie nach Wegen, sie aufzusplitten und effizienter zu gestalten. Beteiligen Sie nach Möglichkeit auch andere daran.

*Für mich war die unüberwindbarste Hürde immer die Wäsche, auch bekannt als das gefürchtete Klamotten-Monster. Der Prozess besteht aus so vielen Schritten, und jeder einzelne kann den Zug zum Entgleisen bringen. Woche für Woche geschah gewöhnlich mindestens eines dieser Dinge: Die Wäschekörbe quollen über vor Dreckwäsche, nasse Wäsche gammelte in der Maschine vor sich hin, trockene Wäsche knitterte im Trockner, zusammengelegte Kleidung lag vergessen in einem Wäschekorb, der seinen Weg nie nach oben in den Wohnbereich fand. Und falls doch, schafften die Kleidungsstücke es dennoch nie in die Schubladen, sondern wurden gleich im Korb durchwühlt und auseinandergefaltet. Aber auch wenn es auf wundersame Weise mehr oder minder funktionierte, hatte mindestens ein Familienmitglied trotzdem keine saubere Wäsche oder frische Socken mehr. Schuldgefühle und Frustration waren die Folge.*

Wir bekamen das gefürchtete Klamotten-Monster unter Kontrolle, indem wir uns auf die einzelnen Schritte des Wäschewaschens konzentrierten und sie dann durch Delegieren und feste Abläufe vereinfachten:

- *Die Kinder bringen ihre Dreckwäsche jeden Tag in den Wäschekeller.*
- *Die Waschmaschine läuft immer, während das Abendessen vorbereitet wird (wiederkehrender Punkt auf der To-do-Liste).*
- *Rael sortiert und faltet die saubere Wäsche beim Fernsehen. Und nun, da ich einen Wäsche-Kumpel habe, springe ich mit ein, und die Arbeit geht schneller von der Hand.*
- *Die Kinder räumen ihre zusammengelegte Wäsche selbst in den Schrank, sobald sie in ihrem Zimmer auftaucht, und diese Aufgabe ist an die Zeiten für Fernsehen und Videospiele gebunden (erst die Wäsche, dann Fernsehen oder Videospiele).*

SETZEN SIE EINEN SCHLUSSPUNKT

Elternarbeit ist schier endlos. Es gibt immer noch irgendetwas zu tun. Akzeptieren Sie diese Tatsache, und setzen Sie dem Wahnsinn ein Ende, indem Sie für jeden Tag einen Schlusspunkt bestimmen, an dem Sie «ausstempeln» und das Haushalts-Klein-Klein hinter sich lassen. Gestatten Sie sich, in den Freizeit- und Beziehungsmodus zu schalten, wenn Ihre Kinder schlafen gehen (oder wann auch immer es Ihnen passend erscheint).

 **jbrileyb auf themotherhood.com:** Gibt es einen biologischen Unterschied zwischen Männern und Frauen, der es den Männern leichter macht, sich von der Hausarbeit zu entkoppeln? Ich habe es meinem Mann immer übel genommen, aber jetzt betrachte ich ihn als eine Art Lehrmeister. Er beschließt einfach ein Hockey-Spiel anzusehen, setzt sich hin und tut es dann auch. Mir wird langsam klar, dass ich mehr wie er sein sollte und nicht etwa umgekehrt.

Viele arbeitende Eltern kämpfen damit, nachts arbeiten zu müssen, sei es aufgrund freiberuflicher Tätigkeiten bzw. flexibler Arbeitsvereinbarungen, sei es, dass sie nicht im Büro waren, weil sie sich um die kranken Kinder gekümmert haben. In diesen Fällen empfehlen wir, mit verschiedenen Zeitregelungen zu experimentieren, damit Sie *dennoch* einen Schlusspunkt setzen können – und zwar sowohl in Bezug auf Haushaltsdinge als auch hinsichtlich Ihrer Arbeit.

 *Da mein Arbeitspensum über einen vollen Arbeitstag hinausgeht, ich aber tagsüber nur eine Halbtags-Kinderbetreuung habe, bin ich darauf angewiesen, an den Abenden zu arbeiten. Violet geht meist eine Stunde früher ins Bett als Laurel, und normalerweise übernimmt dann Jon, sodass ich mich in mein Büro zurückziehen kann. (Für den Fall, dass Laurel bei einer ruhigen Tätigkeit wie Lesen oder Basteln Gesellschaft möchte, hole ich auch schon mal meinen Laptop nach unten und setze mich damit zu ihr.) So ist es mir möglich, noch ein wenig zu arbeiten, bevor ich für den Abend Schluss mache und Zeit mit Jon verbringe oder mir etwas Zeit für mich selbst nehme. Es ist die beste Art, am Ende des Tages abzuschalten.*

An manchen Abenden wachen die Kids auf und unterbrechen Sie, oder die Welt verschwört sich gegen Sie und macht die Dinge komplizierter. Das ist unvermeidlich, und es ist in Ordnung. Falls Sie jeden Tag einen Schlusspunkt setzen (und verkünden), wird die Welt sich schlussendlich fügen. Ihre Kinder sind eines Tages alt genug, um den Begriff «Erwachsenen-Zeit» zu verstehen, und sie können sich dann auch selbst ein Glas Wasser holen (besonders gut klappt das, wenn Sie Becher und einen Hocker im Badezimmer oder in der Küche bereitstellen). Darüber hinaus lernen sie an Ihrem Beispiel, dass es wichtig ist, sich gleichermaßen um Verpflichtungen, Beziehungen und sich selbst zu kümmern.

Natürlich wird nicht jeder Tag einen perfekten Verlauf nehmen, auch werden nicht alle Ihrer To-dos erledigt sein. Aber Sie machen so bereits erste Riesenschritte zur Minimalisierung Ihres Terminplans, sodass Wichtiges, Wertvolles und Spaß zum Vorschein kommen können. Im nächsten Kapitel verraten wir Ihnen sogar noch weitere Tipps für Ihr Zeitmanagement.

ZEITMANAGEMENT-TRICKS
FÜR MINIMALISTEN

Jeder Elterntag befindet sich ständig im Fluss: Phasenweise läuft alles wie am Schnürchen, und dann wieder geschieht etwas, das alles auf den Kopf stellt. Das liegt nun mal in der Natur der Sache. Mit einem minimalisierten Terminplan sind Sie nicht nur besser gerüstet, um mit unvermeidbaren Überraschungen umzugehen, Sie sind auch viel freier, um auch mal spontan freie Momente zu nutzen, um Spaß zu haben.

In diesem Kapitel verraten wir Ihnen unsere besten Zeitmanagement-Strategien. Versuchen Sie einen Tipp pro Woche auszuprobieren; wenn sich einer für Sie richtig anfühlt, dann machen Sie von dort weiter.

MANAGEN SIE IHRE ZEIT

Wenn man mitten im Tagesgeschehen steckt, lauern unendlich viele Ablenkungsgefahren. Hier sind ein paar Tipps, um in der Spur zu bleiben.

TAPPEN SIE NICHT IN DIE
MULTITASKING-FALLE

Wir verstehen, dass man nicht jede Unterbrechung verhindern kann (so kann man bei einem Kleinkind schlecht den Stummschaltknopf drücken). Doch bleiben Sie fokussiert, so gut Sie nur können. Schalten Sie Ihr E-Mail-Programm ab, stellen Sie Ihr Telefon lautlos, schließen Sie Facebook und Twitter, und konzentrieren Sie sich auf die vor Ihnen liegende Aufgabe.

GEHEN SIE DIE SCHWIERIGSTE
AUFGABE ZUERST AN

Jede und jeder von uns hat diese lästigen Aufgaben auf der To-do-Liste stehen ... einige davon erfordern Zeit, in der man sich konzentriert (zum Beispiel das Aufstellen eines Budgets), während andere eine emotionale Belastung mit sich bringen (zum Beispiel ein unangenehmer Anruf, der Ihnen bevorsteht). Was es auch sein mag, ein Aufschieben frisst Energie – jedes Mal, wenn Ihr Blick auf diesen Punkt der Liste fällt und Sie ihn wieder beiseiteschieben, verlieren Sie an Fahrt.

Versuchen Sie es mal so: Beginnen Sie mit dem Punkt auf der Liste, vor dem Sie sich am allerliebsten drücken wollen. Oft werden Sie feststellen, dass die Aufgabe eigentlich gar nicht so viel Zeit in Anspruch nahm, und Sie fühlen sich sofort freier und bereit, nun auch den Rest des Tages zu schaukeln, weil die Hauptlast von Ihren Schultern genommen ist.

LASSEN SIE RAUM FÜR UNERWARTETE GLÜCKSMOMENTE

Wenn man in der täglichen Routine feststeckt, vergisst man leicht, dass man ein Vorbild dafür ist, wie die eigenen Kinder ihre Zeit strukturieren. Versuchen Sie zwischen Ihre Aktivitäten Pufferzonen für Ruhe und «unerwartete Glücksmomente» einzubauen, in denen es mal nichts zu tun gibt und man nirgendwohin muss. Auf diese Weise können Sie sich spontan ergebende Gelegenheiten zum Planschen in Pfützen oder Kuscheln auf dem Sofa nutzen. Solche Momente gehen leicht verloren, wenn Sie immer schon vor fünf Minuten irgendwo hätten sein müssen.

NUTZEN SIE DIE «MINUTEN ZWISCHENDURCH»

Je mehr Sie Ihren Kalender nutzen, desto mehr werden Sie über den ganzen Tag verteilte kleine Zeitfenster entdecken, die zu kurz für umfangreiche Tätigkeiten sind, aber perfekt für Aufgaben von einer bis fünf Minuten Länge oder für kleine Erholungspausen. Das Geheimnis liegt darin, eine Liste solcher kleinen Jobs parat zu haben, sodass Sie diese Minuten zwischendurch nutzen können. Hier kommen einige Beispiele und Vorschläge für sinnvolle «Zwischendurch»-Aufgaben:

- Telefonate
- Soziale Medien checken
- E-Mails beantworten (siehe unsere Drei-Schritte-Regel in Kapitel 5)
- Etwas für sich selbst tun, was sonst auf der Strecke bleibt (z.B. Nägel feilen, Stretching)

- Aufräumen, auch wenn es nur eine einzige Schublade oder Arbeitsfläche ist
- Post sortieren
- Papiere ablegen (oder, noch besser, sie schreddern und / oder recyclen)
- Im Kalender oder auf der To-do-Liste nachsehen, wo Ihnen ein wenig Vorausplanung helfen könnte (wenn zum Beispiel in der nächsten Woche jemand Geburtstag hat, könnten Sie schon eine Glückwunschkarte auf Ihre Einkaufsliste setzen)

OPTIMIEREN SIE IHREN ZEITPLANUNGS-STIL

Wir alle entwickeln uns in unseren Beziehungen weiter und entdecken neue Eigenschaften aneinander. Und manchmal treten diese Veränderungen zutage, wenn das System unter Druck gerät. Bleiben Sie offen für eine Optimierung Ihres Zeitplanungs-Stils, um Kompromisse zu schließen und Ihr Leben zu verbessern.

Jon und ich waren schon zehn Jahre verheiratet, bevor wir einmal ausdrücklich über unsere unterschiedlichen Zeit-Stile sprachen. Ich neige dazu vorauszuplanen, indem ich zum Beispiel Einladungen sofort beantworte, während Jon lieber abwartet, damit er seine Entscheidung danach treffen kann, wie er sich zum jeweiligen Zeitpunkt gerade fühlt.

Als wir – inmitten des scheinbar nie enden wollenden Stroms beruflicher und privater Verpflichtungen – daran arbeiteten, einen Kompromiss zwischen diesen beiden Methoden zu finden, habe ich Jons Methode der Last-Minute-Planung ausprobiert (nur so weit, dass es den Gastgebern gegenüber nicht unhöflich wurde). Und wissen Sie was? Ich fand es unglaublich befreiend. So war es möglich, Entscheidungen zu treffen, die darauf basierten, wie ich mich in dem gegebenen Moment fühlte (und die nicht davon getrieben waren, was ich meinte, tun zu «sollen»), außerdem reduzierte diese Methode die Spannungen in der Zeitplanung zwischen Jon und mir.

SAGEN SIE NICHT GLEICH JA

Sagen Sie nicht ja zu Dingen, die Sie und Ihre Familie nicht tun wollen. Das Gefühl der Verpflichtung ist ein zäher Gegner, aber mal ehrlich – was ist schlimmer: eine Einladung oder ein Anliegen abzulehnen oder die Zähne zusammenzubeißen und unwillig etwas durchzustehen, das man eigentlich gar nicht machen möchte? Abgesehen von den Dingen, die Sie wirklich tun *müssen*, sollten Sie Ihre Energie für Dinge aufsparen, die Sie begeistern und glücklich machen. Entschuldigungen sind nicht nötig. Antworten Sie einfach: «Danke für die Einladung / Anfrage, aber wir können leider nicht.»

 *Mein Schwager Josh ist ein hervorragender Bäcker. Nach einem Streit mit seiner Partnerin beschloss er, als Friedensangebot Brownies zu machen. Beim Backen war er, ohne sich dessen bewusst zu sein, offensichtlich immer noch verärgert über den Streit, denn die Brownies – normalerweise herrlich saftig, weich und voll zähflüssiger Liebe und Güte – waren am Ende alle verbrannt und schmeckten schrecklich. Josh und seine Partnerin lachten schließlich herzlich darüber und tauften sie die «Bösen Brownies». Jon und ich nahmen uns diese Geschichte zu Herzen. Wir vermeiden es, etwas füreinander zu tun, während wir immer noch einen Groll in uns tragen, denn das Ergebnis ist immer «verbrannt».*

ZEITMANAGEMENT
MIT ANDEREN

Zu dem Bestreben moderner Eltern, einfach alles hinzubekommen gehört oft auch der unsinnige Ehrgeiz, alles alleine schaffen zu wollen. Viele setzen sich zu sehr unter Druck und versuchen, sich im Alleingang voranzukämpfen, weil sie denken, dass es einem Eingeständnis ihres Versagens gleichkommt, wenn sie um Hilfe bitten.

Tatsächlich aber ist es ein Zeichen von Stärke – und ein Geschenk an sich selbst und alle um einen herum –, besonders wenn man dadurch verhindern kann, zu einer heimlichen Märtyrerin oder einem heimlichen Märtyrer zu werden (Christine war übrigens einst Vorsitzende des Clubs der Heimlichen Märtyrer). Hausarbeit wird viel erfreulicher, wenn die Familie sie zusammen erledigt, und vielleicht entwickeln sich neue und unerwartete Freundschaften, wenn Sie andere Eltern um Unterstützung bitten (auch um weniger isoliert zu sein).

VERBRÜDERUNG MIT DEM PARTNER
ODER DER PARTNERIN

Wenn Sie Ihre Kinder gemeinsam großziehen, dann liegen die Wurzeln der sinnvollen Zeitnutzung in Ihrer Partnerschaft. Zusammen eine Familie zu managen, ist ein Eiertanz, aber auch der wichtigste Schritt dahin, einen gesunden Haushalt und eine enge Eltern-Partnerschaft zu pflegen. Nachfolgend ein paar grundlegende Taktiken, wie man einander unterstützen kann, das Zeit-«Depot» der Familie zu managen.

Teilen Sie sich die Arbeit

Wenn Sie die Aufgabenbereiche zu strikt trennen, kann es dazu führen, dass Sie und Ihr Partner oder Ihre Partnerin in verschiedenen Welten agieren, die zwar nebeneinander existieren, sich aber selten überschneiden. Selbst die flexibelsten Paare können in starre Muster verfallen, weil es im ersten Moment oft leichter scheint, einfach bei dem zu bleiben, was in der Vergangenheit funktioniert hat. Wir möchten Ihnen vorschlagen, häufiger mal die Elternaufgaben zu tauschen, und zwar aus folgenden Gründen:

- Manchmal möchten Sie sich von einer bestimmten Aufgabe wenigstens vorübergehend befreien, und Sie ärgern sich vielleicht, weil Sie das Gefühl haben, sich keine Pause nehmen zu dürfen oder zu können.
- Eine zu strenge Verteilung der Aufgaben kann kompliziert werden, wenn ein Elternteil nicht verfügbar ist. Derjenige, der gerade nicht da ist, sollte sich in dieser Zeit auf den Zweck seiner Reise konzentrieren können und sich nicht fragen müssen, ob der andere zu Hause mit den Kindern und den entsprechenden Aufgaben zurechtkommt. Genauso sollte derjenige zu Hause in der Lage sein, Routine-Jobs einfach als das abzuhaken, was sie sind – nämlich Routine-Jobs –, anstatt sich zu sorgen, ob man die Aufgaben entsprechend den Vorgaben des Partners oder der Partnerin erledigt, oder sich inkompetent zu fühlen, weil man nicht weiß, wie man vorgehen sollte.
- Es ist wichtig für Kinder zu erleben, dass *beide* Elternteile Menschen sind, auf die sie sich verlassen können. Lösen Sie sich von dem Anspruch, einen Job perfekt zu machen – ihn zu «erledigen» reicht vollkommen! Nehmen Sie sich vor, die Stärken und Schwächen des oder der anderen respektvoll zu

akzeptieren, deutlich zu kommunizieren, eng zusammenzu-arbeiten und durchlässige Grenzen zwischen Ihren jeweili-gen Verantwortungsgebieten zu schaffen.

· Und nicht zuletzt entsteht durch die gemeinsame Erledi-gung von Aufgaben die Möglichkeit, an alltäglichen Arbei-ten Spaß zu finden (wie etwa Asha und Rael mit ihrer Wä-sche, siehe Kapitel 2). Oder zumindest einen Moment der Zweisamkeit.

Gestatten Sie einander eine Übergangszeit

Es ist das Ende eines Arbeitstages und gleichzeitig eine Zeit, in der Sie als Eltern besonders gefragt sind. Einer von Ihnen war mit den Kindern zu Hause und könnte nun eine Pause gebrau-chen, während der andere einen langen Tag im Büro hinter sich hat. Oder Sie kommen beide von der Arbeit nach Hause gehetzt, suchen einen kindersicheren Platz, um Ihr Zeug abzu-stellen, und erhalten gleichzeitig ein Update vom Babysitter. In beiden Fällen verlangen Ihre Kinder lautstark nach Aufmerk-samkeit. Die nächsten zwei Stunden vergehen mit Abendbrot, Baden, Geschichten vorlesen und Spielen – während Sie versu-chen, für Ihre Kinder da zu sein. Gleichzeitig aber denken Sie an die noch verbliebenen Haushaltspflichten, außerdem rattert Ihnen die ein oder andere unerledigte Aufgabe von der Arbeit durch den Kopf. Puh ... Unsere Empfehlung: Ermöglichen Sie einander eine Übergangszeit.

 *Jon und ich haben festgestellt, dass wir an den Abenden mit Laurel und Violet präsenter und ruhiger sind, wenn wir einander am Ende des Tages eine Übergangszeit zu-gestehen. Sie muss nicht lang oder aufwendig sein. Jon braucht nur zehn Minuten für sich, um ein bisschen Musik aufzudrehen, sich umzuziehen und ein paar Mal tief durchzuatmen, bevor sich die*

Mädels auf ihn stürzen. Da ich zu Hause arbeite, gehe ich lieber raus, und wenn es nur kurz ist. Es gibt Tage, an denen Jon früher nach Hause kommt und mir vorschlägt, diesen unerwarteten Zeitpuffer für einen kurzen Lauf zu nutzen – eine meiner liebsten Methoden, um den Kopf freizubekommen und einen mentalen Tapetenwechsel zu vollziehen.

Teilen Sie die Arbeit so auf, wie es Ihnen sinnvoll erscheint

Auch wenn wir dazu raten, dass beide Elternteile lernen, die grundlegenden Aufgaben im Haushalt und mit den Kindern zu bewältigen, schlagen wir ebenso vor, diese Pflichten nach Fähigkeit, Interesse und Terminplan aufzuteilen, statt nach einer kompromisslosen 50:50-Regel der «Fairness».

Jesser von jesser.org auf Minimalist Parenting: Weil ich Spaß daran habe, kümmere ich mich tendenziell etwas mehr um das Kochen, während mein Mann mehr Gartenarbeit übernimmt. Ich manage unsere Finanzen und bezahle die Rechnungen, er erledigt die Reparaturen im Haus. Im Normalfall ist er es, der mitten in der Nacht aufsteht. Da ich vier Tage die Woche außer Haus gehe und er fünf Tage die Woche zu Hause arbeitet, ist seine Zeitplanung etwas flexibler als meine (er kann zum Beispiel morgens eine halbe Stunde länger schlafen). Es fällt ihm auch leichter, wieder einzuschlafen, wenn er mitten in der Nacht auf war. Wenn er geschäftlich auf Reisen ist, übernehme ich komplett das Ruder.

Tiffany auf Minimalist Parenting: Ich arbeite zwar zu Hause, aber dafür schon sehr früh am Morgen, also macht mein Mann das Frühstück und die Pausenbrote für die Schule. Dafür kann ich die Jungs vom Bus abholen, mich um das Abendessen und um das Kochen an den Wochenenden kümmern (was mir Spaß macht). Dieses System funktioniert bei uns gut. Mein Mann putzt auch die Badezimmer, ich sauge und wische Staub.

Schaffen Sie sich Zeit für Sie selbst

Zusätzlich zu der allgemeinen Familienzeit und ein wenig Zeit, die man mit jedem Kind allein verbringt (hier funktioniert es recht gut, Erledigungen und Tätigkeiten danach auszusuchen, wie sie dem jeweiligen Kind entgegenkommen), trägt auch Zeit für sich alleine – in der man sich um sich selbst kümmert oder spezielle Projekte voranbringt – zu einer glücklichen Partnerschaft bei.

Jon und ich versuchen, jedes Wochenende ein wenig «Auszeit» einzubauen. Das sieht im Wesentlichen so aus, dass wir uns abwechseln, sodass jeder etwa zwei Stunden Zeit für sich selbst hat, während der andere Zeit mit den Kindern verbringt. Wir halten diese Auszeiten für die beste Methode, um zwischendurch aufzutanken und dann als Eltern wieder voll da zu sein.

Nutzen Sie Ihren Kalender zu Ihrem Vorteil

In Kapitel 2 haben wir darüber gesprochen, wie wichtig ein Kalender ist. Der Vorteil eines gemeinsamen elektronischen Kalenders liegt darin, dass er Ihnen zeigen kann, wie viel der Partner oder die Partnerin gerade auf dem Zettel hat. Es ist auch hilfreich, sich gezielt gemeinsam hinzusetzen und den Familienkalender durchzusehen, da ständige organisatorische E-Mails und Gespräche letztlich jeden überfordern.

 **Morra Aarons-Mele** von **WeAreWomenOnline.com und TheMissionList.com:** Mein Mann und ich handeln nach einem Mantra von einem sehr weisen Therapeuten, bei dem wir vor unserer Hochzeit waren: In der Ehe führt ihr eine Liebesbeziehung und ein «Unternehmen». Eine erfolgreiche Ehe erfordert, dass ihr euch Zeit nehmt, um eure Liebe und Familienbeziehung zusammenzuhalten (Spaß, Verabredungen, Zeit mit den Kindern, Sex etc.). Gleichzeitig müsst ihr auch die Zusammenarbeit managen (Terminplanung, Finanzen, Kinderbetreuung, Gesundheit, Gartenpflege, Haustiere etc.).

Wir verwenden zwei grundlegende Haushaltsdokumente: eine Budget-Tabelle, in der wir die monatlichen Fixkosten festhalten und mit unseren tatsächlichen Ausgaben abgleichen, sowie einen Kalender, den wir mit unserer Nanny und meiner Mutter gemeinsam führen. Da mein Mann und ich beide sehr viel reisen, muss der Kalender engmaschig geführt werden. Wir verabreden uns sogar einmal im Monat dafür – manchmal in unserem Lieblings-Frühstückscafé – und gehen dann zusammen den Kalender sowie unser Haushaltsbudget durch. Und jeden Sonntagabend versuchen wir den Kalender für die nächste Woche zu besprechen.

Schaffen Sie gemeinsame Abläufe

Entwickeln Sie einfache und konsequente Abläufe für Ihre Kinder, die auch die Zeit als Familie und die Erwachsenen-Zeit schöner machen:

 **Kym von coffeemomma.blogspot.com auf Minimalist Parenting:** Mein Mann und ich haben nur zwei feste Regeln. Nummer 1: gemeinsames Abendessen mit der Familie. Jeden Abend. Keine Handys. Wir sitzen zusammen am Tisch, auch wenn es nur Reste gibt, und wir unterhalten uns. Wenn das Telefon klingelt, dann lassen wir es klingeln

(außer natürlich, wir erwarten Nachrichten eines Familienmitglieds, das krank ist oder dem es nicht gut geht, aber das ist selten). Nummer 2: Meine Kinder haben eine feste Schlafenszeit. Sie haben beide um acht Uhr im Bett zu sein und zu schlafen. Die Abende gehören meinem Mann und mir. Wir reden, wir sehen zusammen fern oder wir hängen einfach nur auf dem Sofa rum und lesen beide. Es ist unsere Zeit, und für uns ist es unerlässlich, uns jeden Abend auszutauschen und eine Verbindung zueinander aufzubauen. Wir passen unsere Erziehungsstrategien ständig an, und wir nehmen eine Menge Kursänderungen vor, wenn etwas nicht funktioniert.

Unsere beiden Regeln sind uns sehr wichtig. So bleiben wir bei Verstand und sorgen dafür, dass unsere Kinder sich geliebt fühlen (und wir uns auch).

STÄRKEN SIE IHRE GEMEINSCHAFT

Inzwischen haben Sie sicher gemerkt, dass wir absolut dafür sind, Hilfe in Anspruch zu nehmen. Falls Sie das Glück haben, in der Nähe von Familienmitgliedern zu wohnen, die dazu noch willige Babysitter sind, so ist das wunderbar. Aber davon abgesehen sind Sie von Freunden, Nachbarn und anderen Eltern umgeben, die zu einem eng gestrickten Netzwerk an Unterstützung und Kameradschaft werden können.

Wenn Elternpaare sich hilfesuchend aneinander wenden, dann hat *jeder* einen Nutzen davon, nicht nur der, dem geholfen wird. Wer hilft, bekommt das befriedigende Gefühl, etwas für jemand anderen zu tun, und erhält darüber hinaus eine Einladung zu einer tiefer gehenden Freundschaft, bei der man sich gegenseitig unterstützt. So wie gemeinsame Aufgaben eine Familie zusammenschweißen, so sorgen Gefallen, die man sich tut, für einen Zusammenhalt in Nachbarschaften und Gemeinschaften. Ob es nun ein Austausch von organisatorischen Leistungen mit einem Freund ist (es fällt immer leichter, die Angelegenheiten anderer Menschen zu organisieren), das Etablieren eines nachbarschaftlichen Dinner-Clubs, wechselseitiges Babysitten, Spielverabredungen, die reihum betreut werden, oder auch Fahrdienste – es gibt jede Menge Möglichkeiten, die Ihren Kindern Vergnügen bereiten, die Gemeinschaft festigen und Ihre persönliche Last reduzieren.

 *Es war ein herrlicher Moment, als Spielverabredungen möglich wurden. Ich habe ein wundervolles Netzwerk von Eltern in der Umgebung, mit denen ich mich gerne treffe, aber irgendwann kommt der Punkt, an dem die Kinder selbständig unterwegs sind und es wirklich produktiver für die Eltern ist, sich ebenfalls um die eigenen Angelegenheiten zu kümmern.*

Ich habe ein wenig gezögert, bevor ich zum ersten Mal andere Eltern um Hilfe bat. Ich hatte eine wichtige Frist einzuhalten und es hätte mein Leben um ein Vielfaches erleichtert, wenn Laurel nach der Schule für ein paar Stunden zu einer Freundin hätte mitgehen können. Als ich schließlich eine Mutter fragte, sagte sie: «Auf jeden Fall, gerne! Es ist nämlich leichter für mich, wenn meine Tochter jemanden zum Spielen dahat. Sie ist glücklicher, und ich kann gleichzeitig ein paar Sachen im Haushalt erledigen.»

Diese erste zögerliche Frage öffnete uns die Tür zu einer Welt der gegenseitigen Unterstützung, die wir nun regelmäßig mit den Familien von Laurels Schulfreunden genießen. Wir verabreden im Wechsel Spieltreffen, teilen uns die Fahrten zum Fußball und helfen einander bei Mahlzeiten und anderen Kleinigkeiten aus, wenn jemand ins Straucheln kommt. Diese Gemeinschaft zu nutzen und ein Teil von ihr zu sein, kommt dem «Dorfleben», nach dem wir uns alle sehnen, schon ziemlich nahe.

Manchmal ist der einfachste Weg zur Erledigung einer quälenden Aufgabe, jemanden dafür zu bezahlen. Vielleicht fühlt es sich zunächst unangenehm an, den eigenen Stolz hinunterzuschlucken und zu akzeptieren, dass man nicht alles schafft, die eigene Zeit in Geld zu messen und mit dem Gedanken zu ringen, Hilfe anzuheuern. Aber die Vorteile liegen klar auf der Hand. Wenn Sie mitten in einer «Zeit-Hungersnot» stecken und ein Outsourcen Ihnen dabei hilft, Zeit aufzuholen und Stress zu reduzieren, dann ist es die Sache allemal wert. Davon abgesehen unterstützen Sie dadurch örtliche Unternehmen (und damit die Familien der dort Angestellten).

Konzentrieren Sie sich lieber auf die Verantwortlichkeiten, die nur Sie alleine schultern können, und sourcen Sie möglichst alle Arbeiten aus, die nicht direkt mit Ihnen selbst zu tun haben.

ÜBERTRAGEN SIE IHREN KINDERN AUFGABEN IM HAUSHALT

Solange Ihre Kinder Babys sind, stellen sie selbst die Arbeit dar, um die man sich kümmern muss. Aber früher als erwartet wachsen Kinder zu tüchtigen Hilfen im Haushalt heran. Übertragen Sie ihnen so früh wie möglich kleine Pflichten und Verantwortungen – das schafft Platz in Ihrem eigenen Terminkalender!

Kinder an der Haushaltsführung zu beteiligen, mag zunächst nach mehr Arbeit aussehen, ist aber ein Erziehungstipp, über den es so gut wie «keine zwei Meinungen» gibt. Sie verringern dadurch nicht nur schrittweise Ihr eigenes Arbeitspensum, sondern vermitteln Ihren Kindern darüber hinaus auch praktische Fähigkeiten, die ihr Selbstvertrauen stärken und die sie für den Rest ihres Lebens gebrauchen können.

Zusätzlich gibt es noch einen positiven Nebeneffekt: Wenn Kinder verstehen, dass sie ein wichtiger Teil des «Teams» sind, bringt dies die ganze Familie näher zusammen. Sie gewinnen nicht nur Selbstbewusstsein durch die Erfüllung ihrer Aufgaben, sie lernen auch die Arbeit der Eltern zu schätzen.

WIE MAN AUFGABEN VERGIBT

Eine ganze Reihe von Eltern, mit denen wir gesprochen haben, zeigt erstaunliche Hemmungen bei dem Gedanken, ihren Kindern Pflichten zu übertragen. Sie fühlen sich unter anderem von der Menge an empfohlenen Vorgehensweisen überfordert und grübeln, welche wohl am besten funktioniert. Außerdem fürchten sie die damit verbundenen Streitereien mit den Kindern, die sie für gesetzt halten.

Wenn Kinder Haushaltspflichten als einen ganz normalen und selbstverständlichen Teil des Erwachsenwerdens kennenlernen, sind sie allerdings *überhaupt kein Thema*. Machen Sie sich keine Sorgen, falls Ihre Kinder nicht sofort begeistert dabei sind. Nur wenige Kinder jubeln vor Freude, wenn man sie bittet, ihr Zimmer aufzuräumen oder die Spülmaschine zu leeren. Es ist eine gute Vorbereitung auf die spätere Unabhängigkeit, wenn Kinder lernen, dass einige Aufgaben zwar banal, aber wichtig sind – und ganz einfach erledigt werden müssen.

Ändern Sie notfalls den täglichen Rhythmus, sodass Freizeit erst beginnt, *nachdem* die Pflichten getan sind. «Klar darfst du fernsehen, wenn deine Aufgaben erledigt sind» hat einen anderen Klang als «Du darfst nicht fernsehen, bis deine Arbeit getan ist».

Julie Pippert von theartfulflower.blogspot.com auf themotherhood.com: Meine Kinder tun sich morgens schwer. Sie sind einfach keine Morgenmenschen. Also schreiben wir zusammen ihre Pflichten auf einen Plan, den sie mit Bildern illustrieren. Später können sie auf dem Plan kontrollieren, ob sie an alles gedacht haben.

Eine weitere Möglichkeit: Verbinden Sie Pflichten mit einer Belohnung. In vielen Familien funktioniert das gut, andere finden, es nimmt Kindern das Gefühl für ihre familiäre Verantwortung. In Kapitel 6 sprechen wir ausführlicher über Taschengeld und Belohnung.

Fangen Sie klein an

Es ist schon ein guter Anfang, wenn Sie kleine Kinder den Tisch abwischen oder vor dem Abendbrot Servietten verteilen lassen – Hauptsache, sie merken, dass ihre Arbeit für die Familie wichtig ist, genau wie die Arbeiten, die Sie selbst für die Familie erledigen. Zeigen Sie den Kindern, dass Sie ihnen zutrauen, immer schwierigere Aufgaben zu meistern.

Seien Sie freundlich und gut gelaunt

Es ist gar nicht so verrückt, wie es sich anhört: Manchmal macht eben der Ton die Musik. Wenn Sie die Kinder schon argwöhnisch auf ihre Pflichten ansprechen, weil Sie Streit fürchten, werden diese vermutlich spüren, dass die Situation verhandelbar ist. Schlagen Sie stattdessen einen sachlichen Ton an, wenn Sie die Aufgaben des Tages verteilen, und machen Sie deutlich, dass Sie gleichzeitig Ihre eigenen Jobs erledigen werden.

 *Ich habe meiner Tochter die Bedeutung von Pflichten folgendermaßen erklärt: Wenn sie ein bisschen älter ist, dann wird sie in der ganzen Welt umherfliegen. Aber dafür wird sie starke Flügel brauchen. Und jedes Mal, wenn sie eine Aufgabe meistert oder selbst ein Problem löst, dann stärkt sie ihre Flügel.*

Mein Sohn tickt etwas anders: Ihm gegenüber formuliere ich Haushaltspflichten als «Auszugsfähigkeiten», die seine zukünftigen College-Mitbewohner anerkennen und schätzen werden. Beide Kinder sind nicht begeistert von ihren Aufgaben, aber immerhin verstehen sie, wie ihre Arbeit in das größere Bild des Erwachsenwerdens passt.

Bieten Sie möglichst eine Auswahl an (aber keine zu große)
Viele Krisen können vermieden werden, wenn Sie den Kids eine Auswahl und damit Selbstbestimmung zugestehen. Lässt man Kinder zwischen zwei Pflichten wählen («Würdest du gerne den Tisch denken oder lieber die Spielsachen im Wohnzimmer wegräumen?»), dann stehen sie vor einer Entscheidungsfrage und können nicht einfach mit Nein antworten. (Falls sie es doch tun, sind Sie immerhin in einer besseren Position und können sie leichter zu einer der beiden Optionen bewegen.)

Ich habe Sam immer das «Antwort-C-Kind» genannt. Ließen wir ihm die Wahl zwischen A und B, entschied er sich für C. Früher hat uns das frustriert, aber im Großen und Ganzen sind wir bei unserer Methode geblieben und haben uns bemüht, ihm zu vermitteln, dass keine Alternativen verhandelbar sind. Es dauerte Jahre, bis er unsere Rolle als Familienoberhäupter akzeptiert hat, doch mittlerweile merken wir, wie sehr er unsere Entscheidungen respektiert (er kommt ständig zu uns und fragt uns um Rat). Inzwischen ist er älter und es gibt immer häufiger Situationen, in denen seine Querdenker-Kompetenz von Vorteil ist. Sie ist eine seiner großen Stärken.

Würdigen Sie die Bemühung – und erst dann das Ergebnis

Kinder sind nach ihrem ganz eigenen Entwicklungs-Fahrplan unterwegs, es ist also völlig in Ordnung, wenn Ihr Kind etwas nicht gleich schafft. Bleiben Sie dran. Jede Bemühung in die richtige Richtung ist gut.

Die Strategien und Systeme zu finden, die in Ihrer Familie am besten funktionieren, ist ein anhaltender Entwicklungsprozess. Aber es wird Ihnen gelingen – besonders wenn Sie wissen, dass Sie von hilfreichen Händen umgeben sind!

EINE AUSWAHL
TECHNISCHER ZEITSPAR-
HILFSMITTEL

Ein Smartphone kann der beste Freund vielbeschäftigter Eltern sein, wenn es darum geht, sich zu organisieren und Zeit zu sparen. Wir haben die Technik-versierten Mütter Kristen Chase und Liz Gumbinner, Herausgeberinnen von *CoolMom Tech.com*, gebeten, uns die besten Smartphone-Apps für Zeitersparnis zu verraten:

ORCHESTRA. Vergessen Sie Ihre To-do-Listen auf Papier. Die App Orchestra ermöglicht es Ihnen nicht nur, nach Zeitrahmen (von vorgestern!) oder persönlichen Vorgaben zu planen, Sie können auch E-Mail-Einladungen, Memos und Zahlungsfälligkeiten in Ihre To-do-Liste integrieren. Es ist wirklich genial. Kombinieren Sie es mit einer Stimmenerkennungs-Software (eine schlaue Sache für beschäftigte Eltern, die selten eine Hand frei haben), um Aufgaben an Menschen zu delegieren, die Orchestra nicht verwenden. Sie diktieren einfach eine Erinnerung und versenden sie direkt via SMS oder E-Mail an den Empfänger oder die Empfängerin.

DROPBOX. Obwohl viele Menschen Dropbox eher dafür benutzen, um gemeinsam auf große Dateien zuzugreifen, helfen Ihnen dieser kostenlose Service und die App auch bei der Organisation von wichtigen Dokumenten, Photos, Wunschlisten und mehr in gemeinsamen, Passwort-geschützten Ordnern auf Ihrem Computer. Stellen Sie sich ein Leben vor, in dem Oma nicht mehr anruft, weil Sie vergessen haben, ihr das

Video der Tanzaufführung zu schicken. Wenn sie das Dropbox-Passwort kennt, kann sie es ansehen, ohne dass Sie auch nur einen Finger rühren müssen.

EVERNOTE. Betrachten Sie Evernote als virtuelle Pinnwand, mit deren Hilfe Sie alles festhalten, speichern und organisieren können – von Ihren liebsten Webseiten und Rezepten bis hin zu Anregungen für das Design des Kinderzimmers –, und zwar alles an einem Ort. Über die super einfache Oberfläche können Sie alles Mögliche in die App hochladen und sofort loslegen, ohne sich durch ein Benutzerhandbuch oder eine Video-Anleitung quälen zu müssen.

COZI. Eltern sind begeistert vom Management-System namens Cozi. Diese regelrechte «Kommandozentrale» erlaubt es Ihnen, die Zeitpläne gleich mehrerer Leute zu managen, Terminkalender und To-do-Listen zu synchronisieren, und schickt sogar Ihre Einkaufsliste direkt auf Ihr Handy, sodass Sie nie wieder das Toilettenpapier vergessen werden. Jedes Familienmitglied hat Zugang, sodass Sie laufend Änderungen eintragen und alle auf dem Laufenden halten können.

SO WERDEN SIE
FLEXIBEL

Eltern wissen, wie entscheidend Flexibilität am Arbeitsplatz für das Familienleben ist. Aber es kann extrem schwierig sein, sie zu erreichen. Wir haben die großartige Ellen Galinsky, Präsidentin des Instituts für Familie und Arbeit (familiesandwork.org) und Autorin von *Mind in the Making* gebeten, uns ihre besten Tipps für Flexibilität am Arbeitsplatz zu verraten:

Die meisten Eltern leiden unter chronischem Zeitmangel, in unseren Studien nennen wir es sogar eine «Zeit-Hungersnot». In einer national repräsentativen Untersuchung des *Family and Work Institute* (FWI) unter den Erwerbstätigen in den USA geben 75 Prozent der Angestellten an, nicht genug Zeit mit ihren Kindern zu haben (66 Prozent im Jahr 1992); 63 Prozent der Angestellten sagen, dass sie nicht ausreichend Zeit für ihre (Ehe-)Partnerinnen bzw. Partner haben (verglichen mit 50 Prozent im Jahr 1992); und 60 Prozent der Angestellten fehlt Zeit für sich selbst (angestiegen von 55 Prozent im Jahr 2002, als das FWI diese Frage zum ersten Mal stellte). Flexibilität macht einen großen Unterschied. Es kann nicht überraschen, dass 87 Prozent der Befragten der Meinung sind, dass Flexibilität bei der Jobsuche ein essenzieller oder sehr wichtiger Faktor ist, aber nur jede bzw. jeder Vierte von uns in seinem derzeitigen Job darüber verfügt. Wie können wir das ändern? Hier sind einige Anregungen, wie Sie Vorgesetzte auf Flexibilität ansprechen:

- Recherchieren Sie, was Ihr Betrieb momentan an Flexibilität bietet, und zwar offiziell wie inoffiziell. Finden Sie heraus, welche Erfahrungen Ihr Betrieb über Gleitzeit hinaus bereits mit Flexibilität gemacht hat. Was hat funktioniert? Was nicht? Warum? Wenn Sie überlegen, Vorgesetzte anzusprechen, ist es von Vorteil, irgendwelchen schlechten Erfahrungen, die in der Vergangenheit gemacht wurden, gleich mit Argumenten begegnen zu können.
- Finden Sie die Champions. Es ist immer gut, Mitstreiterinnen und Mitstreiter an der Seite zu haben, die möchten, dass der Betrieb aus wirtschaftlichen Gründen flexibler wird. Solche Menschen sollten respektiert werden, und es ist immer nützlich, sie als – womöglich sogar unerwartete – Fürsprecherinnen und Fürsprecher zu gewinnen. Sie können Ihnen raten und sich für Sie einsetzen, wenn Sie Ihr Gespräch mit der bzw. dem Vorgesetzten planen.
- Präsentieren Sie Vorgesetzten eine Erfolgsstrategie. Auch wenn es verlockend ist, Ihre eigenen Bedürfnisse an erste Stelle zu setzen, ist ein Vorstoß dennoch erfolgreicher, der dem bzw. der Vorgesetzten zeigt, wie Flexibilität dem Betrieb zu einem wirtschaftlichen Vorteil verhelfen kann.
- Entwerfen Sie unterschiedliche Alternativen der Flexibilität. Überlegen Sie sich mehrere Arten von Flexibilität, die für Sie günstig wären, statt Ihren Vorgesetzten mit nur einer Möglichkeit zu konfrontieren. Bereiten Sie sich darauf vor zu erklären, wie Ihre Arbeit erledigt werden wird.

- Schlagen Sie einen Versuchszeitraum und Parameter vor, anhand derer man prüfen und messen kann, ob die Vereinbarung funktioniert. In aller Regel lassen sich Vorgesetzte lieber auf einen Versuch ein als auf eine Zusage, die «für immer» gilt.

In einer Studie, die ich vor einigen Jahren durchgeführt habe, stellte ich einer national repräsentativen Gruppe von Kindern der dritten bis zwölften Klasse die «Wunsch»-Frage: «Wenn du einen Wunsch frei hättest, um zu ändern, wie die Arbeit deiner Mutter oder deines Vaters euer Familienleben beeinflusst, welcher Wunsch wäre das?»

Während die meisten Eltern dachten, dass ihre Kinder sich mehr gemeinsame Zeit wünschten, äußerte der Großteil der Kinder sich ganz anders. Hätten sie einen Wunsch frei, dann wünschten sie sich, dass ihre Eltern weniger müde und gestresst wären. Denken Sie also daran, dass Flexibilität Ihnen zwar mehr gemeinsame Zeit verschaffen kann, es aber vor allem darauf ankommt, *wie* Sie in dieser Zeit mit Ihren Kindern sind. Sind Sie müde und gestresst (und das sind wir alle), dann suchen Sie nach Wegen, mit dem Stress umzugehen, um ihn nicht auf Ihre Kinder zu übertragen.

4

EIN NEUER BLICK
AUF IHRE
HABSELIGKEITEN

m November 2008, ungefähr zu der Zeit, in der man sich üblicherweise darüber ärgert, nicht genug Arbeitsfläche, Küchenschränke und Gerätschaften zu haben, um die Weihnachtsbäckerei startklar zu machen, führte die *New York Times* ein Interview mit Mark Bittman – Food-Journalist und Autor von *How to Cook Everything.*

In dem Beitrag erzählt Bittman, wie er in der bescheidenen Küche seiner Wohnung in Manhattan kocht – unter Verzicht auf gewöhnliche Geräte wie Toaster oder Küchenmaschine, da ihm dafür der Platz fehlt. Es ist eindrucksvoll und eine inspirierende Darstellung dessen, wie ein «Foodie» seines Kalibers ohne solch scheinbar wesentlichen Küchengerätschaften zurechtkommt. (Übrigens schrieb Bittman viele Jahre lang eine wöchentliche Kolumne in der *New York Times* mit dem Titel «The Minimalist».)

Aber nicht jeder kann (oder möchte) auf den metaphorischen Toaster verzichten. Bevor Sie sich an die Arbeit machen und Ihre Sachen aussortieren, ist es hilfreich, eine Bestandsaufnahme dessen zu machen, was Sie gerne behalten möchten ... und warum. In diesem Kapitel nehmen wir uns einen Moment Zeit, um darüber nachzudenken, warum sich Krempel überhaupt erst ansammelt. Die Antwort ist für jeden unterschiedlich. Genauso individuell sind auch die Entscheidungen, was man behält, was man wegwirft oder spendet und wie man sich eine krempelfreie Umgebung bewahrt.

Anschließend versuchen wir Ihren Blick auf Ihre Habseligkeiten zu verändern, sodass Sie (buchstäblich) klar Schiff machen und sich minimalistisch den Weg zu einem glücklicheren sowie materiell wie emotional von überflüssigem Ballast befreiten Raum bahnen können.

WELCHEM ZWECK DIENT
IHR KREMPEL?

In keinem Bereich des minimalistischen Familienlebens lässt sich unser erster Glaubenssatz – «Schaffen Sie Raum für Besonderes» – so buchstäblich verstehen. Die meisten Menschen fühlen sich in einer offenen und ordentlichen Umgebung glücklicher und im wahrsten Sinne des Wortes aufgeräumter. Aber aus verschiedenen Gründen, die nichts mit den Gegenständen selbst zu tun haben, kann es schwierig sein, dorthin zu gelangen. Tatsächlich fällt es leichter, das *Äußere* zu entrümpeln, wenn Sie sich des Durcheinanders, das in Ihrem Innern damit einhergeht, bewusst sind. Wir helfen Ihnen, durch das *Warum* Ihres Krempels zu navigieren, sodass Sie diese Gründe erkennen und hinter sich lassen können.

ER FÜLLT EINE EMOTIONALE «LEERE»

Oberflächlich betrachtet scheint «Krempel» greifbar und überschaubar zu sein. Aber unsere Beziehung zu Dingen kann komplex sein. Haben Sie zum Beispiel – wie Christine manchmal – je das Bedürfnis verspürt, Dinge zu kompensieren, die in Ihrer eigenen Kindheit fehlten? Oder kaufen Sie Sachen für Ihre Kinder, die Ihre eigenen Bedürfnisse und Unsicherheiten befriedigen?

 *Meine Neigung zu Krempel hat ihren Ursprung in meiner sparsamen, praktischen Erziehung. Einer von zwei Sätzen steckt hinter jedem einzelnen Stück Krempel in meinem Haus: «Das ist noch völlig in Ordnung» und «Das kann ich vielleicht irgendwann noch mal gebrauchen». Ich komme mir verschwenderisch (und ein bisschen verwöhnt und anspruchsvoll) vor, wenn ich mich von einem Gegenstand trenne, von dem ich glaube, dass ich oder wir ihn in der Zukunft noch benutzen könnten.*

Die folgenden Gedanken helfen möglicherweise, wenn Sie durch die emotionalen Untiefen (und daran vorbei) navigieren, die Ihrem Krempel zugrunde liegen:

Nur weil Sie «Probleme» haben, sind Sie kein schlechter Mensch

Viele unserer spontanen Reaktionen im Umgang mit Gegenständen haben ihren Ursprung in unserer eigenen Kindheit, also machen Sie sich nicht verrückt wegen irgendwelcher Komplexe. Sie tun, was Sie können, und Sie arbeiten hart daran, sich weiterzuentwickeln und zu bessern. Es ist ein allmählicher Prozess, und Sie werden vermutlich auf dem Weg auch das ein oder andere Mal stolpern, doch das ist in Ordnung.

Ihr Kind kennt Ihre Hintergrundgeschichte nicht

Wenn man mit den eigenen Emotionen angesichts des Krempels ringt, vergisst man leicht, dass die Kinder die Hintergrundgeschichte nicht kennen. Es ist hilfreich, dies in Erinnerung zu behalten, denn Ihre Reaktionen (Ärger, Trauer, Frustration) können für Ihre Kinder verwirrend sein, die erst dabei sind zu lernen, mit ihren eigenen Schwachstellen umzugehen.

KREMPEL KASCHIERT SOZIALE UNSICHERHEITEN

Eltern stehen unter erheblichem Druck zu kaufen, kaufen, kaufen. Andere Eltern kaufen schließlich auch, und wir wollen in ihren Augen schließlich gut (oder wenigstens nicht schlecht) dastehen. Wir fühlen uns verpflichtet, unsere Kinder stets mit dem Besten zu versorgen, einschließlich all der Dinge, die wir selbst niemals hatten. Millionen werden werbewirksam dafür ausgegeben, unsere elterlichen Unsicherheiten und Ängste zu schüren und auf diese Weise einen Bedarf überhaupt erst zu schaffen.

 *Als ich schwanger war, fiel es mir ungeheuer schwer, diesen «Must-have»-Listen zu widerstehen! In gewisser Weise wusste ich, dass all diese Sachen auf keinen Fall nötig waren (Menschen haben jahrtausendelang Babys gewickelt, bevor der Diaper Champ erfunden wurde), aber ich spürte auch diese Grundangst, meinem Kind etwas vorzuenthalten, wenn ich nicht Bettzeug in Top-Qualität aussuchte oder einen Kinderwagen mit allem Schnickschnack.*

Es ist schwer, auf seinen inneren Navigator zu hören, wenn man massiv sozialem Druck ausgesetzt ist, doch genau dort beginnt der Pfad zu mehr Klarheit und Übersichtlichkeit. Wenn Sie mit realem oder imaginärem sozialem Druck zu kämpfen haben, denken Sie immer daran:

Sie sind nicht allein

Andere Eltern fühlen wahrscheinlich ganz genauso. Wir sind uns sogar *sicher*, weil wir diese Botschaft laut und deutlich in unseren Online-Communitys vernehmen.

Das ist Ihre Chance, ein Vorbild zu sein

Wenn Sie entsprechend Ihren eigenen Werten entscheiden, sind Sie Ihren Kindern und anderen Eltern ein Beispiel dafür, wie man dank Überzeugung und Stärke zugunsten des eigenen Familiensystems handelt.

Sie sind schlauer, als Sie denken

In Phasen des Selbstzweifels vergisst man vielleicht, dass man absolut in der Lage ist, eigene Entscheidungen zu treffen. Denken Sie daran, dass *Sie* es sind, die bzw. der den Bus steuert. Sie können das.

ANDERS ÜBER SACHEN DENKEN

Ein minimalistisches Familienleben ist keine Übung in Entbehrung. Sie können immer noch Freude am Shoppen, Dekorieren und an schönen Dingen haben. Der Trick ist, sich auf den *Wert* zu konzentrieren. Wenn Sie einen Gegenstand benutzen oder lieben, dann verdient er einen Platz in Ihrem Leben.

Ich besitze einen albernen Handy-Anhänger, der keinem besonderen Zweck dient. Ich habe ihn in einem Touristenladen in der Chinatown von San Francisco gekauft, während ich mit meiner Familie dort war. Es war der erste Besuch meiner Kinder in Chinatown, und wir hatten sehr viel Spaß dabei, mit den vielen Sachen herumzuspielen, die wir in den überfüllten Straßenbuden fanden. Dieses billige kleine Ding weckt jedes Mal glückliche Erinnerungen, wenn ich es aus meiner Jacke oder Handtasche baumeln sehe. Im Leben eines anderen Menschen wäre dieser Handy-Anhänger vielleicht ein Fall für den Mülleimer. Für mich ist er ein kleiner Schatz.

Bevor wir uns an das A und O des Entrümpelns machen, hier ein paar Anregungen dazu, Ihren Besitz mit anderen Augen zu sehen.

FREUNDEN SIE SICH MIT WENIG WOHNRAUM AN

Ist Platz vorhanden, neigen die meisten dazu, ihn auch zu füllen. Warum also nicht mit *weniger* Platz auskommen (also genau das Gegenteil von dem, was Leuten im Allgemeinen vorschwebt, wenn sie sich für eine Wohnung entscheiden), um so der allmählichen Anhäufung von Krempel zuvorzukommen?

Carla Naumburg auf Minimalist Parenting: Wir haben ein kleines Haus, bei dem eine Ecke des Wohnzimmers für Spielsachen bestimmt ist. Dort stehen ein Bücherregal sowie ein Aufbewahrungssystem mit Boxen. Und wenn die Spielsachen dort nicht mehr hineinpassen, dann wissen wir, dass es Zeit ist, sich von einigen zu trennen! Meine

Töchter (zwei und dreieinhalb Jahre alt) räumen jeden Abend ihre Spielsachen auf, während ich den Boden wische. Weil wir ein kleines Haus haben, ist es ziemlich einfach zu handhaben.

 **Rachel Shipp von healthynaturaleasyish.com auf Minimalist Parenting:** Ein Haus, das größer ist als nötig führt nur zu einem bedenklichen Zustand der Unordnung. Als mein Mann und ich in unser nicht allzu großes Haus zogen, hatten wir beinahe das Doppelte an Quadratmetern und die doppelte Anzahl an Räumen zur Verfügung. Es gab keinen Grund, sich Gedanken über das Aufräumen zu machen, denn wir hatten ja für alles Platz. Wenn wir neue Sachen anschafften, kamen sie einfach dorthin, wo sie noch hinpassten. Fünf Jahre und drei Kinder später bereue ich diese Nachlässigkeit. Jeden. Einzelnen. Tag. Besonders, weil meine Zeit heute zu begrenzt ist, um das Problem zu lösen ... Ich denke wirklich, bei der Größe eines Hauses gilt: Weniger ist mehr. Denn weniger Platz führt automatisch zu mehr Organisation.

HALTEN SIE PLATZ FREI

In Zusammenhang mit dem Motto «Weniger (Quadratmeter) ist mehr» gibt es ebenfalls gute Gründe dafür, Platz auch einfach mal frei zu halten. Freier Raum wird häufig negativ bewertet, als einsam, unbenutzt, sogar lieblos. Dabei ist er genau das Gegenteil: ein positiver Gegenpol, der die Umgebung zum Strahlen bringt. Er ist eine deutlich sichtbare Entsprechung unseres Glaubenssatzes: «Schaffen Sie Raum für Besonderes.»

Rael hat mir geholfen, die Schönheit leerer Räume zu schätzen. Ich habe seinen Geschmack früher als recht spartanisch empfunden, aber inzwischen verstehe ich, dass sein Geist mit weniger sichtbarem Krempel besser arbeitet. Dasselbe gilt für mich und die Kinder.

IHREM KREMPEL STEHEN UNGEAHNTE KARRIEREMÖGLICHKEITEN OFFEN

Es mag ein wenig pathetisch klingen, aber vielleicht sind Ihre Sachen zu Höherem berufen. Denken Sie daran, auf wie vielen unterschiedlichen und positiven Wegen Ihr Zeug in die Welt hinausziehen kann, ob nun in Form einer Spende, eines Verkaufs oder als Geschenk für einen geliebten Menschen.

Nur indem ich überlege, wie mein Zeug jemand anderem nützlicher sein könnte, gelingt es mir, meinen Widerstand gegen das Ausmisten abzubauen. Ich sehe, dass dieser Gedanke auch meinen Kindern dabei hilft, sich von Spielsachen und Kleidung zu trennen, für die sie zu groß geworden sind. Sam hat eine unternehmerische Ader und plant ständig Flohmärkte oder den Verkauf seiner Sachen im Secondhand-Laden. Mirabai hängt an den Erinnerungen, die mit ihren Spielsachen und Kleidungsstücken verbunden sind. Für sie ist es tröstlich, dass sie einem anderen Kind damit helfen kann.

WENIGER IST BEDEUTSAMER

Sie kennen sicher diesen alten Spruch von wegen Qualität statt Quantität. Sogar Kinder merken, dass ihnen ihre Sachen wertvoller vorkommen, wenn sie weniger davon haben.

 *Laurel hängt sehr an Dingen. Ich denke nicht, dass es an der Angst liegt, nicht genug zu haben, sondern daran, dass sie sentimentale Bindungen entwickelt und zudem Sorge hat, dass sie die Gefühle der Person verletzen könnte, die ihr den Gegenstand geschenkt hat, falls diese erfährt, dass sie das Geschenk weitergegeben hat. Ich verstehe das, doch als ich vor kurzem vor ihren Stofftieren stand, war meine Schmerzgrenze erreicht. Mag sein, dass sich da einige meiner eigenen Probleme eingeschlichen haben (ich bekam mein erstes Stofftier erst mit fünf Jahren nach einer Mandeloperation), aber es waren schlicht und ergreifend zu viele. Ich beschloss, dass es an der Zeit war, mit Laurel übers Spenden zu sprechen.*

Als ich das Thema zum ersten Mal ansprach, reagierte Laurel wie erwartet ein wenig verstört. Ich sagte ihr, dass ich mich unwohl fühlte, weil sie eine so riesige Stofftiersammlung hatte, obwohl sie mit den meisten nur wenig (oder überhaupt nicht) spielte, und dass andere Kinder überhaupt keine Stofftiere besäßen. Ich erzählte ihr von einer Website, über die man wenig benutzte Kuscheltiere spenden kann. Sie war ein paar Minuten lang still, und ich sah, wie sie darüber nachdachte (sie ist sehr empathisch, und wir haben in der Vergangenheit bereits viele neue Spielsachen gespendet), dann gab sie nach und sagte: «Okay, Mom, das machen wir!»

So begannen Laurel und ich, ihre Stofftiere auszusortieren. Wenn sie sich nicht mehr daran erinnerte, wer es ihr geschenkt hatte, war es einfacher, doch insgesamt bewältigte sie die Aktion unglaublich gut. In etwa zehn bis fünfzehn Minuten hatten wir den Großteil des Berges in einige große Müllsäcke verfrachtet. Was übrig blieb, waren eindeutig die Auserwählten – jedes einzelne geliebt und mit einer besonderen Geschichte.

Dann begann Laurel damit, diese Gruppe sorgfältig auf dem Boden neben ihrem Bett zu arrangieren, sodass sie alle sehen und finden konnte, wann immer sie mit ihnen spielen wollte. Als sie damit fertig war, trat sie zurück und lachte. Ich fragte sie, was so lustig sei, und sie antwortete: «Weißt du, Mom, ich dachte, es würde richtig hart werden, aber jetzt fühle ich mich gar nicht schlecht wegen der Stofftiere, die ich weggebe. Und weil ich nun weniger habe, sind alle, die hiergeblieben sind, viel wertvoller.»

Genau.

KAUFEN MIT BEDACHT

Sind Sie schon mal in ein Geschäft gegangen, um eine Sache zu kaufen, und dann mit zehn rausgekommen? Ja, wir auch. Bevor Sie etwas in Ihren realen oder virtuellen Einkaufswagen legen, sollten Sie sich fragen: Brauche ich das wirklich? Ist es etwas Besonderes? Lohnt es die Mühe, dafür einen Platz in meinem Zuhause und meinem Leben zu schaffen?

Seien Sie eine Kuratorin oder ein Kurator besonderer Dinge statt leicht zu beeinflussende Konsumenten, die es aufgrund von Gruppenzwängen oder Angst vor Mangel zu Käufen drängt (zum Beispiel, wenn Sachen im Angebot sind). In Kapitel 6 gehen wir näher darauf ein, wie man den Wert von Dingen bestimmt.

Manche Menschen legen gegenüber gebrauchten Dingen eine gewisse Skepsis an den Tag. Wir finden, es lohnt, diese Einstellung zu überdenken. Sie können ja an einem bestimmten Punkt die Grenze ziehen (zum Beispiel bei Unterwäsche), aber Secondhand-Sachen sind normalerweise gut. Manchmal sind sie sogar mehr als gut:

- Sie bezahlen weniger für gut gemachte Dinge, die lange halten.
- Kinder wachsen aus Kleidung und Spielzeug so schnell heraus.
- Ein großer Teil der Babyausstattung hat nur eine begrenzte Verwendungszeit.

Meine zweite Schwangerschaft war eine große Überraschung. Nach mehreren Jahren, in denen wir bereit waren, unsere Familie zu vergrößern, jedoch ohne Erfolg, hatte ich mich damit abgefunden, vielleicht keine Kinder mehr bekommen zu können, und fast alle unserer Babysachen weggegeben. Natürlich war ich ein paar Monate später schwanger. Als meine Freundin Heidi anbot, eine Babyparty für mich zu veranstalten, fragte ich sie, ob sie bereit wäre, eine Secondhand-Babyparty zu organisieren. Warum? Weil ich ein großer Fan davon bin, Kindersachen zu recyclen und weil ich viele Freundinnen und Freunde hatte, die mit dem Babythema durch waren und schon gefragt hatten, ob sie mir Sachen weitergeben könnten (ich glaube, die genauen Worte lauteten: «Bitte leih das aus und gib es nie wieder zurück!»). Seither haben mich viele Leute gefragt, wie man eine Secondhand-Babyparty organisiert. Hier kommt die Anleitung:

- **Machen Sie eine Liste der Dinge, die Sie wirklich brauchen.** Weil es schon so lange her war, seit ich mich das erste Mal mit Babyausstattung befasst hatte, zog ich eine dieser (meiner Meinung nach absurden) «Must-have»-Baby-Erstausstattungs-Checklisten zu Rate, die ungefähr 1382 Dinge umfasste, und strich sie auf die absolut grundlegenden Dinge zusammen. Händigen Sie der Gastgeberin gleich mit der Gästeliste auch eine solche Liste aus.
- **Suchen Sie gezielt nach gebrauchten Sachen.** Eine Möglichkeit besteht darin, die Liste unter Ihren Freundinnen und Freunden in Umlauf zu bringen und zu sehen, welche abgelegten Dinge zufällig ihren Weg zu Ihnen finden. Wenn Sie oder Ihre Gastgeberin lieber organisierter vorgehen möchten, dann können Sie es machen wie Heidi und die Gäste im Vorfeld ankündigen lassen, was sie mitbringen, um auf diese Weise Dopplungen zu vermeiden.
- **Seien Sie zufrieden mit anderen Dingen – oder auch mit überhaupt keinen Sachen!** In erster Linie wollte ich Zeit mit meinen Freundinnen verbringen, vor allem, weil zu der Party letzten Endes eine bemerkenswerte Ansammlung wundervoller Frauen aus verschiedenen Bereichen meines Lebens zusammenkam. Es war mir wirklich gleich, ob die Leute etwas mitbrachten, solange sie einfach da waren! Es gab auch Gäste, deren Kinder schon lange groß waren und die keine Dinge mehr besaßen, die sie mir weiterreichen konnten. Damit alle sich wohl fühlten, hatte Heidi in der Einladung betont, dass man auch ohne Geschenk willkommen war. Und falls jemand etwas anderes als abgelegte Sachen mitbringen wollte, schlug sie Geschenkgutscheine oder Windeln als praktische, einfache Alternativen vor.
- **Halten Sie es einfach.** Heidi ist ein unglaublich großzügiger Mensch und bot eine tolle Auswahl süßer und herzhafter

Kleinigkeiten an. Aber es ist auch völlig in Ordnung, die Party einfach zu halten. Wenn Sie keine Mahlzeit servieren möchten, setzen Sie die Party zwischen den Essenszeiten an, zum Beispiel von 14 bis 16 Uhr und bieten Sie Getränke und ein paar Snacks an.

- **Planen Sie den Abtransport.** Abhängig von Ihrer Beute (und davon, wie schwanger Sie sind), brauchen Sie vielleicht Hilfe, wenn es wieder nach Hause geht. Ich bekam zusätzlich zu sperrigen Dingen wie einem Laufkinderwagen und einer Babymatratze unter anderem auch vier Kisten voller Secondhand-Kleidung und Spielsachen geschenkt. Ich brauchte auf jeden Fall Hilfe, um alles nach Hause zu bringen!

VERSUCHEN SIE,
AUF DINGE ZU VERZICHTEN

Hin und wieder kommen Sie in die Situation, dass Ihnen die alltäglichen Annehmlichkeiten nicht zur Verfügung stehen, weil etwas kaputt oder verloren gegangen ist oder weil Sie nicht in der eigenen Wohnung sind. Bremsen Sie sich, alles sofort zu ersetzen. Vielleicht stellen Sie fest, dass Sie auf Dinge verzichten können, ohne die Sie vorher scheinbar nicht leben konnten!

 *Wir erlebten in unserem Haus eine bizarre Serie notwendiger Instandsetzungsarbeiten. Erst mussten wir eine Schmutzwasserpumpe installieren. Dann fielen diverse Klempnerarbeiten an. Als dann noch Eiswürfel-maschine und Mikrowelle den Geist aufgaben, beschlossen Jon und ich, erst mal ohne zurechtzukommen (um sowohl Geld als auch eine weitere*

Fahrt in den Baumarkt zu sparen). Die Eiswürfelmaschine war einfach – es ist ja nicht so schwierig, Eiswürfelbehälter mit Wasser zu füllen.

Etwas schwerer tat ich mich, auf die Bequemlichkeit der Mikrowelle zu verzichten, doch sie zu ersetzen, stellte einen größeren Aufwand dar (sie ist über dem Herd zwischen zwei Hängeschränken eingebaut). Wir einigten uns, es einen Monat lang ohne zu versuchen; falls wir danach immer noch das Gefühl hatten, sie zu brauchen, wollten wir sie ersetzen.

Die erste Woche war durchaus gewöhnungsbedürftig, aber bald hatten wir es raus, den Ofen oder den Toaster zu verwenden. Zusätzliches Plus? Die Mikrowelle (die wir an Ort und Stelle gelassen haben, weil es schwierig gewesen wäre, sie auszubauen) dient nun als weiterer Stauraum.

Krempel ist ohne jeden Zweifel nicht nur etwas Materielles, er hat uns auch emotional im Griff. Aber jetzt, wo Sie begonnen haben, das Warum Ihres Krempels zu erkennen, sehen Sie Ihr Zeug hoffentlich mit anderen Augen. Im nächsten Kapitel verraten wir Ihnen Strategien, um den äußeren Krempel zu minimalisieren.

5

VOM KREMPEL ZUR BEFREIUNG: MINIMALISIEREN SIE IHR ZUHAUSE

Kennen Sie dieses *Ahhhh*-Gefühl, wenn Sie sich in einem sauberen, aufgeräumten Zimmer aufhalten? Raum, der nur das Nötige enthält, um funktional und komfortabel zu sein – und nicht mehr –, lässt Sie entspannen und befreit Ihren Geist auf eine Weise, die in einer zugerümpelten Umgebung einfach nicht möglich ist. Dasselbe gilt für Kinder: Sind das Spielzimmer, der Schreibtisch oder die Bastelecke frei und nur ein paar Spielsachen oder Utensilien zu sehen, haben kreatives Denken und Phantasie Raum, sich zu entfalten.

Sie sind im Begriff, Ihr Zuhause in genau so einen Rückzugsort zu verwandeln. Dies wird nicht über Nacht und auch nicht ohne Mühe geschehen, aber es *wird* geschehen, und wir helfen Ihnen, dorthin zu gelangen. In diesem Kapitel zeigen wir Ihnen, wie Sie Ihr Zuhause entrümpeln und aufräumen, wie Sie die neu geschaffene Ordnung beibehalten und, vor allem, wie Sie dabei die ganze Familie einspannen.

ENTRÜMPELN:
WIE MAN SEIN ZEUG LOSWIRD

In dem Maße, wie Familien wachsen, wächst üblicherweise auch die Menge an Kram. Krempel vermehrt sich wie die Karnickel, und freier Platz füllt sich mit Mist (jawohl, Mist). Kinder beschweren sich, dass sie nichts zum Spielen haben, während sie in Wirklichkeit bloß von der schieren Masse der vorhandenen Spielsachen überfordert sind. Schluss damit! Es ist an der Zeit, den ganzen Schrott zu entrümpeln. (Machen Sie sich an diesem Punkt keine Gedanken über das Aufräumen – wenn Sie zuerst entrümpeln, dann verschwenden Sie keine Zeit damit, Sachen aufzuräumen, die Sie am Ende wegtun.)

LOS GEHT'S

Allein der *Gedanke* an eine Entrümpelung kann erdrückend sein. Das verstehen wir, und deshalb präsentieren wir Ihnen hier eine Reihe kleiner Anfangsschritte. Selbst wenn Sie nur eine Stunde oder auch nur eine Viertelstunde zur Verfügung haben, können Sie schon etwas bewegen. So bringen Sie die Sache ins Rollen:

Schnappen Sie sich Ihr Werkzeug

Suchen Sie sich Ihre Entrümpelungs-Behälter zusammen. Wir empfehlen: (1) einen großen Müllsack für Müll; (2) eine große Papiertüte für Recycling-Müll; (3) einen weiteren großen Müllsack für Spenden sowie (4) eine Kiste für die verbleibenden Dinge, die woanders im Haus untergebracht werden sollen.

Bestimmen Sie Ihr Einsatzgebiet

So ausgerüstet bestimmen Sie nun Ihren Arbeitsbereich. Beginnen Sie mit einem viel genutzten Bereich oder dem Bereich, der Sie am meisten stört (zum Beispiel ein Krimskrams-Haufen in der Wohnzimmerecke), sodass eine sofortige Belohnung Sie in Ihren Entrümpelungs-Bemühungen dauerhaft motiviert.

Setzen Sie sich erreichbare Ziele entsprechend Ihrer verfügbaren Zeit

Gehen Sie auf Erfolgskurs. Statt zu sagen: «Heute räume ich den Keller auf!», beginnen Sie lieber mit greifbaren Zielen, die Sie innerhalb der Zeitspanne, die Ihnen zur Verfügung steht, erreichen können (zum Beispiel ein bestimmtes Regal im Keller oder auch nur ein einziges Regalfach).

 *Ich fühle mich schnell von all den Entscheidungen überfordert, zu denen ich beim Entrümpeln gezwungen bin. Sollte ich diesen Gegenstand verkaufen oder verschenken? Wo soll ich dies oder jenes hinräumen? Und brauche ich es wirklich? Da mich die Unentschlossenheit lähmen kann, muss ich den Entrümpelungsvorgang in kleine Einheiten zerlegen. Ich stelle mir also entweder die Uhr für Entrümpelungs-Sessions von zehn Minuten, oder ich entrümpele jeweils nur einen kleinen Bereich. Oder ich engagiere eine Freundin zum Helfen.*

Sorgen Sie für einen positiven Abschluss

Beenden Sie Ihre Entrümpelungs-Sessions, indem Sie sich damit belohnen, den neu gewonnenen Raum zu bewundern ... nicht den Haufen Zeug, den Sie nun irgendwie verteilen müssen. Nehmen Sie sich die Zeit, das aussortierte Zeug *sofort aus dem Haus* zu schaffen. Idealerweise bringen Sie es direkt zu einer Sammelstelle, andernfalls sollten Sie zumindest Platz in

Ihrer Garage oder Ihrem Kofferraum schaffen, um dort zukünftige Verkäufe, Spenden oder Geschenke zwischenzulagern. Später in diesem Kapitel sprechen wir darüber, wie Sie eine neue Heimat für Ihren Krempel finden.

FINDEN SIE EINEN ENTRÜMPELUNGS-RHYTHMUS

Nun, wo Sie die Schwelle vom «Darübernachdenken» zum «Tun» überschritten haben, geben wir Ihnen ein paar Tipps, um in einen Entrümpelungs-Rhythmus zu finden.

Seien Sie objektiv

Messen Sie den Wert Ihrer Habseligkeiten an objektiven Fragen. Auf unserem Blog schlug MaryJo von respacedpdx.com das folgende hervorragende Kriterium vor: «Würde ich Geld dafür ausgeben, um es zu ersetzen, wenn es durch ein Feuer verloren ginge?» Ashas Version lautet: «Würde ich dies in meine Ruhestands-Wohnung in SoHo mitnehmen?» (In Kapitel 6 sprechen wir ausführlicher darüber, wie man Wert und Nutzen seiner Habseligkeiten beurteilt.) Antworten Sie schnell: Wenn Sie nicht sofort eine wichtige oder nützliche Verwendung für einen Gegenstand erkennen, dann weg damit!

Beginnen Sie mit den großen und / oder teuren Sachen

Eine Möglichkeit, um mit einem Knalleffekt zu beginnen, besteht darin, sich darauf zu konzentrieren, zuerst hochwertige Stücke oder große Gegenstände fortzugeben oder zu verkaufen. Das Geld und / oder der Platz, den Sie dadurch gewinnen, wird Sie zum Weitermachen motivieren. Bedenken Sie außerdem: Wenn Sie Gegenstände, statt sie zu verkaufen, an Freunde oder

Familienmitglieder weitergeben, die sie brauchen, fühlen Sie sich gut, weil Sie jemandem geholfen haben, der Ihnen nahesteht, *und* Sie schaffen im selben Moment Raum, *und* Sie ersparen sich Zeit und Energie für weitere Transaktionen.

Nachdem wir ein todschickes Musik-System für unsere Wohnung gekauft hatten, wollten Jon und ich eine kleine Stereoanlage loswerden. Ich annoncierte die Anlage zunächst auf einem Kleinanzeigen-Portal, doch dann wurde es mir zu viel, mit all den E-Mails und Menschen umzugehen, die den Preis runterhandeln wollten. Jon sagte daraufhin: «Verschwende keine weitere Minute damit. Warum fragen wir nicht Thomas (den Sohn unserer Nachbarn, der kurz davor stand aufs College zu gehen), ob er sie haben möchte?» Als wir Thomas die Anlage anboten, fragte er, wie viel wir dafür haben wollten, und wir antworteten, dass wir uns einfach nur freuen würden, wenn er sie nähme. Er war total überrascht – und alle waren glücklich.

WIE MAN NOSTALGIE-BLOCKADEN VERMEIDET

Sie versuchen auszumisten, doch Sie stecken fest. Vielleicht zwischen Kisten voller Briefe von alten Flammen, Ihrem ersten Basketball-Pokal, einer teuren Camping-Ausrüstung aus der Zeit, als Sie noch gerne zelten gingen (also vor gut zehn Jahren) und massenweise Babykrimskrams.

Wenn Sie drohen sich aufgrund nostalgischer Gefühle festzufahren, sind hier ein paar Tipps, wie Sie Erinnerungsstücke in Ehren halten, während Sie sich trotzdem Ihren Entrümpelungsschwung bewahren.

Nostalgie ist normal, aber die Kiste mit Briefen des Exfreundes oder der Exfreundin? Nicht nötig (bzw. nicht produktiv). Genauso wenig wie jede einzelne Urlaubspost, außer wenn etwas wirklich Bedeutsames darin steht. Ihre persönlichen Tagebücher hingegen verdienen es vermutlich, aufbewahrt zu werden. Denken Sie im Sinne Ihrer Lebensgeschichte; bewahren Sie ausgesuchte Gegenstände auf, die ein Bild davon vermitteln, wer Sie in verschiedenen Phasen Ihres Lebens waren – und werfen Sie den Rest weg.

 *Mirabai ist extrem gefühlsbetont, also ist das Aussortieren ihrer Besitztümer mit jeder Menge Widerstand und der Sorge verbunden, dass sie Assoziationen an glückliche Momente verlieren wird. Wir sprechen daher mit ihr über den Unterschied zwischen Gegenständen und Erinnerungen und dass beides nicht aneinander gebunden sein muss. Wir machen Fotos von ihren Lieblingssachen und bewahren sie in einem digitalen Album auf; der Vorgang, etwas zu «behalten» – auch wenn es nur ein Bild ist –, gibt ihr genug Sicherheit und einen Abschluss, sodass sie sich von ihren Kostbarkeiten trennen kann. Dies ist auch ein guter Weg, mit den Kunstwerken und Lego-Bauten Ihrer Kinder umzugehen. Und falls Sie ambitioniert sind, können Sie aus den Ergebnissen sogar ein Fotobuch gestalten.*

BENUTZEN SIE IHRE REAKTION ALS MASSSTAB

Wenn Sie auf einen Gegenstand nicht sofort positiv reagieren, dann können Sie ihn wahrscheinlich gehen lassen. Wenn Sie auf einen Gegenstand entschieden *negativ* reagieren, dann sollten Sie ihn ganz sicher loswerden. Schädliches aus Ihrem Leben zu entfernen = gut. Sie schaffen Raum für das Besondere!

BEHALTEN SIE KEINE SACHEN
«FÜR ALLE FÄLLE»

Nach ihrer Secondhand-Babyparty (siehe Kapitel 4) wurde Christine eines klar: Sie konnte sich glücklich schätzen, mit einer solchen Fülle gesegnet zu sein. Dank ihrer Freundinnen und Freunde war sie in der Lage, Violets Ankunft vorzubereiten, ohne dass nennenswerte Kosten entstanden. Es half ihr außerdem über die Nostalgie-Momente hinweg, als Violet aus den Sachen herauswuchs, und klärte die Frage, ob sie vielleicht Sachen «für alle Fälle» aufheben sollte:

 *Ich habe keine Ahnung, ob das Thema Kinderkriegen für mich beendet ist. Aber ich weiß ganz sicher, dass ich es nicht ertrage, an Babysachen festzuhalten, die ich vielleicht – oder vielleicht auch nicht – in Zukunft gebrauchen könnte, wenn es Menschen gibt, die sie jetzt benötigen.*

Unsere Kuscheltier-Spende (die ich in Kapitel 4 beschrieben habe) war eine Art Weckruf für mich. Wir haben so viel zusammengesammelt und ich fühlte mich so erleichtert – emotional wie körperlich – in dem Wissen, dass diese Dinge ihren Weg in die Hände bedürftiger Kinder finden würden. Kurz darauf hörte ich, dass unsere Stadt eine Spielzeug- / Kleidungs- / Haushaltssachen-Aktion zugunsten bedürftiger Familien in der Gegend veranstaltete. Ich entschloss mich, Sachen auszusortieren, die ich gebrauchen könnte, falls wir noch ein Baby bekommen, und sie Menschen zu spenden, die sie jetzt benötigten. Ich nahm mir zehn Minuten und streifte durch unseren Keller. Es kamen ein Kinderwagen, ein hochwertiges Kinderwagengestell, ein Hochstuhl aus Holz und zwei

Activity Center zusammen. All diese Dinge hatten wir sozusagen «geerbt», und es schien nur passend, sie nun an jemand anderen weiterzureichen.

RICHTEN SIE EINE «ENDHALTESTELLE» EIN

Wenn Sie sich nicht dazu entschließen können, sich von etwas zu trennen (und es Sie bremst oder Ihnen Beklemmungen verursacht), dann richten Sie eine «Endhaltestelle» ein. Diese Endhaltestelle besteht aus einer undurchsichtigen Tüte oder Box, die als Umsteigebahnhof für die Sachen dient, die Sie noch nicht bereit sind loszulassen. Wenn die Endhaltestelle voll ist, dann verschließen Sie sie, beschriften Sie sie mit «Endhaltestelle» und datieren Sie sie auf ein Jahr später. Verstauen Sie die Endhaltestelle dann in der hintersten Ecke Ihrer Garage oder Ihres Kellers. Falls Sie irgendwann zu einem späteren Zeitpunkt einen Gegenstand daraus benötigen oder haben wollen, können Sie ihn jederzeit wieder hervorkramen. Doch das wird vermutlich gar nicht geschehen. Sie werden die Endhaltestelle höchstwahrscheinlich sogar komplett vergessen. In einem Jahr wird es Ihnen leichtfallen, sie bzw. den Inhalt fortzugeben.

Warnung: Die Endhaltestelle kann im Handumdrehen zu einem Schwarzen Loch der Unentschlossenheit werden, deshalb raten wir dringend, sie nur für sehr wenige Dinge zu nutzen. Trotzdem macht diese Methode es leichter, emotional besetzte Gegenstände loszuwerden, und gibt Ihnen die Möglichkeit, etwas Abstand zu gewinnen und dennoch voranzukommen.

SUCHEN SIE IHREM KRIMSKRAMS
EIN NEUES ZUHAUSE

Aller Anfang ist schwer, aber wenn Sie erst mal dabei sind, möchten Sie gar nicht mehr aufhören. Dadurch kann ein gefährlicher Engpass entstehen: Wenn Sie keine klare Strategie verfolgen, wie Sie das Zeug aus Ihrem Zuhause bekommen, dann schafft Ihr wachsender Haufen frisch ausgemisteter Sachen sein eigenes Misthaufen-Problem. Und sind Ihre Kinder so wie unsere, dann machen die herumstehenden Spendensäcke sie neugierig (oder sogar unruhig) und sie wollen sie durchwühlen – was unweigerlich in Frustration und Tränen endet (der Ihrigen oder der Ihrer Kinder).

Unser Rat? Wählen Sie eine Verteilmethode, die mit dem geringsten Maß an Zeit und geistigen Verrenkungen verbunden ist. Wenn Sie Spaß an Flohmärkten oder Online-Verkäufen haben – wunderbar! Falls nicht, dann betrachten Sie das Geld, das Sie damit verdient hätten, als eine Investition in Ihre mentale Gesundheit und *verschenken Sie die Sachen*. Spenden Sie sie, verschenken Sie sie an Freunde oder Verwandte, was auch immer. Das Gute, das Sie der Welt und sich selbst damit tun, wird noch Jahre nachwirken.

Hier kommt eine Zusammenfassung der Möglichkeiten, Ihren Plunder aus dem Haus zu schaffen:

SPENDEN SIE IHN

Abgesehen von Sammelstellen wie Oxfam und der Heilsarmee gibt es zahlreiche Organisationen, die mit einem Lastwagen zu Ihnen nach Hause kommen und größere Spenden abholen (selbst Ihr altes Auto ist als Spende steuerlich absetzbar).

GEBEN SIE DINGE IN KOMMISSION

Es schießen immer mehr Kommissionsgeschäfte und spezialisierte Verkaufsveranstaltungen (besonders für Kindersachen) aus dem Boden, weil Eltern zunehmend die Notwendigkeit und Nützlichkeit des Recyclings erkennen. Ein zusätzlicher Vorteil: Wenn Sie Kleidung, aus denen Ihre Kinder herausgewachsen sind, in Kommission geben, können Sie gleich nach günstigen Klamotten in den nächsten Größen Ausschau halten.

VERKAUFEN SIE ONLINE

Es ist einfacher, wenn Sie technisch versiert sind, und wir empfehlen es eher für hochwertige Gegenstände (also Kram, der die Mühe lohnt, ihn einzustellen, mit Interessenten zu kommunizieren und ihn zu verschicken). Neben der allbekannten Plattform eBay stellen Kleinanzeigen-Portale wie eBay Kleinanzeigen, kalaydo sowie Quoka beliebte Alternativen dar.

VERANSTALTEN SIE
EINEN FLOHMARKT

Falls Technik nicht Ihre Stärke ist, veranstalten Sie lieber einen Flohmarkt in Ihrer Garage oder vor Ihrer Haustür. Das ist zwar ein organisatorischer Zeitfresser (Ankündigung schreiben und verteilen, Sachen zusammensammeln und sortieren etc.), doch Sie haben den zusätzlichen Vorteil, dass Sie Menschen aus Ihrer Nachbarschaft kennenlernen und Ihre Kinder jede Menge Spaß haben. Stellen Sie eine interessante Mischung zusammen und setzen Sie die Preise so an, dass die Sachen weggehen (erklärtes Ziel ist, nichts wieder ins Haus zurückzuschleppen). Eine gute Idee ist auch, gemeinsam mit der Nachbarschaft einen Straßen-Flohmarkt zu organisieren, um eine größere Menschenmenge anzulocken. Und wenn Sie dann auch noch eine Spendenabholung für die verbliebenen Sachen organisieren oder sie direkt nach dem Flohmarkt bei Oxfam abgeben, kriegen Sie Extrapunkte von uns!

 *Unser Trick bei Flohmärkten ist, die Kinder abzulenken, damit sie nicht womöglich Spielsachen oder Haushaltsgegenstände wiederentdecken, die wir aussortiert haben. Ich schlage ihnen meist vor, einen Getränke-Stand aufzubauen oder einen getrennten Tisch mit einer Auswahl ihrer eigenen Sachen einzurichten. Sie verdienen sich ein wenig Geld und trainieren ihr Verhandlungsgeschick, und wir verhindern, dass sie alte Spielsachen wieder «adoptieren».*

TAUSCHEN SIE

Tauschen stellt eine weitere großartige Möglichkeit dar, ob nun unter Freunden oder online. In einigen Städten koordinieren Eltern örtliche E-Mail-Listen und andere Kontaktmöglichkeiten, dank der regelmäßig Dinge und Dienstleistungen mit anderen Mitgliedern der Gruppe getauscht werden können.

NUTZEN SIE SPERRMÜLL-LÄDEN

Manchmal ist Ausmisten und Recycling so einfach, wie Dinge am Straßenrand stehen zu lassen. Eine Möglichkeit, gezielt potenzielle Interessenten zu finden, ist Freecycle.org, wo man

Dinge, die man weggeben möchte, inserieren kann, oder die Verschenken-Rubrik von eBay-Kleinanzeigen. Irgendjemand kommt dann und holt die Dinge ab. Christine lebt in einer urbanen Nachbarschaft, und sie ist recht erfolgreich damit, Dinge einfach mit einem «Zu verschenken»-Zettel an die Straße zu stellen. Meistens sind die Sachen innerhalb von einer Stunde weg, und einmal hat ein Teppich, den sie gerade hinaustrug, gar nicht erst die Straße berührt. Ein zufällig vorbeifahrendes Auto hielt an, der Fahrer fragte, ob er den Teppich haben könnte, und schon war das gute Stück mit seinem glücklichen neuen Besitzer verschwunden.

WERFEN SIE WEG

Als letzten Ausweg können Sie alles, was Sie nicht verkauft oder verschenkt bekommen, in den Müll werfen. Gegen eine Gebühr können Sie auch die Sperrmüllabfuhr zu sich nach Hause bestellen, damit sie Ihren Krempel in einen Laster lädt und ordnungsgemäß entsorgt. Oder Sie bringen die Sachen selbst zum Recycling-Hof (informieren Sie sich über die Entsorgungsrichtlinien an Ihrem Wohnort).

 *Eine meiner Freundinnen lebt in einem wohlhabenden Bostoner Vorort, wo es keine Sperrmüll-Abholung gibt; man muss alles selbst zur städtischen Mülldeponie bringen. Zuerst dachte ich: «Mensch, das ist aber unpraktisch. Ich würde es hassen, meinen dreckigen Müll zur Deponie zu karren!» Meine Freundin verriet mir jedoch zwei Vorteile: Muss man seinen Sperrmüll selbst transportieren, dann versucht man ihn von vornherein so gut es geht zu reduzieren, entweder durch Recycling oder dadurch, dass man weniger konsumiert. Darüber hinaus hat sich die*

städtische Mülldeponie meiner Freundin dank eines eigenen Bereichs für
ausrangierte Sachen zu einer pulsierenden Tauschbörse entwickelt.

HALTEN SIE INNE UND GENIESSEN
SIE DEN WOHLVERDIENTEN LOHN
FÜR IHRE HARTE ARBEIT

Jedes Mal, wenn eine Aufgabe erledigt ist, sollte ein ganz wesentlicher Schritt nicht fehlen, den wir als Eltern oft genug vergessen: *Aufhören, stolz sein und feiern.* Sie haben gerade Großes vollbracht! Treten Sie zurück und würdigen Sie das Ergebnis Ihrer harten Arbeit. Wenn nötig, schnappen Sie sich Ihren Partner (oder Ihre ganze Familie) und sagen Sie: «Seht ihr, was ich geschafft habe? Ist das nicht großartig? Ich bin so stolz auf mich!» Brüsten Sie sich, wenn nötig! Verpassen Sie keine Chance, eine Leistung zu würdigen, auch wenn es bedeutet, sich selbst auf die Schulter zu klopfen.

RÄUMEN SIE AUF,
WAS ÜBRIG BLEIBT

Nun, wo Sie das Gerümpel los sind, ist es Zeit, den Rest aufzuräumen. Sie werden vielleicht überrascht sein, wie leicht Ihnen das dank Ihres neu gewonnenen Platzes und Minimalisierungs-Elans fällt!

Haben Sie einen Aufräumplan im Sinn, dann brauchen Sie nicht jedes Mal erneut darüber nachzudenken, sobald Sie ein paar Minuten Zeit übrig haben. Beim Aufräumen gibt es allerdings nicht notwendigerweise den einen Schuh, der allen passt. Eine unserer liebsten Aufräum-Expertinnen, Meagan Francis von TheHappiestMom.com und dem Blog Life, Listened, gab uns diesen weisen Rat: «Der Schlüssel zum Aufräumen liegt nicht darin, das eine wirklich perfekte System zu finden. Man muss sein eigenes System entwickeln. *Irgendein* System. Und es dann anwenden!»

Hier sind unsere besten Tipps, wie Sie Ihr Zuhause schnell und ohne viel Aufhebens auf Vordermann bringen. Falls Sie detailliertere Anweisungen für eine komplette Durchorganisierung Ihres Heims möchten, finden Sie am Ende dieses Buchs eine Liste mit einigen unserer Lieblingsbücher und Quellen.

UNTERTEILEN SIE PLATZ JE NACH FUNKTION IN ZONEN

Gehen Sie durch Ihre Wohnung, und überlegen Sie, was in jedem Raum oder an jedem Ort passieren soll. Lesen, spielen, arbeiten, sich unterhalten, kochen, putzen, schlafen ... Sie verstehen schon. Indem Sie die Funktion jedes Ortes eingrenzen, können Sie leichter entscheiden, was Sie dort brauchen.

 **La Reveuse von thedreamersandme.blogspot.com auf Minimalist Parenting:** Wir haben den Flurschrank in Bereiche eingeteilt. Meine Mäntel und Jacken sind auf der linken Seite, die der Kinder in der Mitte, die meines Mannes rechts. Oben haben wir drei Behälter draufgestellt, die mit «Handschuhe», «Mützen» und «Schals» beschriftet sind. Dadurch ist es viel einfacher, den Schrank ordentlich zu halten, und wir finden immer, was wir brauchen!

SICHTEN SIE ALLES, WAS INS
HAUS KOMMT – SOFORT

Kümmern Sie sich um E-Mails, Zettel aus der Schule und andere Dinge, sobald sie ins Haus kommen: Entsorgen Sie unnötige Dinge sofort, sortieren Sie den Rest gleich weg (anstatt ihn für später beiseitezulegen), und tragen Sie Termine und Aufgaben in Kalender und To-do-Liste ein.

GRUPPIEREN SIE
ÄHNLICHE DINGE

Ordner, Körbe, Kästen und sonstige Behälter sind Ihre Freunde; idealerweise haben Sie welche in aufeinander abgestimmten Größen, Formen und Farben, sodass ein ordentliches Gesamtbild entsteht, wenn Sie Ihr Zeug aufräumen. Suchen Sie überall im Haus ähnliche Dinge gruppenweise zusammen und weisen Sie ihnen einen Platz zu.

 **Meg auf Minimalist Parenting:** Bewahren Sie die großen, stabilen Kartons der verschiedenen Windel-Größen auf, und benutzen Sie sie für die Kleidungsstücke, aus denen Ihr Baby rausgewachsen ist. So sind sie automatisch für das nächste Kind nach Größe sortiert.

 **Paige Lewin von MudroomBoston.com auf Boston Mamas.com:** Wir benutzen IKEA-Regale in Kombination mit Plastikwannen (für klobigere Spielsachen wie Bauklötze und Zugschienen), Plastikboxen mit Deckeln (für kleinteiliges Spielzeug wie LEGO und Playmobil) sowie Rattan-Körben für Puzzles, Spiele und Verkleidungssachen.

Wenn Sie sich für ein Aufbewahrungssystem entschieden haben, dann erklären Sie Ihrem Kind, wo alles wohnt (sobald er oder sie alt genug ist). So wird sowohl das Spielen als auch das Aufräumen hinterher ein Kinderspiel!

BESCHRIFTEN SIE ALLES

Ein Handetikettierer gehört unbedingt auf die Liste der Hilfsmittel, die es wert sind, gekauft zu werden. Von Hand beschriftete Etiketten gehen natürlich auch, aber so ein kleines Etikettiergerät verleiht der Sache mehr Entschlossenheit und Glanz. Außerdem werden Ihre Kinder scharf darauf sein, es in die Finger zu bekommen, und Ihnen mit Begeisterung beim Etikettieren helfen.

 **Paige Lewin von MudroomBoston.com auf Boston Mamas.com:** Wenn Sie Zeit und Lust haben, dann machen Sie Fotos vom Inhalt jeder Spielzeug-Kiste, laminieren Sie die Bilder und befestigen Sie sie auf der Vorderseite als Etiketten für Kinder, die noch nicht lesen können. Noch besser: Verwenden Sie sowohl Bilder als auch Wörter und setzen Sie beides nebeneinander.

NUTZEN SIE KLEINE ZEITFENSTER FÜR KLEINE AUFGABEN

Nutzen Sie während des Tages kürzere freie Zeiten, um kleine, überschaubare Bereiche aufzuräumen (Christine tut das gerne, während sie darauf wartet, dass ihr Espressokocher auf dem Herd blubbert). Beteiligen Sie Ihre Familie auch während des

Tages an allgemeinen Haushaltspflichten, damit das Saubermachen am Ende des Tages nicht so anstrengend wird. Hier sind ein paar Beispiele von Aufgaben, die Sie hier und da in nur wenigen Minuten erledigen können:

Eingangsbereich

- Schuhe verstauen (im Schrank oder in Aufbewahrungsbehältern)
- Jacken in den Schrank hängen
- Post sortieren, das heißt Wurfsendungen und Kataloge in den Papiermüll werfen sowie Schreiben, um die man sich kümmern muss, auf einen separaten Haufen legen (zum Beispiel Rechnungen)
- Aussortierte Sachen, die gespendet werden sollen, zum Auto tragen

Küche

- Spülmaschine ein- oder ausräumen
- Töpfe, Pfannen und sonstige Geräte verstauen, die auf dem Herd oder auf den Arbeitsflächen stehen
- Lebensmittel, die nicht mehr gut sind, aus dem Kühlschrank entfernen
- Den Fußboden wischen
- Mülleimer und Recycling-Behälter leeren

Wohnzimmer / Spielzimmer

- Spielsachen in ihren Kisten, Schubladen und Regalen verschwinden lassen
- Fernbedienungen verstauen (in einer Schublade oder einem Aufbewahrungshocker)
- Decken falten und Kissen an ihren Platz zurücklegen
- Bücher ins Regal stellen

Esszimmer
- Stühle an den Tisch schieben
- Arbeits- oder Bastelsachen vom Tisch räumen

Arbeitszimmer
- Papiere und andere Sachen auf To-do-Stapel oder in Ordner sortieren
- Arbeitsmaterialien in Kästen, Becher oder Schubladen legen

Schlafzimmer
- Betten machen
- Herumliegende Kleidungsstücke weglegen
- Nachttisch aufräumen
- Wäschekorb leeren

Badezimmer
- Handtücher ordentlich falten
- Kosmetikartikel ordentlich auf eine Ablage legen
- Herumliegenden Kleinkram wegräumen
- Duschvorhang ausbreiten und Badematte über den Wannenrand hängen
- Ersatzrolle Toilettenpapier bereitlegen

 **Braden auf Minimalist Parenting:** Räumen Sie den Kinderwagen bzw. Buggy auf! Wir leben in New York City, also verhält es sich mit dem Buggy wie mit meinem Auto – und Sie wissen, wie verdreckt und vollgemüllt die Rückbank eines Autos aussieht, wenn man Kinder hat! Für Stadtbewohner ist es mit Buggy kein bisschen anders.

BÄNDIGEN SIE DIE PAPIERFLUT
UND DEN DIGITALEN MÜLL

Papierberge und digitaler Müll können genauso kräftezehrend sein wie der physische Müll in Ihrem Zuhause. Hier sind unsere Tipps für den Umgang mit der Informationsflut, die Ihnen ins Haus schwappt (und es hoffentlich auch wieder verlässt).

E-MAILS, RECHNUNGEN UND
ANDERER PAPIERKRAM

Um mit der Korrespondenz im Haushalt umzugehen, gibt es ebenso viele Strategien, wie Papiermüll über Ihren Tisch verstreut liegt. Hier sind unsere besten Tipps zur Bearbeitung der Post (weiterführende Literatur finden Sie im Abschnitt «Hilfsmittel»):

Entwickeln Sie eine Routine zur Bearbeitung der täglichen Post
Sortieren Sie die Post einmal schnell durch, sobald sie kommt. Öffnen Sie die Briefe und geben Sie Umschläge, nutzlose Beilagen, Werbung und Flyer in den Papiermüll, legen Sie fällige Rechnungen in ein entsprechend beschriftetes Fach oder einen Ordner, und legen Sie Schreiben, um die Sie sich kümmern müssen, in ein zweites Fach oder einen weiteren Ordner.

Planen Sie regelmäßig Zeit für Dinge ein, die ein Handeln erfordern
Kümmern Sie sich um Rechnungen und dergleichen einmal täglich oder einmal in der Woche – was auch immer besser für Sie funktioniert, solange Sie konsequent dabeibleiben.

Dämmen Sie die Flut ein

Beantragen Sie Online-Rechnungen, kündigen Sie alle außer Ihren liebsten Abos, und registrieren Sie sich bei robinsonliste. de, um unerwünschte Werbepost zu reduzieren.

Behalten Sie so wenig Papier wie möglich

Abgesehen von Steuererklärungen, juristischen Papieren, unbezahlten Rechnungen oder sonst irgendwelchen offiziellen Mitteilungen können Sie Papier getrost schreddern oder in den Papiermüll geben. Bevor Sie irgendetwas abheften, überlegen Sie, ob Sie dieselbe Information nicht auch online recherchieren oder telefonisch erfragen können.

Delegieren Sie den Job gegebenenfalls

Falls Sie allergisch gegen den Umgang mit Papieren sind, können Sie diese Aufgabe vielleicht gemeinsam mit Ihrem Partner bzw. Ihrer Partnerin angehen oder komplett abgeben.

SCHULARBEITEN UND KUNSTWERKE DER KINDER

Kinder produzieren *eine Menge* Papier: einiges davon in der Schule in Form von Notizen, Aufgaben und Projekten, einiges davon zu Hause in Form von Kunst- und Schreibprojekten. Und während manches es wert ist, aufbewahrt zu werden, lohnt es bei anderem ganz sicher nicht. Hier sind ein paar Tipps, wie Sie die Flut eindämmen.

Sortieren

Wie bei allem hereinschneienden potenziellen Krempel besteht der erste Schritt darin, die wichtigen Sachen vom (Recycling-)Müll zu trennen.

Wenn ich die Post reinhole oder Laurel mir eine Schul-
mappe voller Papiere in die Hand drückt, werfe ich um-
gehend das überflüssige Papier in die Recycling-Tonne
und halte wichtige Termine in meinem Kalender fest
(danach recycle ich den Notizzettel). Es sind nur wenige kleine Hand-
griffe, aber sie verhindern, dass die Ablageflächen in der Küche über-
quellen.

Christy auf Minimalist Parenting: Ich habe drei Klemmbretter – eines für jedes Kind –, die in unserer Küche
hängen. Hausaufgaben, Mitteilungen der Schule, Einladungen zu Geburtstagen, Sporttrainingspläne etc.
werden dort alle eingeklemmt. Die Klemmbretter können zwar
eine ganze Menge Papier halten, haben aber trotzdem ihre Grenzen und zwingen mich dazu, regelmäßig auszusortieren.

Ablage

Stellen Sie einen Korb oder Ordner für alle eingehenden Schul-
papiere in den Eingangsbereich oder in die Küche. Richten Sie
eine beschriftete Box pro Klasse für aufzubewahrende Kunstwerke und Papiere ein; ist der Platz begrenzt, sind Sie gezwungen auszuwählen und nur das aufzuheben, was Sie wirklich
behalten möchten.

Präsentieren

Kinder lieben es, wenn die Produkte ihrer Kreativität ausge-
stellt und von allen bewundert werden. Fördern Sie ihre Kreativität (und beschleunigen Sie das Ausmisten), indem Sie einen
Platz schaffen, wo Sie die Arbeit Ihrer Kinder präsentieren und
würdigen.

 **Christy auf Minimalist Parenting:** Wir haben eine ständig wechselnde Kunstausstellung im Flur, für die ich eine Kiste wieder ablösbarer Klebepunkte gekauft habe. Die Klebepunkte sind praktisch, weil sie alle möglichen Größen und Formen an der Wand halten, denn meine Grundschüler kommen oft mit seltsam geformten oder ausladenden künstlerischen Kreationen nach Hause.

Eine weitere platzsparende Alternative stellt ein digitales Archiv dar, in dem Sie Fotos der am meisten geschätzten Kunstwerke sammeln, die sie zusätzlich Jahr für Jahr in einem Album oder Fotobuch zusammenstellen können.

E-MAIL

Die E-Mail-Flut nimmt allgemein überhand. Christine entwickelte eine effektive «Drei-Schritte-Regel», um die Tausenden von E-Mails zu bewältigen, die sie jede Woche erhält. Das System hat ihr geholfen, sich mit der Tatsache abzufinden, dass es nicht nur unmöglich ist, jede Anfrage einzeln zu beantworten, sondern auch völlig in Ordnung, nicht auf alles zu reagieren, besonders, wenn dem Nicht-Antworten ein Nicht-Interesse zugrunde liegt.

- **Erster Schritt – erste Sichtung.** Öffnen Sie Ihr E-Mail-Programm und löschen oder sortieren Sie die «einfachen» Nachrichten rasch in die entsprechenden Ordner. Christine löscht zum Beispiel sämtliche Nachrichten, die nicht an sie persönlich adressiert sind, archiviert E-Mails, die sich an sie richten, aber nicht von Interesse sind, und beantwortet sofort alle termingebundenen Angelegenheiten, arbeitsbezogenen Ideen und Gelegenheiten sowie allgemeine E-Mails, über die sie sich freut.

- **Zweiter Schritt – den Ball ins Rollen bringen.** Reagieren Sie nun auf E-Mails, die mehr Zeit und Energie erfordern, um Prozesse voranzubringen (formulieren Sie einen ersten Entwurf, listen Sie Ideen auf, erstellen Sie einen Plan).
- **Dritter Schritt – Ballast abwerfen.** Dies ist der letzte Schritt, und Christine nennt ihn die «Ballast-Zone». In einer Menge E-Mails geht es um Dinge, die wir nicht angehen wollen, die uns nicht interessieren oder schlichtweg nerven, aber wir behalten sie trotzdem. Entledigen Sie sich dieses digitalen und emotionalen Mülls! Christine hat festgestellt: Wenn sie über eine E-Mail drei Mal gestolpert ist und immer noch nicht darauf geantwortet hat, dann wird sie es nie tun. Also lieber die E-Mail aus dem Posteingang kicken, als sie dort vor sich hindümpeln zu lassen, wo sie ihre Produktivität hemmt.

Diese Methode funktioniert wirklich! Während sie dies schreibt, hat Christine gerade noch 21 Nachrichten in ihrer Inbox!

FOTOS UND VIDEOS

Asha erinnert sich noch gut daran, wie sehr sie ihre erste Digitalkamera geliebt hat, denn sie bedeutete das Ende von Stapeln vernachlässigter Fotos, die sie zwar nie in Alben einklebte, die sie sich aber auch nicht überwinden konnte wegzuwerfen. Digitale Fotos und Videos schaffen allerdings ihre eigene Art von Müll, einfach weil sie so einfach zu machen und zu speichern sind. Hier kommen ein paar Tipps, wie man die Dinge unter Kontrolle behält.

Üben Sie scharfe Kritik

Christine ist zur gnadenlosen Bildredakteurin geworden, sie setzt Qualität über Quantität. Ihr Ziel sind kleine, kritisch ausgewählte Foto-Sammlungen. Sie löscht doppelte und «hässliche» Bilder (zum Beispiel, wenn jemand die Augen geschlossen oder den Mund offen und voller Essen hat) sowie Fotos, die belanglos sind und keine Geschichte erzählen.

Entwickeln Sie eine Download- und Back-up-Routine

Machen Sie es sich zur Gewohnheit, regelmäßig Ihre Fotos und Videos zu überspielen und zu sichern. Wenn Sie das in kleinen Schritten tun, ist dieser Prozess weniger ermüdend. Falls nötig, setzen Sie einen sich wiederholenden Eintrag auf Ihre To-do-Liste, um sich regelmäßig um Ihre Fotos und Videos zu kümmern.

Nehmen Sie sich die digitale Entrümpelung Schritt für Schritt vor

Machen Sie sich keine Gedanken, falls Sie mit dem digitalen Entrümpeln sehr im Rückstand sind. Kümmern Sie sich einfach immer wieder in kleinen Zeitabschnitten darum. Versuchen Sie alle paar Tage zehn Minuten damit zuzubringen, Bilder und Videos auszusortieren und dann die verbleibenden Fotos in digitalen Sammlungen oder Alben abzuspeichern (Foto-Software enthält in aller Regel eine entsprechende Option). Erstellen Sie dann mit Hilfe einer externen Festplatte oder eines Online-Dienstes Sicherungskopien.

Ein zusätzlicher Vorteil: Wenn Sie erst einmal Ihre Foto-Sammlungen verschlankt haben, lassen sich Foto-Projekte (zum Beispiel Alben, Kalender, Fotobücher) für Feste und besondere Anlässe unglaublich schnell zusammenstellen.

SO HALTEN SIE IHR MINIMALISIERTES
ZUHAUSE INSTAND

Ist Ihr Heim erst einmal minimalisiert, fällt es leicht, den herrlich entrümpelten und aufgeräumten Zustand zu halten, *solange* Sie sich regelmäßig darum kümmern. Den schwierigen Teil haben Sie schon geschafft, gehen Sie nun das letzte Stück des Weges, und verinnerlichen Sie die Instandhaltung des Zustands nun mental und praktisch.

LASSEN SIE SICH AUF IHRE NEUE
VERWALTENDE ROLLE EIN

Wenn Sie von nun an überlegen, was in Ihrer Wohnung bleiben darf, dann vergessen Sie nicht, dass Sie ab jetzt die Verwalterin bzw. der Verwalter besonderer Dinge sind – und denken Sie auch dann daran, wenn Sie Anschaffungen planen. Sie dürfen natürlich auch mal ins Wanken geraten. Solange Sie Sachen kaufen, die Sie zurückbringen können (Quittung aufbewahren!), können Sie später noch immer Ihre Meinung ändern. Letztlich sollte Ihr Ziel darin bestehen, kluge Entscheidungen gleich im Laden zu treffen, sodass die Umtauschmöglichkeit eine rein hypothetische ist.

 **Nutella auf Minimalist Parenting:** Mein Zuhause frei von neuen Anschaffungen zu halten, ist die beste Art, es von überflüssigem Plunder frei zu halten. Das fällt leichter, wenn man keine Kataloge bekommt und wenn man E-Mails mit Werbung in einen «Einkaufsordner» auf dem Computer schiebt (für den Fall, dass ich etwas kaufen *möchte*, kann ich schnell auf diesen Ordner und etwaige Rabattcodes zu-

greifen)! Ich setze Dinge auf unsere gemeinsame Wunschliste und überprüfe vor Geburtstagen und Feiertagen, ob sie noch relevant sind. Es ist erstaunlich, wie ein «Must-have» innerhalb kürzester Zeit zu einem «Lohnt-nicht» wird!

Setzen Sie der Entrümpelung die Krone auf, indem Sie sich an die Rein-raus-Regel halten: Für jedes Teil, das ins Haus kommt, muss ein anderes gehen.

FOLGEN SIE EINER TÄGLICHEN ROUTINE

Ein bisschen tägliches Aufräumen macht einen großen Unterschied, auch wenn es nur zehn Minuten am Abend sind. Und alle können mitmachen (siehe unsere folgenden Tipps, wie man das erreicht). Wenn Sie merken, dass Sie eigentlich nur noch ins Bett fallen wollen und zu müde zum Aufräumen sind, dann denken Sie daran, dass das Aufwachen in einer aufgeräumten Wohnung wie eine Einzahlung auf Ihr tägliches Glücks- und Energie-Konto ist. Betrachten Sie es als ein Geschenk, das Sie *sich selbst* machen.

LAGERN SIE DINGE AUS

Behalten Sie die Basics zu Hause (zum Beispiel Bastelsachen, Bausysteme) und lassen Sie Indoor-Spielplätze, Kunstschulen oder Ihre örtliche Bibliothek den Rest beherbergen. Verabreden Sie wechselseitig Spieltreffen, sodass die Kinder und ihre Freunde im Haus der jeweils anderen mit unterschiedlichen Sachen spielen können.

ANDERE MIT EINSPANNEN

Für alles einen Platz zu finden und dafür zu sorgen, dass alles an seinem Platz bleibt, erfordert Zeit und Energie. Daher ist es gerechtfertigt, Sie am Ende dieses Kapitels daran zu erinnern, dass Sie *andere Menschen an der Minimalisierung und Instandhaltung Ihres Zuhauses beteiligen* sollten. Weder müssen Sie das alleine bewerkstelligen, noch sollten sie es.

TEILEN SIE SICH AUFGABEN MIT IHREM
PARTNER ODER IHRER PARTNERIN

Wenn Sie einen (Ehe-)Partner oder eine Partnerin haben, dann reden Sie mit ihm oder ihr über gemeinsame Aufgaben anstatt Dinge in märtyrerhafter Manier auf sich zu nehmen und dann einen heimlichen Groll zu hegen. Es ist kontraproduktiv, deswegen sauer zu sein, was der oder die andere Ihrer Ansicht nach nicht tut, wenn er oder sie Ihre Erwartungen womöglich gar nicht kennt.

Denken Sie auch daran, dass Ihr Partner oder Ihre Partnerin vielleicht eine andere Art hat, die jeweilige Aufgabe anzugehen … und dass diese Art genauso gut oder sogar noch besser sein kann als Ihre.

Am Anfang war ich verblüfft von der Effektivität von Jons Wäsche-Strategie. Wenn die Wäsche fertig ist, dann kippt er sie auf den Boden (oder aufs Bett) und sortiert sie zuerst nach Person, bevor er sie faltet und verteilt. Es geht viel schneller, wenn man erst alles sortiert und dann faltet, statt geistig für jede Person einzeln die Kleidung zu kategorisieren, zu falten und in den Schrank zu sortieren.

Und zu guter Letzt sollten Sie nicht vergessen, dass es sich in den noch kommenden Jahren mit den Kindern auszahlen wird, dass Sie ihnen die selbstverständliche Teilung der Hausarbeit vorleben. In Kapitel 3 sprechen wir ausführlicher über die Arbeits- und Aufgabenteilung mit dem Partner oder der Partnerin.

SPANNEN SIE IHRE KINDER SO FRÜH WIE MÖGLICH MIT EIN

Je früher Sie die Kinder am Haushalt beteiligen, desto kompetenter werden sie. Dank der Selbstbestimmung, die damit einhergeht, wenn sie beim Ausmisten helfen, läuft dieser Prozess bei vielen Kindern um einiges reibungsloser ab (wenn nicht gar schneller). In Kapitel 3 sprechen wir ausführlicher über Verantwortung und Pflichten im Haushalt, doch hier kommen ein paar großartige Tipps aus der Community, wie man Kinder zum Mitmachen bewegt:

La Reveuse von thedreamersandme.blogspot.com auf Minimalist Parenting: Stellt eine «Aufräumen!»-Playlist zusammen und spielt sie ab, während ihr mit der Familie (und auch mit Freunden, die gerade da sind!) beim Aufräumen kurzen und schmerzlosen Prozess macht. Wir haben *I Like to Move It*, *Firework*, *Beautiful Day*, *It's a New Day* und ein paar weitere dynamische Stücke auf unserer Playlist. Wenn alle Kinder mithelfen, dauert es für gewöhnlich ganze zwei Lieder, bis mein Wohnzimmer wieder ordentlich und sauber ist. Und alle tanzen und haben Spaß dabei.

Jaden auf Minimalist Parenting: Ich beteilige meine vierjährige Tochter auf jeden Fall daran, sowohl ihr Zimmer als auch ihre Basteleien auszumisten ... Manchmal bin ich es, die zögert, etwas wegzugeben, weil meine Tochter etwas entsorgen möchte, wovon ich nicht möchte, dass sie es weggibt (wie zum Beispiel ein Buch mit einer persönlichen Widmung, das sie von einem Verwandten geschenkt bekommen hat). Ich denke, grundsätzlich muss ich ihr vorleben, dass man nicht zu sehr an Dingen hängt. Wenn sie bereit ist loszulassen, sollte ich es auch sein.

Braden auf Minimalist Parenting: Ich verwende eine Eieruhr und kündige meinen Kindern an: «Ihr habt X Minuten, um aufzuräumen, dann machen wir Y. Alles, was nicht an seinem Platz ist, wenn die Eieruhr klingelt, kommt weg (oder in den ‹Gerümpel-Knast›).» Entscheidend ist, dass ich dabei konsequent bin.

UNTERSTÜTZEN SIE SICH IM FREUNDESKREIS WECHSELSEITIG BEIM AUFRÄUMEN

Ausmisten und Aufräumen geht viel schneller, wenn Sie eine objektive Person im Team haben. Wenn Sie damit kämpfen, sich von Ihren Sachen zu trennen, dann nehmen Sie wechselseitig Hilfe aus dem Freundeskreis in Anspruch. Sie vereinfachen den Ausmistprozess und kommen noch dazu in den Genuss, gemeinsam Zeit zu verbringen.

Sie haben vielleicht nicht die Zeit (oder das Bedürfnis oder die Lust), Ihre seltenen freien Stunden mit Ausmisten und Saubermachen zu verbringen. Wenn Sie es sich leisten können, bringt es Sie ein großes Stück weiter in Richtung Ihres minimalistischen Familienlebens, wenn Sie einen professionellen Aufräumservice oder eine Haushaltshilfe engagieren.

 *Jon und ich arbeiten beide Vollzeit, und während es mir überhaupt nichts ausmacht, Entrümpelungs-Aktionen anzugehen, war mir Putzen schon immer ein Dorn im Auge. Ich bekomme es durchaus hin und mich stört auch nicht die eigentliche Tätigkeit (außer Staubsaugen, was ich wirklich hasse), doch meine Freizeit ist ein kostbares Gut. Einfacher gesagt: Wenn ich mich entscheiden soll, ob ich Toiletten schrubbe oder lieber Zeit mit meiner Familie verbringe, nun, dann ist das keine Frage.*

Jon war anfangs dagegen, einen Reinigungsservice zu engagieren. Aber wir kamen schließlich an einen Punkt, wo gründliches Putzen einfach nicht mehr stattfand und es schon fast eklig wurde, als wir plötzlich online über eine dieser lokalen Sonderaktionen stolperten (Hausputz 50 Prozent ermäßigt). Da sagte ich: «Wir sollten das einfach mal ausprobieren. Wenigstens ein einziges Mal.»

Die Leute vom Reinigungsservice kamen, und sie verwandelten unser Haus in nur zwei Stunden. Es war wie ein Wunder, und Jon und ich waren bekehrt. Und, ehrlich gesagt, lohnt es sich vom finanziellen Standpunkt betrachtet sogar, die Reinigungskräfte zu bezahlen und stattdessen diese zwei Stunden zu arbeiten und selbst in Rechnung zu stellen. Jon und ich haben inzwischen einen Kompromiss gefunden: Wir erledigen die leichten, allgemeinen Putzarbeiten selbst und lassen einmal im Monat den Reinigungsservice kommen. Ich habe noch niemals Geld so sinnvoll ausgegeben, was Ergebnis und geistige Gesundheit angeht. Ich

beschloss daraufhin, auch meiner Mutter (die jede Woche kommt und
Zeit mit den Mädchen verbringt) ein monatliches Großreinemachen zu
schenken, und es ist wahrscheinlich eins der besten Geschenke, das ich
jemals jemandem gemacht habe.

Die größte Herausforderung zur Minimalisierung Ihrer Habseligkeiten besteht ohne Frage darin, den ersten Schritt zu tun. Aber nun wissen Sie, wie Sie es angehen und einen Rhythmus finden können, wie Sie die eingehenden Fluten bewältigen und kurze Zeitfenster für greifbare Ziele nutzen. Sie sind nicht die einzige Person, die für diesen Prozess verantwortlich ist – beteiligen Sie Ihre Familie, oder sourcen Sie die Aufgaben aus, die Ihnen am meisten Energie und Zeit abverlangen. So sorgen Sie für ein aufgeräumtes Zuhause und einen aufgeräumten Geist gleichermaßen.

6

DIE FINANZIERUNG IHRES MINIMALISTISCHEN LEBENS

D as mit dem Geld scheint eine ganz einfache Sache zu sein. Alles in allem ist es ein Spiel mit Zahlen, entweder Sie haben genug davon oder eben nicht. Stimmt's? Unserer Erfahrung nach ist Geld – darüber nachzudenken, damit umzugehen, es zu managen – jedoch in den seltensten Fällen ein so einfaches Thema. Mit den Finanzen sind mehr emotionale, kulturelle und soziale Erwartungen verknüpft, als die meisten Menschen erkennen oder zugeben wollen. Im Allgemeinen wird angenommen, dass mehr Geld die meisten Probleme löst, doch in Wirklichkeit kann ein größeres Vermögen das Leben komplizierter machen.

Wir hören Sie geradezu sagen: *Na, diese Art von kompliziert probiere ich gerne mal aus!* Wer verzichtet schon freiwillig auf einen Kontostand mit ein oder zwei Nullen mehr vor dem Komma? Mehr Geld *kann* durchaus ein Mehr an Freiheit und Möglichkeiten bedeuten ... aber nur bis zu einem gewissen Punkt. Nachdem die Grundbedürfnisse Ihrer Familie erst einmal gedeckt sind, kann ein Geldausgeben mit weniger Einschränkungen nämlich zu einem zunehmend überfüllten, überlasteten Leben führen. Und dieses Problem möchten wir lösen.

Im Fall von Geld ist weniger zwar nicht unbedingt mehr, doch wir hoffen, in diesem Kapitel der Diskussion um die Familienfinanzen einen neuen Rahmen zu geben. Wir sind keine Finanzexpertinnen, aber wir leben – wie Sie – mit der Realität und Komplexität des Geldes. Wir sehen das Managen der Finanzen als einen Weg, der Sie näher an das Leben heranbringt, das Sie sich wünschen, und als eine Kompetenz, die Sie Ihren Kindern vermitteln. Wenn Sie mehr Klarheit und weniger Durcheinander möchten, lohnt es sich darüber nachzudenken, wie Sie derzeit mit Ihren Finanzen umgehen, und vielleicht werden Sie – nach dem Minimalisieren – feststellen können, dass Sie bereits genug Geld besitzen, um Ihre Ziele zu erreichen.

«MINIMALISTISCH» HEISST NICHT «MINIMAL»

Es ist ja nicht so, dass Sie überhaupt nichts mehr kaufen sollen. Auch raten wir Ihnen nicht, auf die Pediküre oder Ihren Latte macchiato zu verzichten. *Minimalistisch* ist nicht dasselbe wie *minimal*.

Bei Gesprächen über Sparsamkeit gerät das Sparen schon mal zum Endziel. Aber *wofür* sparen Sie Geld? Wir betonen immer wieder, wie wichtig es ist, dass Sie sich selbst und Ihre Familie gut kennen. Hier kommt der Werteanalyse eine buchstäbliche Bedeutung zu. Wenn Sie beginnen, über Ihre Finanzen nachzudenken, sollten Sie sich fragen: Was ist mir wertvoll?

Falls Ihnen dieses Thema bekannt vorkommt, dann deswegen, weil in dieser Frage unsere Diskussion über Zeit aus Kapitel 2 wieder auftaucht. Zeit und Geld sind beides begrenzte Ressourcen. Sie klug einzusetzen, ist ein wesentlicher Teil des minimalistischen Familienlebens. Da Zeit und Geld eng miteinander verknüpft sind (oft hat man mehr von einem, aber gleichzeitig weniger vom anderen), stellt sich die Frage: Wie finden Sie die Balance? Wie nutzen Sie Geld als Werkzeug, um Ihre Zeit zu vermehren und zu bereichern?

ENTSCHEIDEN, WAS IHR GELD WERT IST

Wenn Sie Ihre Finanzen minimalisieren, verschiebt sich der Fokus von der Frage: «Habe ich genug?» hin zu «Was ist mir wichtig?». Wie immer beginnen die Überlegungen bei Ihnen und Ihrer Familie – Ihren individuellen Bedürfnissen, Wünschen und Prioritäten.

Auch wir kaufen gerne schöne Dinge. Christine dekoriert ihr Haus mit Kunst (sie unterstützt zum Beispiel eine befreundete Künstlerin, die wunderschöne Bilder malt) und peppt ihre Garderobe mit gewagten Accessoires auf (ansonsten hält sie ihre Kleidung eher schlicht). Und Asha ist zwar in vielerlei Hinsicht ein Geizhals (was wieder andere Probleme schafft), prasst aber, ohne zu fackeln, bei Reisen und Live-Veranstaltungen.

All das kostet Geld, und zwar eine ganze Menge. Der Trick ist, zwischen einer *Ausgabe* und einer *Investition* zu unterscheiden. Ausgaben sind schlicht und ergreifend Kosten, während Investitionen Ihr Leben bereichern, entweder indem sie Ihnen freie Zeit verschaffen, in der Sie Dinge tun können, die Ihnen mehr am Herzen liegen, oder indem sie Ihnen eine Erfahrung ermöglichen, die für Sie Priorität besitzt. Was eine Ausgabe zu einer Investition erhebt, ist ihre *Bedeutung* sowie der *langfristige Gewinn*, und dies wird für jede Familie anders aussehen. Wenn zum Beispiel die Gesundheit Ihrer Familie für Sie oberste Priorität hat, dann investieren Sie mehr Geld und Zeit in Lebensmitteleinkäufe, die Planung der Mahlzeiten, Kochen und Informationen über gesunde Ernährung.

Wir programmieren all unsere grauen Zellen auf Sparsamkeit und die Reduzierung unserer Ausgaben, damit wir am Ende mehr Geld in Richtung Investition schleusen können. Geld auszugeben, ist nicht das Problem. *Es für etwas auszugeben, das keine Bedeutung hat*, aber sehr wohl. Wenn Sie nun Ihren Finanz-Check durchführen, dann achten Sie bei Ihren Geldbewegungen auf das Verhältnis von Ausgaben zu Investitionen. Stellen Sie sich die folgenden Fragen:

BRAUCHE ICH DAS?

Bedürfnisse können zwiespältig sein. Brauchen Sie eine teure Küchenmaschine? Wenn Sie nicht gerne backen, lautet die Antwort: Nein. Für jemanden, der jedoch (wie Christine!) Backen als Spaß und Familienaktivität versteht, wäre die Antwort: Ja. Was aber, wenn Sie nun das Rührgerät brauchen, aber Ihr Partner vielleicht auch ein Multifunktionswerkzeug? Wer darf die Zusatzausgaben für sich beanspruchen? Dies ist der Punkt, an dem sich gemeinsame Gespräche über die Familienwerte und Prioritäten (buchstäblich) auszahlen werden.

Hüten Sie sich, wenn Sie Ihre Bedürfnisse kritisch betrachten, vor der «Aber alle kaufen das»-Falle. Schulen Sie Ihr Auge für das, was *Sie* als wertvoll erachten, nicht für das, was die Welt um Sie herum Sie zu kaufen drängt. Ist ein spezielles

Windel-Beseitigungs-System wirklich lebensnotwendig? Nein. Machen bestimmte Videos Ihr Baby schlauer? Ähm, wahrscheinlich nicht.

Trent von thesimpledollar.com auf Minimalist Parenting: Ich mache es so, dass ich mir die Dinge ansehe, für die ich Geld ausgeben will, und mich dann frage, ob es nicht etwas gibt, das ich eigentlich lieber haben möchte. Wenn ich also im Begriff bin, zehn US-Dollar für eine Sache auszugeben, dann frage ich mich, ob es Dinge im Leben gibt, die ich noch mehr will als diese Sache, wie zum Beispiel eine Eigentumswohnung. Was ist mir wirklich wichtig bzw. wichtiger? Mit anderen Worten: Bei den Finanzen geht es letztlich um Werte.

Eine weitere Falle: der Versuch, Mängel aus der eigenen Kindheit zu kompensieren. Es mag befriedigend sein, sich den Luxus zu gönnen, den Ihre Eltern sich nicht leisten konnten (oder nicht wichtig fanden), doch diese Angewohnheit kommt gefährlich nahe daran, Geld nach einem Problem zu werfen, das sich besser durch Selbstbeobachtung und Akzeptanz lösen ließe. Nehmen Sie Ihre Bedürfnisse genau unter die Lupe, und hinterfragen Sie, inwieweit sie durch einen «Mangel» entstanden sind.

Leslee von cr8zygrrlceramics.etsy.com auf Minimalist Parenting: Erklären Sie Ihren Kindern den Unterschied zwischen «wollen» und «brauchen». Predigen Sie ihn nicht nur, leben Sie ihn. Ein familiäres Unglück zwang mich, unsere Kaufgewohnheiten komplett zu überdenken. Nun habe ich mir zwar in den letzten drei Jahren weder neue Kleidung noch neue Schuhe gekauft, doch meine Kinder sind glücklich, gut versorgt und wissen, dass sie geliebt werden.

Wir finden nicht, dass «wollen» ein Schimpfwort ist! Wir alle wollen Dinge. Es ist vollkommen natürlich und es ist vollkommen in Ordnung, solange Ihnen der Unterschied zwischen einem Wunsch und einem Bedürfnis bewusst ist.

Aber es gibt auch einen wichtigen Unterschied zwischen «wollen» und «lieben». Etwas zu lieben – wirklich und wahrhaftig zu lieben –, sortiert einige wenige Gegenstände in eine besondere Kategorie zwischen «wollen» und «brauchen» ein. Wir alle brauchen Schönheit und Freude in unserem Leben, und es gibt bestimmte Dinge und Erfahrungen, kleine wie große, die diese Schönheit und Freude verkörpern. Vielleicht ist es eine Salznapf-Sammlung, die Sie an Ihre Großeltern erinnert. Oder vielleicht ein teures Garn für Ihre Strickarbeiten. Oder ein Kunstwerk aus einer nahegelegenen Galerie. Mit Bedacht ausgewählt sind Dinge, die Sie lieben, eine Investition in Ihre Lebensfreude.

BRINGT ES MICH WEITER?

Es gibt Ausgaben, die den Lauf Ihres Lebens verändern. Eine College-Ausbildung, ein Urlaub, ein Fahrrad, das Sie dazu bewegt, das Auto stehen zu lassen und Ihre Nachbarschaft zu erkunden, ein Haustier (eine beträchtliche Investition, was Geld und Zeit angeht, die aber für manche Menschen das Leben in entscheidender Weise verändert). Man kann nicht immer vorausahnen, wann und wo «etwas Großes» passiert, aber achten Sie auf Ihren inneren Navigator – er wird Ihnen häufig ein Signal schicken, wenn Sie vor einer lebensverändernden Möglichkeit stehen.

Als ich klein war, lag ein dickes Buch mit den Werken Michelangelos auf dem Couchtisch meiner Eltern. Ich gestehe, dass mich während meiner Grundschuljahre vor allem die nackten Männer faszinierten (Sie müssen zugeben, dass der David wirklich heiß ist). Aber wenn ich darüber nachdenke, was das Buch meinem Leben mitgegeben hat, dann war es der Wunsch, nach Italien zu reisen. Während meiner College-Zeit verbrachte ich schließlich mehrere Wochen dort, und ich lernte ein Jahr lang Italienisch. Und ja, ich besuchte die Galleria dell'Accademia in Florenz und sah den David «leibhaftig». Im Moment überlegen wir gerade, mit den Kindern nach Italien zu fahren.

WIRD ES MEIN LEBEN AUF ANDERE WEISE POSITIV BEEINFLUSSEN?

Auch wenn die beste Geldspar-Taktik im Allgemeinen darin besteht, Ausgaben zu reduzieren, kann die eine oder andere Investition das Leben auf eine Weise minimalisieren, die wertvoll und sinnvoll ist.

Dreizehn Jahre lang haben Jon und ich uns ein Auto geteilt. Da wir immer in der Stadt gewohnt haben, war das nicht schwer. Es wurde erst zu einem Problem, als Jon in einer Klinik zu arbeiten begann, die mit öffentlichen Verkehrsmitteln nur sehr mühsam zu erreichen war. Sein Arbeitsweg wäre unzumutbar geworden, also brauchte er den Wagen an den meisten Wochentagen. Wir versuchten weiter, mit nur einem Auto auszukommen, weil ich gerne umweltbewusst lebte (und mir dafür vielleicht ein bisschen zu sehr auf die Schulter klopfte, wie ich leider zugeben muss), und wann immer ich einen Satz Räder brauchte, griff ich auf Carsharing zurück. Laurel und ich gingen zu Fuß von der Schule nach

Hause, was im Großen und Ganzen kein Problem war, außer während der gelegentlichen Schneestürme oder starken Regenfälle. Selbst als Violet kam, behielten wir unser kleines Auto und waren gezwungen, mit unglaublich wenig Gepäck zu reisen (was gut war), obwohl es unbefriedigend war, auf Sachen verzichten zu müssen, die uns auf Reisen Spaß gemacht hätten (zum Beispiel Jons Gitarre). Die Regelung war okay, außer in Zeiten, wenn ich das Carsharing, Laurel, Baby Violet, Laurels Sitzerhöhung, Violets Kindersitz, einen Buggy und all unsere Taschen zu jonglieren hatte. Oder wenn Spielverabredungen nicht machbar waren, weil wir keinen fahrbaren Untersatz hatten.

Als Violet ungefähr sechs Monate alt war, gerieten wir in eine sehr stressige Lage. Wir hatten eine Babysitterin engagiert, statt Violet in die Kita zu schicken, weil es aufgrund unserer Ein-Auto-Situation logistisch einfacher war. Zunächst schien alles gut, doch bald stellte sich heraus, dass wir (schnell) etwas ändern mussten, weil uns plötzlich etwas an unserer Babysitterin nicht ganz geheuer vorkam.

Jon und ich verwendeten schrecklich viel Energie darauf, die Situation zu retten, indem wir gedanklich verschiedene Varianten einer Kinderbetreuung bei uns zu Hause und diverse Pendel-Optionen durchspielten. Unser grundlegendes Logistik-Problem wurde noch dadurch verstärkt, dass wir die Babysitterin umgehend feuern und deshalb genauso schnell eine neue Kinderbetreuung sicherstellen mussten.

Letztlich haben wir uns dazu durchgerungen, ein zweites Auto zu kaufen. Ich gebe zu, dass mich dies in eine innere Krise stürzte. Nun waren wir nicht länger die Familie mit nur einem Auto! Aber warum hing ich eigentlich so sehr an diesem Image? Wir zogen los, kauften ein zweites (gebrauchtes) Auto, und sofort regelten sich viele Kleinigkeiten wie von selbst – neue Wege taten sich auf, und das emotionale und logistische Durcheinander begann sich aufzulösen. Wir konnten die Betreuungssituation klären, als sich genau zur richtigen Zeit ein Platz in Laurels früherer Kita auftat. Jon und ich waren nun in der Lage, uns mit dem Hinbringen abzuwechseln, und konnten beide unsere Arbeits-

tage rechtzeitig und stressfreier beginnen. Außerdem konnten wir Laurel und ihre Freundinnen und Freunde umherfahren und wurden Teil einer Eltern-Fahrgemeinschaft «wie auf dem Dorf», die reihum die Kinder zur Schule, zum Fußball und zu Spielverabredungen bringt. Und wenn meine Schwiegereltern zu Besuch kamen, konnten wir alle in unserem 8-Sitzer unterbringen.

Ich konnte es kaum fassen, dass wir diese Entscheidung nicht schon viel früher getroffen hatten.

GELDMANAGEMENT –
EINE MINIMALISTISCHE HERANGEHENSWEISE

Kann man die Familienfinanzen verantwortungsbewusst verwalten, ohne sämtliche Kontobewegungen und Kartenzahlungen penibel zu dokumentieren oder sich an ein Budget zu halten? Ja! (Allein diese Erkenntnis ist den Preis dieses Buches wert.) Wie auch in anderen Bereichen des Lebens gibt es beim Geldmanagement kein Richtig oder Falsch, es ist vielmehr ein Prozess, den Sie selbst gestalten, basierend darauf, wo Sie jetzt gerade stehen und was Sie zum Weiterkommen brauchen.

Wenn Sie finanziell gerade so zurechtkommen – also jeden Monat ausreichend Geld da ist, um die Rechnungen zu bezahlen und ein oder zwei Mal ins Kino zu gehen, Sie aber nicht viel sparen können – dann können Sie getrost die größeren Ausgaben themenweise angehen und die Kleinigkeiten links liegen lassen. Auf diesem Stand der Erkenntnis sind Sie in der Lage, sich genügend Informationen zu verschaffen, um Ihr Kaufverhalten anzupassen und Ihre Sparziele voranzubringen. Wenn Sie aber in Kreditkartenschulden ertrinken und sich von einem Gehalt zum nächsten hangeln, sollten Sie mehr Zeit und Mühe auf Ihr Budget verwenden, um es in den Griff zu bekommen. Kein Grund zur Sorge. Sie starten an dem Punkt, an dem Sie gerade stehen, und bewegen sich von dort aus weiter. Die beste Methode ist die, die mit minimalem Aufwand funktioniert.

VERFOLGEN SIE IHRE GELDBEWEGUNGEN

Geldeingang, Geldausgang. Das sind die Geldbewegungen. Bevor Sie Ihre finanzielle Lage verbessern können, brauchen Sie Informationen darüber, wo Sie aktuell stehen. Bei all den EC-Karten- und Kreditkartenzahlungen, Gehaltsüberweisungen, Lastschriften und so weiter kann man überraschend schnell den finanziellen Überblick verlieren.

Der erste Schritt ist, dass Sie einen oder zwei Monate lang Ihre Einnahmen und Ausgaben festhalten. Ja, das ist blöd, weil Sie sich schließlich JETZT SOFORT daranmachen und Ihre Probleme lösen wollen. Aber wo genau Ihre Probleme liegen, sehen Sie erst, wenn Sie Ihre Geldbewegungen beobachten. Vielleicht geben Sie zu viel Geld für Essen außer Haus oder Take-aways aus. Oder für Handy-Verträge. Oder Lebensmittel. Vielleicht arbeiten Sie freiberuflich und haben mehrere Einkommensquellen, und eins Ihrer Projekte wird pro Stunde nicht annähernd so gut bezahlt wie die anderen. Woher sollen Sie das wissen, wenn Sie Ihre Einkünfte und Ausgaben nicht zumindest grob schätzen können?

Falls Sie nur die Eckdaten benötigen, so finden Sie die wahrscheinlich schon, wenn Sie sich in den Onlineservice Ihrer Bank einloggen. Einige Systeme bieten die Möglichkeit, Ausgaben zu verfolgen, und da alle Ihre Daten bereits vorhanden sind, sollte es ein Leichtes sein, sich einen ungefähren Überblick zu verschaffen.

 **Cynth auf Minimalist Parenting:** Für alle, die nicht mit einem Wust an Daten umgehen können, habe ich eine WIRKLICH einfache Tabelle. Ich halte jeden Monat die Einnahmen und Ausgaben jedes Kontos fest. Die Beträge entnehme ich den Kontoauszügen (ich muss ja sowieso meine Kartenzahlungen abgleichen) und übertrage sie innerhalb von nur wenigen Minuten. So kann ich schnell sehen, ob unsere Einnahmen die Ausgaben decken oder ob wir Anpassungen vornehmen müssen.

Falls Sie detailliertere Informationen brauchen, können Sie manuell Kategorien anlegen und die täglichen Quittungen dorthin übertragen, oder Sie können eine Software oder App zu Hilfe nehmen, die Sie bei der Haushaltsplanung unterstützt, wie zum Beispiel der VSB Haushaltsplaner des Verbraucher-Service Bayern. Andere Apps importieren sogar Daten direkt von Ihrem Bank-Account und ersparen Ihnen so eine ermüdende händische Dateneingabe.

Das Wichtigste ist, dass Sie den Grad an Detailliertheit finden, mit dem *Sie* am besten zurechtkommen.

 **Kelly Whalen von thecentsiblelife.com auf Minimalist Parenting:** Es heißt ja nicht umsonst *persönliche* Finanzen. Ich denke, der Schlüssel zu weniger finanziellem Stress liegt darin, über ein Finanzpolster zu verfügen und gut innerhalb des einem zur Verfügung stehenden Rahmens zu leben. Für manche funktioniert es gut, Zahlungen, Rechnungen und Sparen zu automatisieren, andere (wie auch ich) behalten es lieber selbst in der Hand. Wenn ich mich pro Woche etwa eine Stunde mit unseren Finanzen beschäftige, bewahre ich mir ein Gefühl dafür, wie viel wir ausgeben.

Abschließend lohnt es, sich den Schuldgefühlen und der Sorge zu stellen, die Sie vielleicht empfinden, wenn Ihre prekäre Geldsituation deutlicher zutage tritt. *Wie konnten wir es mit unseren Finanzen an diesen Punkt kommen lassen? Wie können wir es uns leisten, unsere Kinder aufs College zu schicken, ganz zu schweigen von unserem Ruhestand? Wie werden wir je in der Lage sein, einen Notgroschen anzulegen?* All dies sind berechtigte Fragen, auf die es ganz bestimmt Antworten gibt. Statt sich zu sorgen, wie Sie die Kluft zwischen Ihrer jetzigen Situation und Ihrem Wunschziel überwinden, gratulieren Sie sich erst einmal dafür, tapfer den ersten Schritt gemacht zu haben (Bravo!), und konzentrieren Sie sich dann auf Ihren nächsten Schritt. Sie machen Fortschritte? Allein darauf kommt es doch an.

EINE FINANZIELLE
GRUNDLAGE BILDEN

Nachdem Sie sich halbwegs einen Überblick über Ihre finanzielle Situation verschafft haben, können Sie nun Ihre Ausgaben anpassen und einen Plan erstellen. Dies sind Ihre Langzeit-Prioritäten für eine solide finanzielle Grundlage:

Sparen Sie für Notfälle
Arbeiten Sie daran, den Betrag für drei bis sechs Monate Lebenshaltungskosten auf ein Notfall-Sparkonto zu packen. Damit meinen wir die grundlegenden Kosten: Kreditraten oder Miete, Lebensmittel, Nebenkosten, Lebensnotwendiges. Auf diese Weise haben Sie zumindest ein paar Monate Sicherheit, falls Ihnen etwas komplett den Einkommensboden unter den Füßen wegzieht.

Sparen Sie fürs Rentenalter

Nachdem Sie zunächst einen Notgroschen beiseitegeschafft haben, beginnen Sie damit, monatlich etwas für Ihre Altersvorsorge zu sparen. Beginnen Sie mit einem Betrag, der Ihnen machbar erscheint, und versuchen Sie ihn dann Monat für Monat zu steigern. Der Grundsatz, den Sie dabei im Hinterkopf haben sollten, lautet: Je mehr Sie *frühzeitig* sparen, desto weniger müssen Sie *insgesamt* sparen. Zinseszinsen sind Ihre Freunde. Machen Sie sich jetzt keine Sorgen darüber, ob es auch «genug» ist. Fangen Sie einfach an.

Sparen Sie für die Ausbildung der Kinder

Jawohl, erst die Altersvorsorge, dann die Ausbildung. Denn niemand gibt Ihnen ein Renten-Stipendium.

Es gibt noch weitere Komponenten (zum Beispiel Versicherungen, die Realisierung von Wohneigentum), die zu einem vollständigen Finanzplan gehören – aber warum sich gleich zu Anfang überfordern? Koste es, was es wolle, dies ist ein guter Start. Wenn Sie tiefer in Ihre persönlichen Finanzen einsteigen möchten, verraten wir Ihnen am Ende dieses Buches einige großartige Informationsquellen.

REDUZIEREN SIE
IHRE AUSGABEN

Es liegt auf der Hand, dass Sie mehr sparen, wenn Sie weniger ausgeben. Aber es kann schwierig sein, einen Anfang zu finden, vor allem, wenn Sie derzeit bereits etwas knapp bei Kasse sind. Wie wir am Anfang dieses Kapitels schon deutlich gemacht haben, liegt die Antwort darin, sich darüber klar zu werden, was Sie als wertvoll erachten.

Erinnern Sie sich an die Mehr-oder-weniger-Liste, die Sie in Kapitel 2 erstellt haben, um ans Tageslicht zu bringen, wie Sie gerne Ihre Zeit verbringen möchten? Verwenden Sie die gleiche Liste für Ihre Finanzen. Gehen Sie die Auflistung Ihrer Ausgaben durch und finden Sie heraus, an welchen Stellen Sie Geld für Dinge ausgeben, die Ihnen nicht wirklich wichtig sind. Dies wird im Einzelnen sehr individuell ausfallen, doch hier kommen einige der üblichen Verdächtigen:

- Luxusgüter, wie zum Beispiel ein Zuhause (Haus oder Wohnung), das größer ist als notwendig oder die Leasingraten und Versicherungsbeiträge für ein zweites Auto, das Sie kaum nutzen
- Das Abonnieren eines oder mehrerer Pay-TV-Sender, wenn Sie kaum fernsehen
- Ein Festnetzanschluss, wenn Sie fast ausschließlich Ihr Handy nutzen
- Essen vom Lieferdienst, während ein wenig bewusste Essensplanung Ihr Abendbrot-Dilemma lösen könnte (lassen Sie sich in Kapitel 11 inspirieren)
- Kostspielige Wochenendpläne, wenn ein Fahrradausflug, ein Brettspiel oder ein kostenloses Konzert im Park genauso viel Spaß bringen
- Aufwendige Flugreisen, während Urlaub auf Balkonien auch ausreichend Möglichkeiten für Abenteuer bietet

 **Karen von moneysavingenthusiast.com auf Minimalist Parenting:** Wenn es darum geht, als Eltern minimalistisch und sparsam zu leben, dann orientiere ich mich an dem Leitbild: «Was hätte eine Mutter in den 1970ern oder 1980ern getan?» Ich denke daran, was ich selbst als Kind gemacht habe und versuche, bei der Erziehung meiner Kinder

auf den guten, altmodischen Spaß meiner Kindheit zurückzukommen. Wir spielen Wiffleball und Football, wir sehen uns zu Hause Filme an. Zu besonderen Gelegenheiten sind wir auch mal verschwenderisch, und wir gehen zu Baseball-Spielen, wenn wir das Geld dafür haben. Wenn man auf seine Prioritäten achtet und sich ein Budget setzt, dann lernt man, kreativ zu werden.

Denken Sie an einen der Glaubenssätze des minimalistischen Familienlebens: *Kurskorrektur schlägt Perfektion.* Versuchen Sie es zunächst mit ein oder zwei Veränderungen bei Ihren Geldausgaben, sehen Sie, wie es läuft, und gehen Sie dann die nächsten an. Ihre Ausgaben zu reduzieren kann erstaunlich schmerzfrei sein, solange Sie schrittweise vorgehen und wirklich bereit sind, sich auf das Experiment einzulassen. Die Erkenntnis, dass ein erfülltes Leben voller Spaß auch für weniger Geld zu haben ist, kann sehr bestärkend wirken.

SEIN EINKOMMEN AUFBESSERN

Der zweite Faktor der Spar-Gleichung ist das Einkommen. Wenn mehr Geld reinkommt, dann ist das ebenso gut wie Sparen, richtig? Ja, schon … aber natürlich nur, *wenn Sie es nicht gleich wieder ausgeben.* Ein höheres Gehalt hat den seltsamen Nebeneffekt, «Bedürfnisse» plötzlich sprunghaft anwachsen zu lassen, genauso wie größere Häuser dazu verleiten, sie mit mehr Krempel zu füllen.

Ein weiterer kniffliger Punkt: Wenn Sie mehr Geld verdienen möchten, müssen Sie dafür einen Teil Ihrer verfügbaren Zeit opfern. Bevor Sie sich auf einen Job (oder Zweitjob) einlassen, sollten Sie sich mit Ihrem Partner oder Ihrer Partnerin und Ihrem inneren Navigator besprechen, um zu klären, ob Sie zu diesem Opfer bereit sind. Andererseits ist Arbeit außer Haus vielleicht genau das, was Sie brauchen. Falls Sie sich zum Beispiel nach Umgang mit Erwachsenen und Bestätigung in und von der Außenwelt sehnen, kann bezahlte Arbeit ein Gewinn sein, der sich nicht in Geld allein bemisst.

Wenn Sie und Ihre Familie beschließen, dass ein höheres Einkommen der richtige Weg ist und Sie sich dazu verpflichten, den Großteil des Geldes, das Sie verdienen, in die Ersparnisse fließen zu lassen, dann besitzen Sie auch mehr Macht! Gibt es irgendwelche klugen Investitionen, bei denen man Geld gegen Zeit eintauschen kann? Vielleicht würde Ihnen eine Haushaltshilfe genug freie Arbeitsstunden ermöglichen, um nicht nur die Hilfe zu bezahlen, sondern auch noch weiter in sich selbst zu investieren.

Wenn es um die Frage geht, wie man mehr Geld verdienen kann, empfiehlt Christine zwei Betrachtungsweisen:

 *Seit ich die akademische Welt verlassen habe, um eine Karriere als Freiberuflerin zu schmieden, halte ich mich an zwei Vorgehensweisen, die ich äußerst nützlich finde.*

Die erste besteht darin, laut auszusprechen, was ich zu erreichen beabsichtige. Das klingt vielleicht etwas esoterisch, aber Jon und ich glauben fest an die Macht von Absichtserklärungen (übrigens ein Cousin ersten Grades des inneren Navigators). Es hat etwas unglaublich Kraftvolles, wenn Sie präzise formulieren, welche Form Ihr Leben annehmen soll.

Nun gibt es leider keine Flaschengeister oder gute Feen. Einfach zu sagen: «Ich will morgen im Lotto gewinnen» reicht leider nicht aus. Stattdessen bedeutet eine Absichtserklärung, erst einmal Ihr Leben zu durchleuchten, zu erkennen, was vor Ihnen liegt, zu entscheiden, was in erreichbarer Nähe liegt und was Sie verdienen oder wahrmachen möchten.

Absichten drehen sich längst nicht immer um Geld. An einem Punkt meiner neuen Laufbahn betrachtete ich meine Fähigkeiten und das Spektrum meiner Arbeit und sagte mir: «Ich komme ganz gut zurecht, aber eigentlich finde ich, dass ich [setzen Sie hier einen größeren Einkommens-Sprung ein] verdienen sollte.» Ich legte meine Absicht fest, bereitete den Weg, um mich in diese Richtung zu bewegen, und ein Jahr später befand ich mich dort, wo ich sein wollte.

Die zweite Vorgehensweise baut auf einem Mantra auf, das ich von Jon übernommen habe: Gelegenheiten können gefährlich sein. *Wenn Sie voller Eifer vorankommen möchten, ist die Versuchung groß, sich auf jede sich bietende Gelegenheit zu stürzen. Prüfen Sie jedoch zuvor Ihre erste Reaktion (Freude, Schreck, Enttäuschung etc.) und berechnen Sie das Zeit-Geld-Verhältnis. Wenn Ihr innerer Navigator Ihnen rät, mit beiden Füßen auf die Bremse zu steigen und das Angebot abzulehnen, dann hören Sie auf ihn. Es wird nicht die letzte Gelegenheit gewesen sein. Zähmen Sie Ihren Eifer, bis etwas auftaucht, das Ihnen* Geld *und* Freude *bringt.*

VEREINFACHEN SIE IHRE
FINANZIELLE INFRASTRUKTUR

Ein weiterer Bereich Ihrer Finanzen, den Sie minimalisieren können, ist der organisatorische Unterbau: Gemeint sind Ihre Girokonten, Sparkonten, Kreditkarten und monatlichen Zahlungen sowie das Zusammenspiel dieser einzelnen Bausteine. Je weniger Zeit Sie damit zubringen müssen, an der Mechanik Ihres Finanzsystems herumzuspielen, desto weniger wird es sich wie eine Last anfühlen, und desto mehr wird es in Ihrem Sinne funktionieren.

Die täglichen Ausgaben im Blick zu behalten fällt leichter, je weniger Geldbewegungen es gibt. Manche Familien zahlen ihre Festkosten (Hauskredit, Versicherungen etc.) über ein Girokonto und beschränken die restlichen Ausgaben auf nur ein weiteres. Eine unserer Blog-Leserinnen kam auf diese einfache und simple Lösung:

 **Jessica von thedebtprincess.com auf Minimalist Parenting:** Am Ersten des Monats hebe ich Geld ab und verteile es auf wöchentliche Umschläge. Ich habe nicht einmal meine EC-Karte dabei, nur die Briefumschläge in meinem Organizer. Auf diese Weise halte ich mich garantiert an mein (sehr kleines!) Budget.

DIE AUTOMATISIERUNG
DER GELDBEWEGUNGEN

Zur Automatisierung der Finanzen gibt es zwei gegensätzliche Gedankengänge. Der erste lautet: Je weniger Sie darüber nachdenken, desto wahrscheinlicher werden Sie Ihre Sparpläne durchziehen. Der zweite besagt: Sobald Sie auf Autopilot schalten, verlieren Sie Ihre Finanzen aus den Augen – was ja nun genau das Gegenteil von dem ist, was Sie wollen.

Nur Sie alleine können entscheiden, ob eine Automatisierung Ihre finanziellen Ziele voranbringt oder ihnen im Wege steht. Wir sind große Fans der Automatisierung, ganz einfach, weil dadurch Hirnzellen für andere Vorhaben frei werden. Machen Sie sich mit dem Online-Banking-System Ihrer Bank vertraut, um zu sehen, welche Vorgänge Sie automatisieren können (z. B. das Zahlen von Rechnungen, Überträge zwischen Ihren Konten).

 **Kim@observacious auf Minimalist Parenting:** Meine Mutter hat mir immer geraten, ich solle «mich selbst als Erste bezahlen». Dies ist in der Welt der Überweisungen und Daueraufträge sogar noch einfacher geworden. Unser Geld wird automatisch auf verschiedene Konten verteilt: langfristiges Sparen (für undefinierte Zwecke) und kurzfristiges Sparen (für bevorstehende Ausgaben, meistens fürs Haus), «Freizeit»-Konten für meinen Mann und mich sowie unser gemeinsames Girokonto. Obwohl ich immer versuche, etwas Geld als Puffer auf dem Haupt-Girokonto zu belassen, schaffen wir meist gerade so den Ausgleich. Wenn der Kontostand schon Mitte des Monats niedrig ist, dann wissen wir, dass wir in den restlichen Wochen den Gürtel etwas enger schnallen müssen. Da die Aufteilung gleich zu Monatsbeginn geschieht, können wir selbst in den Monaten etwas sparen, in denen wir an das Limit unseres Girokontos stoßen.

 **Adrienne von babytoolkit.com auf Minimalist Parenting:** Wir haben ein separates Konto eingerichtet, das wir als eine Art Treuhandkonto für die großen (langweiligen) jährlichen Ausgaben betrachten: Grundsteuer, Versicherungsprämien, Kfz-Steuer etc. Ich rechne jährlich die Beträge des Vorjahres zusammen und teile sie durch zwölf. Diesen Betrag überweisen wir dann monatlich auf das Konto, zuzüglich stocken wir um ein kleines Polster auf (etwa 150 US-Dollar pro Jahr), um etwaige Kostenerhöhungen zu decken. Wenn die großen Rechnungen fällig werden, müssen wir nicht hektisch anfangen, das benötigte Geld mühsam zusammenzukratzen.

Auch hier sollten Sie klein anfangen. Falls der Gedanke an automatische Überweisungen zwischen mehreren Konten Ihren Kopf zum Glühen bringt, dann beginnen Sie damit, monatlich

50 Dollar auf ein Sparkonto zu überweisen. Wenn Ihnen der Umgang mit Ihrem Geld selbstverständlicher wird, werden Sie schnell weitere Möglichkeiten entdecken, Zeit und Mühe zu sparen.

HEUERN SIE PROFESSIONELLE HILFE AN

Falls Ihnen zwar das minimalistische Mantra zusagt, die ganzen Geldangelegenheiten Ihnen aber immer noch zu schaffen machen, kann es eine gute Investition in Ihre Finanzen *und* in Ihre seelische Verfassung sein, einen Finanz-Fachmann (Wirtschaftsprüfer, Finanzplaner, Buchhalter) zu engagieren.

Wir versichern Ihnen: Die Grundlagen eines guten persönlichen Finanzplanes sind schlicht, aber effizient und für jeden erlernbar. Schon ein bisschen Lesen zu dem Thema verschafft Ihnen einen Vorsprung gegenüber dem durchschnittlichen Verbraucher (siehe unsere Empfehlungen am Ende des Buches). Ein wenig Weiterbildung kann nie schaden. Auch wenn Sie sich entschließen, einen Profi zu Rate zu ziehen, können Sie auf diese Weise wenigstens schlauere Fragen stellen. Unabhängige Empfehlungen können Sie vielleicht auch dazu anregen, Gedanken in die Tat umzusetzen.

 **Stacie von hometownperch.com auf Minimalist Parenting:** Mein Mann und ich haben jede nur erdenkliche Vorgehensweise ausprobiert und hangelten uns trotzdem nach wie vor von Gehaltszahlung zu Gehaltszahlung, von Monatsanfang zu Monatsanfang. Was für andere funktioniert, schien für uns einfach nicht machbar. Den Durchbruch brachte schließlich die Financial Peace University (FPU), eine Web-

site, auf der man Kurse ähnlich wie bei einer Fernhochschule belegen kann. Wir haben vor ein paar Monaten mit dem Kurs angefangen, und er hat unser Leben wirklich grundlegend verändert.

KINDERN DEN UMGANG MIT GELD BEIBRINGEN

Unabhängig davon, wie es um Ihre Familienfinanzen steht, können Sie Ihren Kindern einige diesbezügliche Fähigkeiten vermitteln und ihnen zeigen, wofür sie ihr Geld ausgeben können, für sich selbst oder für andere. Hier sind ein paar Ideen für den Anfang.

GELDEINGÄNGE

Die erste Phase, in der man den Umgang mit Geld erlernt, besteht darin zu verstehen, woher Geld kommt (also dass es nicht auf Bäumen wächst). Ob Ihr Kind nun Geld geschenkt bekommt oder für das Erledigen einer Aufgabe bezahlt wird – Einkommen ist der erste Schritt, um die Mechanik des Sparens und kontrollierten Ausgebens zu verstehen.

Taschengeld
Vielleicht entscheiden Sie sich dafür, Ihren Kindern ein Taschengeld zu geben, damit sie lernen, mit ihrem Geld umzugehen. Ihr Taschengeld-System muss nicht kompliziert sein. Legen Sie einfach einen wöchentlichen Betrag fest, und seien Sie konsequent. Ein guter Zeitpunkt, um damit zu beginnen, sind vielleicht die frühen Grundschuljahre, wenn die Kinder täglich mit Mathematik und Zahlen zu tun haben – also, wenn sie etwa sieben oder acht Jahre alt sind.

Die Höhe hängt von Ihnen und dem System ab, das Sie sich überlegen. Eine Faustregel empfiehlt einen Dollar pro Lebensjahr, aber das mag zu viel sein, wenn das Taschengeld eher ein Extra ist, oder nicht genug, wenn Sie erwarten, dass Ihre Kinder für einige Käufe selbst verantwortlich sind.

Rael und ich stellten fest, dass wir am Taschengeld-Tag nie genug Bargeld hatten, was dem Zweck der Übung ein wenig zuwiderlief. Also begannen wir, eine App zu benutzen, die automatisch jede Woche jedem Kind ein Taschengeld gutschreibt. Wenn eins der Kinder etwas kaufen möchte, ziehen wir den Betrag von seinem oder ihrem Guthaben ab. Das Schöne an diesem System ist, dass beide immer wissen, wie viel Geld sie insgesamt zur Verfügung haben.

Bezahlung für Arbeiten im Haushalt

Durch Haushaltspflichten erlernen die Kinder alltägliche Fähigkeiten und dass sie ein Teil des Familienhaushalts sind, außerdem verringert sich dadurch auch Ihr eigenes Arbeitspensum. Manche Familien sind der Meinung, dass Kinder für Haushaltspflichten keine Bezahlung erhalten sollten, andere machen sich eine Bezahlung als Motivation zunutze, damit die Kinder ihre Aufgaben erledigen und lernen, wie der Tausch Geld gegen Arbeit funktioniert. Nicht zu vergessen, dass sich diese beiden Ansätze teils überschneiden.

Meine Geschwister und ich arbeiteten als Kinder hart. Sehr hart. Wir arbeiteten sowohl im Haus als auch im Laden unserer Eltern, wo wir alle nach der Schule, abends und an den Wochenenden mithalfen (ich begann schon im Grundschulalter zu arbeiten). Wir wurden für keine dieser Arbeiten bezahlt (erst sehr viel später, als ich schon zur Highschool

ging), und ich erinnere mich nicht daran, dass irgendjemand von uns darüber meckerte. Es war einfach Teil unseres Familiensystems und unserer Existenz.

Folglich gehöre ich zu den Eltern, denen sich bei dem Gedanken, Kinder für Haushaltspflichten zu bezahlen, die nichts weiter darstellen als eine Beteiligung an den täglichen Verrichtungen, die Nackenhaare sträuben. Dazu muss ich sagen, dass Laurel ein entgegenkommendes und hilfsbereites Kind ist – wir müssen sie nicht zum Helfen drängen, was einer der häufigen Gründe ist, die Mitarbeit im Haushalt mit Geld zu verbinden.

Letztes Jahr haben Jon und ich einen Mittelweg gefunden. Wir geben Laurel ein wöchentliches Taschengeld (3 US-Dollar), mit dem sie Sparen und Ausgeben üben kann. Tägliche Hilfstätigkeiten (zum Beispiel Wäschesortieren, Aufräumen) werden von ihr erwartet und sind nicht an eine Bezahlung gekoppelt. Wenn sich aber außer der Reihe ein aufwendigerer Job ergibt und die Situation es rechtfertigt, dann bieten wir ihr eine kleine Bezahlung an und überlassen es ihr selbst, ob sie den Deal annehmen möchte oder nicht.

Und wissen Sie, was lustig ist? Manchmal lehnt Laurel die Bezahlung ab und bietet an, es für weniger zu tun. Einmal haben wir ihr ein paar US-Dollar angeboten, um uns bei der Autowäsche zu helfen, und hinterher sagte sie: «Weißt du, Mom, wie wäre es mit einem Dollar? Es hat mir nämlich auch ziemlich viel Spaß gemacht.»

Geschenke

Irgendwann wird Ihr Kind Geldgeschenke erhalten. Wie hoch der Betrag auch sein mag, es ist für Ihr Kind wahrscheinlich eine große Sache, viel Geld auf einmal zu bekommen – eine gute Gelegenheit also, um über Ausgeben und Sparen zu sprechen.

Bezahlte Arbeit

Kinder erlernen Fähigkeiten und gewinnen Selbstachtung, wenn sie richtige, nützliche, herausfordernde Arbeit verrichten. Je älter sie werden, desto mehr Job-Möglichkeiten werden sich für sie auftun. Ermutigen Sie sie auf diesem Weg, Sie werden überrascht sein, was sie dabei alles lernen.

 *Ich erinnere mich noch lebhaft an einen Tag in meinem ersten College-Semester, als ich in meinem Studentenzimmer saß, mit meiner Mutter telefonierte und sie mir mitteilte, dass sie und mein Vater mein Studium nicht länger finanziell unterstützen könnten. Der Anruf war nicht böse gemeint, er war rein pragmatisch, angesichts der Tatsache, dass ich ihr sechstes Kind auf dem College war. Kurz bevor wir auflegten, sagte meine Mutter noch: «Wir machen uns jedenfalls keine Sorgen um dich, Christine. Du findest immer einen Weg.»*

Und auch wenn ich diesen Stress-Pegel niemandem wünsche (ich habe in der Beratungsstelle meines Colleges ordentlich rumgeheult), stimmt es zu hundert Prozent, dass diese Situation mir geholfen hat, eine Arbeitsmoral und ein Selbstbewusstsein zu entwickelt, die der Grundstein von allem sind, was ich heute tue. Ich habe Zeitmanagement und Finanzplanung gelernt. Ich habe gelernt, wie man Jobs findet und in einem professionellen Umfeld agiert. Ich habe gelernt, dass man so ziemlich jede Fähigkeit im Handumdrehen erlernen kann, sobald es nötig ist. Ich habe gelernt, dass man sich zwingen kann, unglaublich hart zu arbeiten, wenn einem das Ergebnis wichtig ist (jeden Sommer hatte ich tagsüber einen Bürojob und fuhr dann noch mit dem Bus zu meinem Abendjob in einem Eisladen in der Nähe ... das war wirklich anstrengend). Während meiner Zeit am College habe ich nicht einen Tag versäumt, es sei denn, ich war todkrank, denn das Privileg, in diesen Kursen zu sitzen, war unmittelbar mit meinen langen Sommer-Arbeitstagen verbunden.

Das Wichtigste von all dem war vielleicht, dass ich meine Eltern und ihre finanziellen Kämpfe neu zu schätzen lernte. Eines Tages rief meine Mutter mich weinend an, nachdem sie einen Brief von mir geöffnet hatte, und sie fragte mich, warum ich ihr Geld schickte. Es hatte sich herausgestellt, dass ich in meinen Sommer- und Winterferien genug verdiente, um den Anteil meiner Studiengebühren zu bezahlen, die mir nicht dank einer Härtefallregelung erlassen wurden. Und ich wusste, dass meine Eltern immer noch zu kämpfen hatten, also schien es mir richtig und sinnvoll, ihnen dieses Geld nach Hause zu schicken. Rückblickend handelte es sich nur um lächerliche Beträge (ich glaube, ich verdiente gerade mal um die 5 US-Dollar die Stunde in der College-Bibliothek), aber ich vermute, dass es sich für meine Mutter anfühlte wie eine Million.

Mit der Zeit werden Ihre Kinder Geld anhäufen, sodass sie es sicherlich an irgendeinem Punkt vom Sparschwein auf eine Bank verlagern möchten. Christine fiel auf, wie aufgeregt Laurel war und wie erwachsen sie sich fühlte, als sie in Begleitung von Jon ein Bankkonto eröffnete. Es ist ein großer Tag, wenn ein Kind begreift, dass seine Ersparnisse ein offizielles Zuhause haben.

GELDAUSGÄNGE

Auf der anderen Seite des Geldspektrums stehen die Ausgaben. Wie Sie wissen, vertreten wir die Ansicht, dass man sein Geld mit Bedacht ausgeben sollte, und zwar für Dinge, die von Bedeutung sind. Das Gute ist, dass Sie, während Sie selbst auf dieses Ziel hinarbeiten, auch Ihren Kindern leichter dabei helfen können, ebenfalls dorthin zu kommen. Der Ansatz für das Geldausgeben bei Kindern ist denkbar einfach: Wenn sie selbst für etwas zahlen müssen, werden sie länger und gründlicher über die Anschaffung nachdenken.

 *Meine Kinder geben ihr Geld für Wünsche aus, die über das Notwendige hinausgehen und die sie nicht geschenkt bekommen (besondere Kleidung, Videospiele, Spielsachen etc.). So ist ihr Taschengeld hoch genug, um in einem überschaubaren Zeitraum für eine Anschaffung in Höhe von etwa 40 US-Dollar sparen zu können. Wenn Kinder ihr Geld selbstbestimmt ausgeben können, lernen sie viel leichter, hauszuhalten und Werte zu bemessen.*

 *Ein Bereich, in dem sich meine praktische Kindheit nicht durchsetzen konnte – verflixte Überkompensierung! –, waren die American-Girl-Puppen. Als Laurel eine haben wollte, habe ich ihr gesagt, dass ich ganz einfach keine 105 US-Dollar für eine Puppe ausgeben würde. Es war jedoch kurz vor Weihnachten, und so schlug ich ihr vor, meine Familie um kleine Beiträge (zum Beispiel 5 bis 10 US-Dollar) für ihren Puppen-Fonds zu bitten, falls sie nach Wünschen gefragt würde.*

Nach Weihnachten hatte Laurel beinahe die ganze Summe für eine Puppe in Geldgeschenken zusammen. Sie legte 10 US-Dollar von ihrem eigenen Geld dazu, und Jon und ich trugen die Mehrwertsteuer bei (großzügig, ich weiß). Jon bot außerdem an, Laurel zu dem Laden zu fahren, was meiner Meinung nach etwa 500 US-Dollar an gesundem Elternverstand wert war, besonders, weil ich ihn zunächst zum falschen Einkaufszentrum geschickt hatte und das richtige eine Dreiviertelstunde davon entfernt war. (Davon abgesehen ist ein Puppengeschäft wahrscheinlich der letzte Ort, an dem Jon seinen Nachmittag verbringen möchte). Aber sie schafften es und kauften die Puppe, und Laurel spielt erstaunlich viel damit. Ich bin der festen Überzeugung, das hat zumindest teilweise damit zu tun, dass sie so lange und gründlich über die Anschaffung nachgedacht, all ihre Weihnachtswünsche nur auf diese eine Sache konzentriert und etwas von ihrem eigenen Geld beigesteuert hat.

Man könnte denken, dass die Geschichte hier endet, aber einen Mo-

nat nach Weihnachten erhielt Laurel ein nachträgliches Geschenk – und zwar einen großzügigen 50-US-Dollar-Geschenkgutschein besagten Puppengeschäfts. Laurel sah die Website durch und beschloss, eine weitere Puppe anzuschaffen (für Spieltreffen). Ich stöhnte leise auf. Okay, ich stöhnte laut auf. Wir sagten Laurel, dass sie für die zweite Puppe die gesamte Differenz plus Steuern und Porto übernehmen müsste (da weder Jon noch ich bereit waren, sie zu dem Laden zu kutschieren, auch wenn wir diesmal wussten, wo er war). Laurel kam ins Grübeln, denn 70 bis 80 US-Dollar von ihrem Konto abzuheben, fiel ihr alles andere als leicht. Ich schlug ihr also vor, einige ihrer hochwertigen, selten benutzten Spielsachen zu verkaufen, und wollte ihr gerne dabei helfen, die Dinge bei eBay einzustellen (schließlich bin ich immer froh und glücklich, ungenutzte Dinge aus dem Haus zu schaffen).

Laurel begann Sachen aus ihrer Spielzeug-Sammlung zu suchen, wir stellten sie ein, ich kümmerte mich um die E-Mails und den Rest, und innerhalb von nur zwei Tagen hatte sie genug Geld, um den Preis, die Steuern sowie das Porto für ihre zweite American-Girl-Puppe zu bezahlen. Ich half ihr bei der Online-Bestellung, und sie war nicht nur mächtig stolz auf den Kauf, sondern hatte sogar noch ein bisschen Geld übrig, das sie sparen konnte.

Als ich meinen Laptop zuklappte, dachte ich, dass wir nun endlich mit den American-Girl-Gesprächen durch seien. Dann fühlte ich, wie mich jemand am Ärmel zupfte. Laurel hatte noch eine Frage: «Mom, du solltest wirklich etwas dafür bekommen, dass du mir geholfen hast, die Spielsachen zu verkaufen und die Puppe zu bestellen. Sind ein Eis plus 5 Dollar eine faire Bezahlung?» Ich konnte nicht aufhören zu schmunzeln.

Auf jeden Fall sollten auch noch Spenden für wohltätige Zwecke erwähnt werden, denn dadurch lernen Kinder etwas über die Gesellschaft außerhalb ihrer eigenen kleinen Welt. Wenn es Sie zunächst überfordert, im finanziellen Setup Ihrer Kinder eine wohltätige Komponente einzuplanen, dann schieben Sie es ruhig auf. Doch für manche Familien vervollständigt erst eine wohltätige Spende das Ausgaben-und-Sparen-Bild, weil sie den Kindern auf diese Weise zeigen möchten, dass Geld etwas in der Welt verändern kann.

Nachdem Laurel in der Schule etwas über die Gefährdung des Regenwaldes gelernt hatte, startete sie im Sommer eine großangelegte Spenden-Aktion mit Limonaden-Ständen, Puppentheater und Schmuck-Verkäufen.

Sie können Gespräche über Wohltätigkeit, die Sie mit Ihren Kindern führen, auch mit einer gemeinsamen Familienspende verbinden.

My Kids' Mom von pookandbug.blogspot.com auf Minimalist Parenting: Mein Mann und ich erhalten fast täglich Spendenaufrufe. Wir haben daher ein monatliches Budget für wohltätige Zwecke eingerichtet. Jedes Jahr suchen wir elf Charity-Zwecke aus. Dabei versuchen wir, eine Auswahl zu treffen, die unsere Werte widerspiegelt und möglichst vielseitig ist, sodass nicht alles in nur eine Richtung geht, wie zum Beispiel an den Umweltschutz. Dann spenden wir monatlich denselben Betrag. Monat für Monat wird eine andere Wohltätigkeitsorganisation bedacht, unser Budget bleibt gleich, und wir haben eine einfache Antwort parat, um den Spenden-sammlerinnen und -sammlern auf der Straße freundlich, aber be-stimmt einen Korb zu geben («Entschuldigen Sie, wir haben Sie dieses Jahr nicht berücksichtigen können, aber wir werden Ihr An-liegen nächstes Jahr in Betracht ziehen»). Sie haben vielleicht ge-merkt, dass wir nur an elf Organisationen spenden, obwohl das Jahr zwölf Monate hat. Wir wissen, dass dem Freundes-, Familien- und Kollegenkreis sicher etwas dazu einfallen wird, so gibt uns der letzte offene Monat die Möglichkeit, etwas spontaner zu sein.

Geld ist ein Thema, das typischerweise Ängste und Sorgen weckt. Doch Sie unternehmen nun Schritte, um zu entschei-den, wofür sich eine Geldausgabe lohnt, Sie sammeln Daten und Sie erarbeiten Systeme und Vorgehensweisen, die für *Sie* funktionieren. Ja, es erfordert eine Investition an Zeit, um sich durch die emotionalen und praktischen Details der Haus-haltsführung zu kämpfen, aber wenn Sie erst einmal auf der anderen Seiten angekommen sind, werden Sie Energie (und möglicherweise mehr Geld) für die wichtigen Dinge in Ihrem Leben freisetzen.

SECHS WEGE, UM HUNDERTE IM JAHR ZU SPAREN

Geld zu sparen, kann einfacher sein und manchmal mehr Spaß bringen, als Sie denken. Wir baten die zuverlässig stylishe Angebotsjägerin Melissa Massello, «Schnäppchen-Expertin» beim *Shoestring Magazine* (shoestringmag.com), uns einige ihrer besten und innovativsten Arten des Geldsparens zu verraten.

SELBERMACHEN STATT KAUFEN

Statt in der Stadt umher- und in diverse Läden zu rennen und auf der Suche nach dem besten Angebot Benzin und wertvolle Zeit zu vergeuden, versuchen Sie doch mal, einige Standard-Artikel selbst herzustellen (welche auch immer das für Ihre Familie sein mögen). Selbst gemachtes Müsli oder selbst gemachte Knetmasse fördern die Zusammenarbeit von Eltern und Kindern. Alle lernen etwas Neues, verbringen Zeit miteinander, tragen zur Befriedigung der familiären Bedürfnisse bei und haben noch dazu das Gefühl, etwas geleistet zu haben. So können bleibende Erinnerungen und Gewohnheiten entstehen, die Kinder (hoffentlich) in ihr Erwachsenenleben mitnehmen. Selbstgemachtes spart nicht nur Geld, sondern ermöglicht Ihnen auch zu kontrollieren, welche Inhaltsstoffe Ihre Familie zu sich nimmt oder in die Finger bekommt. Auf diese Weise kommen giftige oder fragwürdige Stoffe gar nicht erst ins Haus (und in wachsende Kinderkörper). Pinterest etwa bietet zahllose Anregungen für alle, die gerne etwas aus dem Nichts erschaffen möchten.

DIE MURMELGLAS-
METHODE

Meine beste Freundin aus Kindheitstagen hat drei wunderbare Kinder (drei, fünf und acht Jahre alt), und sie und ihr Mann machen bestimmte Dinge wie ausreichend frisches Bio-Obst und -Gemüse zu einer Priorität in der Familie – und ihres Budgets. Jedes Mal, wenn die Kinder essen gehen möchten, fragen sie sie, was sie denn bestellen würden. Wenn es zum Beispiel Hähnchen, Broccoli und Pasta sind, dann zeigen sie ihnen, dass Hähnchen, Broccoli und Pasta sich auch im eigenen Kühlschrank befinden, und fragen die Kinder, ob sie *wirklich* das Geld fürs Essengehen ausgeben oder es vielleicht lieber für etwas Schönes sparen möchten, wie zum Beispiel Eis essen oder ins Kino gehen. Jedes Mal, wenn die Kinder sich fürs Sparen entscheiden, wandert eine farbige Murmel in ein Einmachglas auf der Küchenfensterbank. Ist das Glas voll, unternimmt die ganze Familie etwas wirklich Schönes, ob es nun etwas Billiges ist wie zum Beispiel ein Picknick und ein Besuch im nahegelegenen Eisladen oder etwas Kostspieligeres wie der Besuch eines Red-Sox-Spiels. Die Kinder haben sehr schnell begriffen, welche Vorteile es hat, für etwas Besonderes zu sparen.

LEGEN SIE DAS GESPARTE
GELD AUF EIN KONTO

Erwachsene sagen häufig, dass sie «sparen», indem sie nichts ausgeben. Aber wenn das Geld nur auf Ihrem Girokonto herumliegt, ist es A) wahrscheinlich, dass es zu einem späteren Zeitpunkt für irgendetwas Beliebiges ausgegeben wird, und B) bringt es keine wertvollen Zinsen. Jedes Mal, wenn Sie Sparmethoden wie das Selbermachen oder das Murmelglas-Sparen anwenden, können Sie ein Tool wie beispielsweise Klicksparen von der Sparkasse verwenden, mit dem es möglich ist, einen vorher festgelegten kleinen Betrag immer gleich *auf Ihr Sparkonto zu schieben*, wenn Sie ihn schätzungsweise eingespart haben. In einem Versuchs-Zeitraum von zwei Monaten habe ich nicht nur 259,90 US-Doller gespart, sondern auch noch 45 Cent Zinsen erhalten, ohne mich wirklich angestrengt zu haben. So funktioniert es!

DAS PLANEN VON MAHLZEITEN
UND PRIORITÄTEN BEIM ESSEN

Im September 2008 beschlossen zwei Lehrer namens Christopher Greenslate und Kerri Leonard in San Diego, ein Experiment zu starten. Würden sie wohl von einem US-Dollar pro Tag leben können, also von dem Betrag, der Menschen im weltweiten Durchschnitt für Essen zur Verfügung steht? (Später versuchten sie jeder von 4,13 US-Dollar pro Tag bzw. 462 US-Dollar im Monat zu leben, entsprechend der Essensmarken-Zuteilung für eine vierköpfige Familie in den USA). Ihr aus dem dazugehörigen Blog entstandenes Buch *On a Dollar a Day* stellt eine Pflichtlektüre für alle Familien dar, die versuchen zu sparen und darüber hinaus etwas über die Herkunft von Lebensmitteln und eine sozial gerechte Lebensmittelverteilung lernen möchten. Eine der wichtigsten Lektionen: Indem man bestimmte Zutaten bevorzugt, sie dann en gros einkauft und die Mahlzeiten einer Woche im Voraus plant, kann man als Familie allein am Essen Hunderte von US-Dollar pro Monat sparen.

SPAREN IST SEXY

Machen Sie aus der Finanzplanung eine wöchentliche Freizeitaktivität, indem Sie sich selbst, Ihren Partner bzw. Ihre Partnerin oder auch gleich Ihre ganze Familie, immer wenn Ihr Budget auf den neuesten Stand gebracht worden ist, mit einem kleinen Luxus belohnen, zum Beispiel mit einem großen Eis nach Wahl (oder mit einem Glas des Lieblingsweines für die Erwachsenen) zum Nachtisch und einem gerade erschienenen Film, den sie zu Hause gemeinsam auf einem Streaming-Dienst anschauen. Sonntagabende sind generell die beste Zeit für die wöchentliche Finanzplanung, weil alle sich auf die nächste Woche vorbereiten und wahrscheinlich eher an kommende Ausgaben wie Ausflüge, Vereins- und Kursgebühren, Geburtstage und so weiter denken. «J. Money» von dem Blog mit dem treffenden Namen budgetsaresexy.com hat Hunderte von Tools, Tipps und Quellen zusammengetragen, die Ihnen dabei helfen, in Gang zu kommen und durchzuhalten, wenn es darum geht, Ihren Finanzplan einzuhalten, während Sie bei Laune bleiben und womöglich sogar einen Mordsspaß haben.

FREUNDEN SIE SICH MIT DEM SECONDHAND-STIL AN

Angesichts des allgemeinen Zustands von Wirtschaft und Umwelt gehört der Kauf von Secondhand-Artikeln inzwischen für viele Menschen zum täglichen Leben. Als Mitbegründerin von The Swapaholics wurde ich Mitglied der Bewegung «Collaborative Consumption» – auch bekannt als Sharing Economy oder als das gute alte Teilen und vernünftiger Einfallsreichtum. Anstatt Dinge für immer zu besitzen, kann eine Familie durch Borgen, Mieten, Teilen, Tauschen und Flohmarkteinkäufe der Dinge, die man nur für eine begrenzte Zeit braucht, Tausende von US-Dollar pro Jahr sparen. Dienste wie Netflix (für Filme) und car2go oder DriveNow (für Mobilität) haben den Weg für eine weltweite Sharing-Bewegung geebnet, die inzwischen alles einschließt: vom Mieten von Wohnungen (Airbnb) bis hin zu Abendkleidern (Dresscoded, Chic by Choice oder Prêt-à-Louer). Das Tauschen von Kleidung, Kinder-Ausstattung, Sportartikeln, Büchern, Spielen und sogar Lebensmitteln auf Tauschveranstaltungen wie unseren oder solchen, die von ähnlichen Organisationen oder über entsprechende Websites veranstaltet werden, hilft Familien, Dinge, die sie schon besitzen, in Dinge, die sie brauchen, zu verwandeln und dabei im Jahr Tausende US-Dollar zu sparen. Es gibt eine Tausch- oder Teil-Community für praktisch alles, was Sie brauchen könnten, von Maschinen bis zu Hockey-Toren. Noch dazu sind die Sachen, die Sie bei solchen Tauschaktionen oder bei Oxfam finden können, oft nagelneu!

SPIELEN:
GANZ EINFACH SPASS

S pielen ist die Arbeit des Kindes.» Dieses Zitat wird
in der einen oder anderen Variante gleich mehreren
Menschen zugeschrieben, einschließlich der berühm-
ten italienischen Pädagogin Maria Montessori, und es spricht
uns aus der Seele. (Wir könnten noch ergänzen, dass Spielen
für Erwachsene genauso wichtig ist.) Wir alle brauchen freie,
unverplante Zeit für Kreativität, um unseren Gedanken nach-
zuhängen, um runterzukommen, um die eigene Phantasie über
den Computer-Bildschirm und die To-do-Liste hinauswandern
zu lassen. Jede und jeder verdient hin und wieder die Freiheit,
kein Programm zu haben.

Uns ist dennoch bewusst, dass die Vorstellung längerer
freier Zeitabschnitte (besonders mit kleinen Kindern) auch
verunsichern kann. Wenn man die Kinder sich selbst überlässt,
werden sie dann anfangen, die Wände zu bemalen? Den Garten
umzugraben? Uns in den Wahnsinn zu treiben?

In diesem Kapitel präsentieren wir Ihnen unser minimalistisches Verständnis des Spielens, sowohl allein als auch mit
Freundinnen und Freunden.

SIE MÜSSEN NICHT DIE GANZE ZEIT
MIT IHREN KINDERN SPIELEN

Auch wenn Sie vielleicht die Haupt-Spielkameradin oder der Haupt-Spielkamerad Ihres Kindes sind (vor allem, wenn es noch klein ist), sind Sie nicht verpflichtet, jeden Augenblick des Tages verfügbar zu sein. Gemeinsame Zeit, Spaß und Nähe sind einige der großen Geschenke, die Eltern ihren Kindern machen können, aber Sie haben auch das Recht auf Erwachsenen-Zeit. Je früher Sie Ihrem Kind die Gelegenheit geben, das Wunder des unabhängigen Spielens zu entdecken, desto glücklicher werden Sie beide.

Manche Kinder sind von Natur aus flexibel – sie tapsen fröhlich im Haus umher und beschäftigen sich irgendwie. Für andere ist es ein längerer Lernprozess. Beginnen Sie damit, spannende Spielzeuge in Ihrer Nähe zu haben (beispielsweise in der Küche), und ermuntern Sie Ihr Kind, sich fünf Minuten selbst zu unterhalten, während Sie das Abendessen vorbereiten. Erklären Sie, dass nun «seine» Spielzeit und «Ihre» Kochzeit ist, und betonen Sie dadurch die unterschiedlichen Beschäftigungen.

Bleiben Sie bei dieser Unterscheidung, auch wenn Ihre Kinder älter werden, sodass sie davon ausgehen können, dass es gemeinsame Zeit gibt, aber auch Zeit, in der Sie Erwachsenendinge im Haus zu tun haben. Wenn Sie freundlich, aber bestimmt Grenzen setzen, werden Ihre Kinder schließlich ganz automatisch begreifen, dass sie selbst dafür verantwortlich sind, sich zu amüsieren.

 *Als Laurel ein Baby war, hatte ich das Gefühl, mich jede einzelne Sekunde mit ihr beschäftigen zu müssen, was sicher nicht das Beste war, um Unabhängigkeit zu entwickeln, weder für sie noch für mich. Ich versichere Ihnen, dass ich während meiner Elternzeit am Abend erschöpfter war als nach einem Arbeitstag. Wahrscheinlich habe ich meine eigene Kindheit überkompensiert, in der es sehr wenig elterliche Aufsicht oder Beschäftigungsangebote gab (zum Beispiel kann ich mich nicht daran erinnern, dass meine Eltern mir je vorgelesen hätten). Dies ist kein Vorwurf an meine Eltern – ich habe ja keinen Schaden genommen –, es war nun mal die Realität als Nummer sechs von sieben Kindern.*

Mit Violet ist es völlig anders. Ich bin nicht nur viel entspannter und vertraue darauf, dass ihr das tägliche Leben Bereicherung zur Genüge bietet, sondern ich habe jetzt eben zwei Kinder. Zwar verbringe ich eine Menge Zeit damit, Bücher vorzulesen, das Lied «Die Räder vom Bus» zu singen und Violet anzufeuern, wenn sie das Wunder der Stapelringe, der Popcornmaschine und des pfeifenden Teekessels entdeckt, aber sie hat auch gelernt, für sich alleine zu spielen.

In der Küche haben wir eine große Schublade in Bodennähe, in der wir kinderfreundliches Geschirr, Becher und Plastikboxen aufbewahren. Sie ist zu einem von Violets Lieblingsspielplätzen avanciert, während ich abwasche, das Abendessen koche, die Post durchsehe oder genüsslich die InStyle *durchblättere, wenn sie mit der Post kommt. Neulich, als ich am Küchentresen stand und besagte Zeitschrift durchblätterte, veranstaltete Violet – wie üblich – ein riesiges Chaos zu meinen Füßen, indem sie alles aus der Schublade räumte. Plötzlich wurde es ruhig, dann begann sie zu lachen. Sie hatte entdeckt, dass sie kleinere Behälter in größere Behälter stecken konnte. Ich lächelte, wandte mich wieder meiner Zeitschrift zu und dachte: «Perfekt, wir haben beide unseren Spaß.»*

MIT WENIGER SPIELSACHEN
WIRD MEHR GESPIELT

Das Mantra «weniger Spielsachen» geht über das einfache Ausmisten im Haushalt hinaus. Mit weniger Spielsachen, die sie
ablenken oder sie in eine «Womit soll ich jetzt spielen?»-Ent-
scheidungsnot verstricken, finden Kinder oft erneute Inspiration für kreatives Spielen.

 *Wir leben in einer Eigentumswohnung mit einem schö-
nen Loft in der dritten Etage. Eine Hälfte dient Jon als
«Männerhöhle», die andere als Gäste- und Spielzimmer. Als wir einzogen, habe ich mich sofort in diesen
Raum verliebt, weil ich nun einen Platz für all die Spielsachen hatte, die
ich unten nicht sehen wollte.*

*Vor kurzem jedoch musste ich feststellen, dass unser Spielzimmer
tragisch verschwendetem Immobilienbesitz gleichkam. Es war unordent-
lich und vollgestopft, und jedes Mal, wenn ich nach oben ging, um mich
darum zu kümmern, erschlug es mich regelrecht, und ich machte auf
dem Absatz kehrt. Laurel und ihre Freundinnen und Freunde gingen
manchmal hoch, beschwerten sich, dass dort nichts zum Spielen sei (weil
man in der Unordnung die verfügbaren Spielsachen gar nicht ausmachen konnte), und kamen ebenfalls wieder nach unten.*

*Schließlich hatte ich die Nase voll. Ich schnappte mir zwei Müllsäcke
(einen für Müll, einen für Spenden) sowie eine Papiertüte für alles, was
man recyclen konnte, und stellte meinen Modus auf «gnadenlos». Es
war kaum zu glauben, aber innerhalb von nur einer Stunde hatte ich
das Spielzimmer ausgemistet und aufgeräumt. Nun sah es hell, sauber
und einladend aus.*

*Als Jon und Laurel das Spielzimmer betraten, waren beide begeistert.
Auch Violet war ganz aufgeregt, nun einen neuen, mit Teppichboden
ausgelegten Raum zum Herumwuseln zu haben. Ich hatte die Sachen*

so eingeräumt, dass die kleinteiligen Spielsachen, die Vi verschlucken konnte, oben auf einem eingebauten Vorsprung außerhalb ihrer Reichweite lagen. Alles, was Violet-freundlich war, befand sich in verschiedenen Aufbewahrungsbehältern (Holz, Plastik, Stoff) auf dem Fußboden. Wir stellten unseren Spieltisch mit einem großen Puzzle für die Erwachsenen auf – und mit einem Mal hatte sich das Spielzimmer in einen Spaßraum für die ganze Familie verwandelt.

ARBEIT ALS SPIEL

Sie sollen Ihre Kinder nicht beschummeln oder ihnen etwas vorgaukeln, indem Sie ihnen Haushaltspflichten als Spielzeit verkaufen. Aber man braucht auch keinen großen Unterschied zwischen beidem zu machen. Besonders Kleinkinder und Vorschulkinder haben an Aufgaben im Haushalt Spaß. Den Tisch mit einem Lappen und einer kleinen Sprühflasche abwischen, den Boden wischen, Kuchenteig mit einem Handmixer rühren, Frischkäse auf einen Bagel schmieren ... viele Kinder mögen echte Erwachsenenarbeit, vor allem, wenn man ihnen den Spaßfaktor dabei zeigt. (Mehr zum Thema Haushaltspflichten in Kapitel 3.)

Als ich klein war, erschien mir Gartenarbeit lästig und anstrengend, weil wir immer nur Zeug entfernen mussten – Unkraut, Blätter, gemähtes Gras etc. Aber, oh!, die Freude, etwas Neues zu pflanzen! Ich bin beim besten Willen keine erfahrene Gärtnerin, aber das Gute an Gartenprojekten ist, dass sie so einfach oder vielseitig sein können, wie Sie das möchten, je nach Platz, Motivation und dem Wunsch, sofort Ergebnisse zu sehen. Wenn ich nach draußen gehe, um Gartenarbeit zu machen (Blumen pflanzen, Mulch verteilen, Unkraut jäten) und Laurel frage, ob sie mit-

machen möchte, dann sagt sie fast immer ja. Es liegt ein tief verwurzel-
ter Genuss darin, mit Dreck zu spielen, aber ich glaube, zum Teil ist sie
auch einfach nur gerne mit mir zusammen im Freien.

Auch größere Kinder spielen gerne im Dreck, besonders
wenn Geld und große Maschinen im Spiel sind. Sam
schiebt ganz stolz den Rasenmäher durch den Vorgar-
ten. Ich muss ihn selten zweimal bitten.

ELEKTRONISCHES SPIELZEUG ODER NICHT?

Elektronische Geräte sind Fluch und Segen zugleich. Sie können wunderbare Werkzeuge sein, mit deren Hilfe Ihr Kind
Zahlen und Farben lernen kann, sie bieten einen musikalischen Hintergrund, zu dem man tanzen kann (Violet dreht
sich fröhlich im Kreis, sobald sie Musik hört), oder sie können einen widerwilligen Leser bekehren. Handy-Spiele und
DVDs sind ein guter Zeitvertreib, wenn man unterwegs ist.
Manchmal sind sie praktische Helferlein, um die Kinder zu
beschäftigen, wenn man einfach mal Luft holen, die E-Mails
durchsehen oder sich mit dem Partner oder der Partnerin
kurzschließen möchte.

Laurel hat Interesse an Tanzkursen gezeigt, doch die
Aufführungen stellen für sie ein unüberwindbares Hin-
dernis dar. Im Gegensatz zu mir (ich liebe Auftritte und
bin mit Begeisterung als Solovioline aufgetreten) ist
Laurel nicht daran interessiert (sprich: panisch bei dem Gedanken), vor
einer Gruppe Fremder auf der Bühne zu stehen.

Eines Tages, als ich Laurel von einem Spieltreffen abholen wollte,
traf ich sie und ihre Freundin keuchend und wie verrückt lachend an.

Auf meine Frage, was denn los sei, führten sie mich ins Wohnzimmer, schmissen die Wii an und fingen an, die Wii-Choreographie zu Apache mitzutanzen. Es war absolut umwerfend. Ich war nicht nur beeindruckt davon, wie perfekt die beiden die Choreographie beherrschten, ich fand es auch schön zu sehen, wie Laurel tanzte und so viel Spaß hatte.

Seitdem hat Laurel ein paar Mal gefragt, ob wir eine Wii haben könnten. Ich habe kein generelles Problem damit, eine zu kaufen, aber sie stand bisher einfach nicht ganz oben auf meiner Liste der Prioritäten. Also sagte ich Laurel, dass die Anschaffung einer Wii für die Familie momentan zwar keine Priorität habe, dass sie sie aber gerne auf den Wunschzettel für ihren nächsten Geburtstag oder für Weihnachten setzen könne (auch um zu sehen, ob sie ihr dann immer noch so wichtig wäre). Ich fügte noch hinzu, dass sie sich bis dahin an der Wii ihrer Freundin erfreuen solle, wenn die beiden sich zum Spielen verabredeten. Das fand sie völlig in Ordnung.

Die andere Seite der Medaille ist der elektronische Sog: Die Stunden und Gelegenheiten für ein Zusammensein als Familie plätschern ungenutzt dahin, wenn Ihr Kind eingestöpselt ist. Dazu kommen die Streitereien und Verhandlungen darüber, wer die Kontrolle über die Spiele-Konsole (oder das iPad oder den Fernseher) hat und für wie lange, und auch darüber, ob vor oder erst nach den Hausaufgaben gespielt werden darf. Und werden die Kinder größer, dann werden außerdem Erwachsenen-Inhalte bei Videospielen sowie die Sicherheit im Netz und beim Chatten zum Thema.

Entscheidend ist, das richtige Maß zu finden, damit Elektronik als Hilfsmittel dient und nicht zum Hindernis oder zum ständigen Reibungspunkt wird. Im Einzelnen bleibt es jeder Familie persönlich überlassen, wie sie die Einführung und Kontrolle elektronischer Geräte handhabt. Da kommen der kulturelle Hintergrund, die Erziehungsphilosophie, die Möglichkeiten, Interessen, der Beruf der Eltern und das Naturell des Kindes ins Spiel. Auf jede Familie mit einem neunjährigen Xbox-Süchtigen kommt eine, in der das Kind sich nicht die Bohne für Videospiele interessiert. Wo immer sich Ihre Familie in diesem Elektronik-Spektrum verortet, empfehlen wir, den Kindern zu vermitteln, dass elektronische Geräte ein Extra sind und nichts Selbstverständliches, ein paar generelle Regeln zur Verwendung von Elektronik festzulegen (zum Beispiel wann, wie lange, welche Aufgaben erledigt werden müssen, bevor gespielt werden darf) und, falls nötig, zu klären, ob es sich dabei um eine «Bedürfnis oder Wunsch»-Ergänzung der Bandbreite an Spielmöglichkeiten handelt.

 **Erin auf Minimalist Parenting:** Ich bin Hausfrau und Mutter, und mein Mann arbeitet viel. Unsere Kinder hatten noch nie ein großes Schlafbedürfnis. Um bei Verstand zu bleiben, retten uns die Freitagabende. Mein Mann sorgt dafür, spätestens um 18.30 Uhr zu Hause zu sein, und ich habe den Kindern dann schon etwas Einfaches zu essen gemacht. Während wir sonst die Mediennutzung auf jeden zweiten Tag beschränken, erwarten wir von den Kindern, dass sie an den Freitagabenden mit dem iPad oder der Nintendo DS oder mit was auch immer in ihren Zimmern bleiben. Mein Mann und ich genießen eine etwas erwachsenere Mahlzeit (etwas Nettes vom Lieferservice zum Beispiel), dann sehen wir uns meist zusammen eine DVD an. Wir nennen es unsere «Date Night». Da wir uns nicht vier Mal im Monat einen Babysitter leisten können, hat uns diese Regelung wirklich geholfen. Unsere Kinder sind jetzt sechs und acht Jahre alt, aber wir haben mit dieser Tradition schon begonnen, als das jüngere drei war. An allen anderen Tagen haben wir selten vor 22 Uhr Feierabend.

Wenn Sie über Ihre Einstellung zu elektronischen Geräten nachdenken, sollten Sie, ähnlich wie beim Umgang mit Süßigkeiten (unsere Sicht dazu erläutern wir in Kapitel 12), nicht vergessen, dass eine Nutzung in Maßen langfristig oft eine bessere Lösung ist als ein komplettes Verbot. Anstatt elektronische Geräte zu verteufeln, können offene Gespräche und vernünftige, klare Grenzen die Auseinandersetzungen, die oft damit einhergehen, vermutlich reduzieren.

IN GESELLSCHAFT

Kinder spielen! Oder zumindest war das mal so. Dass wir überhaupt eine Gebrauchsanleitung fürs Spielen schreiben, sagt uns so einiges über den modernen Trend, Kinder rund um die Uhr zu beschäftigen und zu verplanen.

Aber nicht in *Ihrem* minimalistischen Leben! Wenn Sie die ganze «Aktivitäten-Kakophonie» aus Ihrem Terminplan streichen, werden Sie feststellen, dass sich während der Woche wunderbare freie Zeitspannen auftun. Zeit für Unabhängigkeit, Forschen und Entdecken sowie den Freundeskreis.

DIE KUNST DER VERABREDUNG

Verabredungen zum Spielen sind gut für Eltern *und* Kinder. Sie bieten Kindern die Möglichkeit, flexibel zu sein und herauszufinden, wie man sich einigt (denn es wird unweigerlich ein Gerangel um irgendetwas geben). Spieltreffen ermöglichen tiefere Freundschaften, die inmitten des Chaos auf dem Pausenhof oft schwer zu schmieden sind, besonders für schüchterne Kinder. Sie erlauben den Kindern, einfach nur zu spielen – sich komplizierte, phantasievolle Spiele auszudenken, die Eltern nicht immer verstehen, und sich mit Gleichgesinnten auf eine Weise zu unterhalten, für die Eltern nicht immer die Geduld aufbringen. Und schließlich bieten Spielverabredungen den Eltern Freiräume. Natürlich müssen Sie sie planen, doch Sie brauchen nicht beim Spielen dabei zu sein. Das Ziel ist schließlich, die *Kinder* spielen zu lassen und nicht als Dirigentin oder Dirigent eine Spiel-ähnliche Beschäftigung anzuleiten.

Falls Ihnen die Regeln der Spielverabredungen noch neu sind, kommen hier ein paar Richtlinien, wie Sie in Ihre neue Rolle als unsichtbare Gastgeber (oder abliefernde Eltern) finden.

Legen Sie Grundregeln fest

Machen Sie deutlich, dass gutes Benehmen wichtig ist, egal, ob Ihr Kind Gast oder Gastgeberin bzw. Gastgeber ist. Ermuntern Sie Ihr Kind, flexibel zu sein, wenn es darum geht zu entscheiden, was gespielt wird, und erinnern Sie es daran, dass es viel mehr Spaß macht, wenn man Spielsachen teilt und etwas zusammen macht. Üben Sie mit Ihrem Kind, wie man auf freundliche, respektvolle Weise ausdrückt, was man gerne möchte, und wie man Kompromisse schließt, wenn das andere Kind gegenteiliger Meinung ist. Sind Sie in der gastgebenden Rolle, dann gehen Sie die Regeln durch, sobald die Freundin oder der Freund ankommt, sodass jeder dasselbe zur selben Zeit hört. Wenn Sie Ihr Kind abliefern, dann teilen Sie dem anderen Elternteil mit, dass Sie Ihrem Kind die Regeln erklärt haben. Es wird sich ganz von selbst ergeben, dass mal Ihr Kind bei dem mitmacht, was das andere Kind möchte, und dass es mal mit einem Spiel beginnt, auf das es selbst Lust hat. Gutes Benehmen ist alles, und es lohnt sich immer, Kompromissfähigkeit und Flexibilität zu üben.

Halten Sie sich im Hintergrund

Im besten Fall ist ein Kinderspiel sowohl eine innere mentale Aktivität als auch eine externe physische. Es mag so *aussehen*, als ob die Kinder mit Playmobil spielen, doch in Wirklichkeit planen sie die Abwehr einer bösen Alien-Invasion. Wenn Sie auftauchen und mitmachen wollen, riskieren Sie, den Zauber zu brechen.

Bieten Sie einen Snack zur rechten Zeit an

Erhöhen Sie die Chancen auf ein harmonisches Spiel, indem Sie den Kindern beizeiten eine gesunde Stärkung und ein Glas Wasser anbieten. Nichts Besonderes, einfach nur eine Kleinigkeit zum Knabbern. Als ihre Kinder jünger waren, ging Asha immer mit den Snacks ins Zimmer, wenn sie bemerkte, dass die Stimmung drohte zu kippen. Manchmal braucht es nur diese kleine Ablenkung, um alles wieder ins Lot zu bringen.

Lassen Sie den Kindern die Chance, sich selbst zu einigen

Im Fall von Streitigkeiten sollten Sie dem Drang widerstehen, sofort hinzustürzen, um den Tag zu retten. Kinder müssen ihr Verhandlungsgeschick üben und lernen, miteinander auszukommen. Verhindern Sie diesen Lernprozess nicht, indem Sie allzu schnell eine Lösung anbieten.

Gehen Sie in guter Stimmung auseinander

Das alte Sprichwort, man solle aufhören, wenn es am schönsten ist, gilt auch für Spieltreffen. Wichtiger als jedes noch so ausgeklügelte Spielen ist ein guter Abschluss. Gehen Sie auf Nummer sicher mit einem kürzeren Spieltreffen und einem festgelegten Ende.

Jon und ich finden es extrem ermüdend, wenn Spieltreffen mit heftigem Widerstand und dem Gejammer nach noch etwas mehr Zeit enden. Irgendwann erklärten wir Laurel (und ihren jeweiligen Freundinnen und Freunden, die zu Besuch waren), dass die Chance auf ein weiteres Treffen angesichts eines solchen unversöhnlichen Ausklangs schlicht und ergreifend sinkt. (Wohlgemerkt drohen wir nicht damit, dass es nie wieder welche geben wird, denn das wäre mit Sicherheit kaum durchzuhalten.) Nicht, dass es nun nie mehr Widerstand und Gejammer gäbe, aber die Begründung hat dennoch gewirkt. Und wenn wir nun hin und wieder auf Widerstand stoßen, erinnern wir die Kinder leise daran, womit das Drama meist beendet ist.

Tauschen Sie sich mit anderen Eltern aus

Spielverabredungen sind die perfekte Gelegenheit, Ihren Bekanntenkreis zu erweitern. Plaudern Sie mit anderen Eltern, wenn Sie Ihr Kind abliefern, oder bitten Sie sie kurz herein, wenn diese ihre Kinder bringen. Erzählen Sie beim Abholen, wie das Spieltreffen gelaufen ist. Über die Freundschaft der Kinder in Verbindung zu kommen, kann die Grundlage einer wunderbaren wechselseitigen Beziehung werden.

SPIELEN IN DER NACHBARSCHAFT

Wer träumt nicht davon, sein Kind einfach zum Spielen nach draußen zu schicken? Tatsächlich ganz schön viele von uns. Moderne Erziehungsansätze sind anders als zu der Zeit, in der wir selbst aufwuchsen. Eltern machen sich mehr Gedanken um Sicherheit, entweder aus einer Notwendigkeit heraus, weil sie in einem lebhaften Stadtviertel wohnen, oder aufgrund der furchteinflößenden Geschichten, die in den Medien kursieren.

Klar, manchmal ist es nicht praktikabel oder sicher, sein Kind unbeaufsichtigt draußen rumlaufen zu lassen. Aber wenn Sie Ihr Kind bewusst mit Achtsamkeit wappnen (ihm zum Beispiel erklären, worauf es achten und was es in einer Notsituation tun soll) und wenn Sie daran arbeiten, in der Nachbarschaft Freundschaften aufzubauen, dann ist Ihr Kind bestens gerüstet, um einfach die Straße runterzulaufen und eine Freundin oder einen Freund zu fragen, ob sie oder er Zeit zum Spielen hat. Irgendwann werden Ihre Kinder ohne Sie in der Welt zurechtkommen müssen, und unabhängiges Spielen ist hierfür ein guter Anfang. Hier sind einige Wege, Vertrauen und spontanes Spielen in der Nachbarschaft zu ermöglichen und zu fördern.

Investieren Sie in Spielzeug für draußen
Es muss keine großangelegte Garten-Spielwiese sein. Ein Rasensprenger, der sich hin und her bewegt, ein billiges Badminton-Set, ein guter Ball oder ein bisschen Straßenkreide ist alles, was es braucht, damit Kinder zusammen spielen. In Ashas Nachbarschaft hat eine billige Plastik-Schaukel, die von einem Baum über dem Gehweg hängt, Generationen von Kindern unterhalten.

Zeigen Sie Ihrem Kind Gruppenspiele
Verstecken, Räuber und Gendarm, Fangen ... diese Spiele verlieren nie an Attraktivität. Wenn Sie selbst nicht wissen, wie man diese Spiele spielt, finden Sie jemanden, der sie kennt (fragen Sie im Zweifel ein älteres Nachbarskind), oder recherchieren Sie die Regeln im Internet.

Sprechen Sie über Sicherheit, und lassen Sie Ihrem Kind dann Raum
Sonnenschutz, das Überqueren der Straße, die Grenzen des «Herumstreunens» in der Nachbarschaft ... alles wichtige The-

men. Vor allem, wenn Kinder dadurch die Chance bekommen, ihre Fähigkeiten unter Beweis zu stellen. Geben Sie ihnen Raum, umherzustreifen und die Umgebung zu erkunden. Lassen Sie Kinder mit dem Fahrrad um den Block fahren, als Vorstufe zum Herumfahren in der Nachbarschaft. Die Kompetenzen und das Selbstbewusstsein, die sie dadurch gewinnen, sind von unschätzbarem Wert.

Suchen Sie sich ein Hobby im Freien

Falls Ihr Kind noch zu klein ist, um alleine draußen zu sein, bauen Sie sein unabhängiges Spielen schrittweise auf, indem Sie zunächst dabeibleiben und die Zeit nutzen, um ein bisschen Unkraut zu jäten oder den neu angelegten Garten des Nachbarn zu bewundern. Stellen Sie einen Liegestuhl in den Vorgarten, und lesen Sie die Zeitung, während Ihr Kind spielt. Lassen Sie es spüren, dass Sie Vertrauen in seine Fähigkeiten haben, indem Sie es selbst herausfinden lassen, was ihm Spaß macht.

Stärken Sie Kontakte in der Nachbarschaft

Falls es Ihrem Kind schwerfällt, aus Nachbarskindern Freundinnen und Freunde zu machen, unterstützen Sie es, indem Sie die ganze Familie zum Grillen einladen oder zu einem zwanglosen gemeinsamen Essen, zu dem alle etwas mitbringen. Wenn Ihr Kind sieht, wie die Erwachsenen sich unterhalten und einander kennenlernen, dann bekommt es vielleicht genau den Anstupser, den es braucht. Und Sie als Eltern entwickeln womöglich ein Verhältnis zueinander, bei dem man schon allein aufgrund der Nähe gern mal im Bedarfsfall einspringt.

Lassen Sie Ihr Kind auch ungeplant Freundinnen und Freunde mit nach Hause bringen. Sorgen Sie dafür, dass immer genug Knabberkram in der Speisekammer und Pizza im Gefrierschrank bereitliegt, falls Kinder zum Abendessen bleiben möchten. Machen Sie es Ihrem Kind so einfach wie möglich, Verbindungen in der Nachbarschaft aufzubauen.

WENN DAS SPIELEN
MAL NICHT GUT LÄUFT

Auf jedes ungezwungene Spieltreffen oder Fußball-Spiel in der Nachbarschaft kommt eins, das gründlich danebengeht. Regeln werden gebrochen, Spielsachen gehen kaputt, Gefühle werden verletzt, und die Eltern eiern herum, weil sie einerseits niemanden beschuldigen oder Ausreden erfinden möchten, aber andererseits auch unsicher sind, was nun zu tun ist.

Soziale Fähigkeiten müssen genauso erlernt werden wie akademische Fähigkeiten, und das geschieht bei jedem Kind in seinem eigenen Tempo. Wenn man dies versteht und darauf vorbereitet ist, und wenn man ein paar Lösungen parat hat, für den Fall, dass eine Bombe platzt, dann sollte es gelingen, die Sorge und Enttäuschung aller Beteiligten zumindest in Grenzen zu halten.

Besonders wichtig ist es zu wissen, dass *das Verhalten Ihres Kindes nicht Ihren Wert als Eltern reflektiert.* Auch wohlerzogene Kinder guter Eltern rasten manchmal aus (und wenn wir ehrlich sind, rasten auch die guten Eltern mal aus) – das gehört zum Lernprozess, der mit der Herausforderung einhergeht, mit anderen Menschen auszukommen. Hier kommen ein paar Tipps für den Umgang mit diesen Explosionen.

TRENNEN SIE DIE SCHADENSBEGRENZUNG VON DER PROBLEMLÖSUNG UND DEN FOLGEN

Wenn Kinder aufgebracht sind, hilft es meist wenig, sie dazu aufzufordern, logisch über die Situation nachzudenken (geschweige denn, sich zu entschuldigen). Halten Sie ein Urteil zurück und schlagen Sie vor, dass alle erst mal tief durchatmen. Fordern Sie die Kinder sanft auf, erst einmal zu sich zu kommen. Manchmal müssen Entschuldigungen bis zu einem anderen Tag warten (jedenfalls sind sie nur von Bedeutung, wenn ein Kind versteht, warum sie nötig sind).

HABEN SIE KEINE BEDENKEN, EIN SPIELTREFFEN ABZUBRECHEN

Geben Sie den Kindern Gelegenheit, das Problem zu lösen. Manchmal berappeln sie sich und spielen weiter, als sei nichts gewesen, wenn sie sich erst mal ein wenig beruhigt haben. Warten Sie ab, ob sich diese Möglichkeit abzeichnet. Wenn nicht, dann haben Sie keine Angst zu sagen: «Sorry, Kinder, aber für heute ist Schluss. Wir versuchen es gerne an einem anderen Tag wieder.»

BLEIBEN SIE IM GESPRÄCH

Seien Sie ehrlich und offen. Versuchen Sie nach Kräften, den Eltern des anderen Kindes zu vermitteln, was passiert ist (vielleicht kennen Sie selbst die Einzelheiten ja noch gar nicht), und machen Sie sich nicht klein. Falls Ihr Kind im Unrecht war, dann geben Sie es den anderen Eltern gegenüber zu. Aber schämen Sie sich nicht dafür. Ihr Kind (genauso wie das andere) hat ein gutes Herz und lernt noch.

HÖREN SIE IHREM KIND ZU

Wenn die Gemüter sich beruhigt haben, versuchen Sie das Problem gemeinsam mit Ihrem Kind zu lösen. Hören Sie zu, anstatt das Problem lösen zu wollen. Auch wenn es so scheint, als sei Ihr Kind eindeutig im Unrecht, hören Sie ihm erst einmal zu, um herauszufinden, warum es so reagiert hat. Das Knifflige in solchen Situationen ist, dass wir dazu neigen, nur das Problem zu sehen (jemand wird geschlagen oder angeschrien) und nicht die vorausgegangenen Ereignisse (jemand hat provoziert oder etwas ignoriert). Versuchen Sie das Verhalten vom Problem zu trennen. Sobald Sie das Problem erkannt haben, können Sie sich alternative Verhaltensweisen überlegen.

PROBEN SIE FÜR DAS NÄCHSTE MAL

Sorgen Sie dafür, dass Entschuldigungen stattfinden und Beschlüsse für die Zukunft umgesetzt werden. Proben Sie dann für das nächste Spieltreffen. Sie und Ihre Kinder sollten verstehen, dass sich Probleme tendenziell wiederholen, daher ist es wichtig, sich darauf vorzubereiten und zu üben, wie man sie löst.

Beim Spielen probt ein Kind fürs Leben. Indem Sie Ihren Terminplan minimalisieren und ihm Raum fürs Spielen und für Freundschaften lassen, machen Sie Ihrem Kind das wichtigste Geschenk der Welt: einfach Kind sein zu dürfen.

LERNEN – IN DER SCHULE
UND DANACH

Schon während der Schwangerschaft und mit einem Neugeborenen verspüren viele Eltern einen deutlichen Drang zur Perfektion, die Schuljahre jedoch treiben dieses Bestreben in völlig neue und schwindelerregende Höhen. Der mäandernde Zeitplan des Kleinkindes weicht einem strukturierten Schulalltag, und mit der Schule steht eine ganz neue Kategorie von Themen vor der Tür, über die man sich den Kopf zerbricht und die man «richtig machen» will: Sich für die vernünftigste Bildungsphilosophie entscheiden, um Plätze in der besten Schule konkurrieren, sich bereits im Kindergarten um Leistungsnachweise für die zukünftigen Uni-Bewerbungen bemühen. Eltern sind besorgt, dass ihr Kind nicht «mithalten» kann. Viele stolpern durch ein Labyrinth der Ängste, wobei der öffentliche Vergleich und das Gepäck aus der eigenen Kindheit erschwerend hinzukommen.

Wann ist aus der Ausbildung unserer Kinder ein halsbrecherischer Sprint von den Kleinkind-Förderkursen bis hin zum Schul- oder gar Universitätsabschluss geworden? Laufen unsere Kinder tatsächlich Gefahr, als Erwachsene zu versagen, wenn sie nicht durchweg Topnoten in einer Spitzenschule erreichen? Sind die Sorgen und Nöte wirklich notwendig? (Schlussfolgerung dieses Kapitels: NEIN.)

In diesem Kapitel präsentieren wir Ihnen unser minimalistisches Verständnis von der Ausbildung Ihres Kindes. Damit meinen wir keineswegs eine «minimale» Schulbildung – die Dinge einfach laufen lassen und auf das Beste hoffen –, und genauso wenig wollen wir elterliches Engagement niedermachen. Unser Ansatz erweitert vielmehr die Definition von Ausbildung über die Schule hinaus und verlängert den Zeithorizont bis jenseits der Uni-Jahre. Eine minimalistische Perspektive auf die Schuljahre berücksichtigt individuelle Unterschiede in den Interessen und der Persönlichkeit – sowohl in Hinblick auf Sie selbst als auch in Hinblick auf Ihre Kinder. Darüber hinaus bringen wir Ihnen die Ausbildungsentscheidungen, die Sie über die Jahre treffen, als spannend statt beängstigend nahe, weil es nämlich immer einen Spielraum gibt. Es stehen Ihnen so viele Möglichkeiten offen, es richtig zu machen, denn Ihr Ziel ist nicht, eine erfolgreiche Studentin oder einen erfolgreichen Studenten großzuziehen. Ihr Ziel ist es, einen erfolgreichen Erwachsenen großzuziehen.

MAN LERNT IMMER UND ÜBERALL

Unser erster Glaubenssatz des Minimalismus für Eltern – schaffen Sie Raum für Besonderes – bedeutet in diesem Zusammenhang, Raum zu schaffen für eine weit gefasste Definition von Ausbildung. Im Gegensatz zu Plätzen an einer angesehenen Schule sind Lernen und Bildung nichts, was einer Knappheit unterliegt. Machen Sie sich die vielfältigen Anlässe und Gelegenheiten, bei denen man etwas lernen kann, bewusst, und genießen Sie das beruhigende Gefühl, das damit einhergeht. Wenn Sie darauf vertrauen, dass Ihr Kind eigentlich ununterbrochen lernt, sind Sie nicht länger darauf angewiesen, die «richtige» Schule oder die «perfekte» Ausbildungsmethode zu finden.

Außerdem ist «perfekt» selten die richtige Umgebung, um Lust auf Lernen zu machen. Herausforderungen, sowohl akademischer Natur als auch solche, denen man sich unter weniger idealen Bedingungen gegenübersieht, können oft die fruchtbarste Lernumgebung schaffen. (Sich Herausforderungen zu stellen, bedeutet allerdings keineswegs zu ignorieren, dass ein Kind womöglich nicht in eine bestimmte Schule passt; mehr dazu später in diesem Kapitel).

DAS LEBEN IST EIN KLASSENZIMMER

Das Gehirn eines Kindes ist von Geburt an auf Lernen programmiert. Jede neue Erfahrung, jeder Kontakt, jedes Experiment – ein Baby, das verschiedene Gesichtsausdrücke ausprobiert, um zu testen, welcher davon die größte Reaktion hervorruft, ein Kleinkind, das eine heiße Herdplatte anfasst, oder ein Kind, das im Sommerurlaub im Sand buddelt – all das ist Lernen ... auch (oder vor allem) Dinge, die nicht nach Lernen aussehen.

Wenn Sie diese Arten von Erfahrungen mit in den Topf zu den offiziellen Lehr- und Unterrichtsplänen der Schule werfen und das gesamte Potpourri «die (Aus-)Bildung Ihres Kindes» nennen, dann beginnen Sie zu verstehen, wie groß dieser Topf tatsächlich ist. Er fasst eine ganze Menge.

Nehmen Sie sich etwas Zeit, und erinnern Sie sich an Ihre eindrucksvollsten Lernerfahrungen, sei es als Kind oder als Erwachsener. Fanden irgendwelche dieser Momente außerhalb der Schule statt? Mussten Sie dazu ein Hindernis überwinden – um dann zufällig auf eine Antwort zu stoßen? Lernen Sie auch heute noch neue Dinge?

Was Lernsituationen angeht, erinnert sich Mirabai am lebhaftesten daran zurück, dass sie darum bat, aus dem organisierten Schwimmkurs im nahegelegenen Schwimmbad aussteigen zu dürfen, um sich selbst das Schwimmen beizubringen (sie war zu der Zeit sieben Jahre alt). Jedes Mal, wenn sie jetzt etwas Neues lernt, erinnert sie sich an diese Erfahrung und an das Selbstvertrauen (und das Vertrauen in ihr eigenes Bauchgefühl), das sie dadurch gewonnen hat.

Leslee von cr8zygrrlceramics.etsy.com auf Minimalist Parenting: Ich hatte an der Highschool eine geniale Lehrerin in Anatomie und Physiologie – Donna Mae Huberman –, die regelmäßig ein Quiz veranstaltete, genannt «vier von sechs». Sie ließ sechs Schülerinnen bzw. Schüler nach vorne kommen und stellte ihnen dann Fragen, die den Unterricht der jeweiligen Woche betrafen. Wenn vier von sechs die richtigen Antworten gaben, bekam jeder im Kurs Punkte gutgeschrieben. Ja, ich lernte viel über Anatomie und Physiologie, aber ich lernte noch etwas Wichtigeres: Wir alle sind verantwortlich für den Erfolg der Gruppe. Jede und jeder von uns hat etwas beizutragen, das dem Kurs, der Schule und der Gesellschaft allgemein nützt.

Jarasa auf Minimalist Parenting: Etwas, das ich früh gelernt habe und das mich mein Leben lang begleitet hat, ist das Mantra meiner Mutter: «Von jeder und jedem, der oder dem du begegnest, kannst du irgendetwas lernen. Was wirst du von dieser Lehrerin, diesem Freund, jenem Feind und jener Bekannten lernen? Welche Verhaltensweise wirst du übernehmen?» Ein weiterer Grundsatz, den ich als Teil einer Familie, in der Erfolg in der Schule immer oberste Priorität genoss, gerne schon als Kind gelernt hätte, dem ich aber erst jetzt als Erwachsene begegnet bin, lautet: «Die Menschen werden sich nicht immer genau daran erinnern, was du getan oder gesagt hast, aber sie werden sich daran erinnern, wie sie sich mit dir gefühlt haben.»

Wenn Sie sich Ihre eigene Lernkurve anschauen, stellen Sie sicher fest, wie lang sie ist und wie unterschiedlich sie verläuft (und dass sie noch lange nicht zu Ende ist). Behalten Sie das in Erinnerung, hilft es Ihnen vielleicht, den Stress ein wenig herunterzuschrauben, dass Sie die Nadel der perfekten Schule im Heuhaufen der Möglichkeiten finden müssen.

Dabei sollten Sie bedenken, dass Ihr Kind nicht unbedingt so ist wie Sie und vielleicht einer anderen Lernkurve folgt. Es gibt grundlegende akademische Fähigkeiten, die jedes Kind lernen muss, und man *sollte* auch an eine Ausbildung oder den Besuch einer Hochschule und eine zukünftige Laufbahn denken. All das ist wahr. Aber wir plädieren dafür, die Aufmerksamkeit nicht auf das Bildungssystem zu richten, sondern auf die besonderen Werte und Prioritäten Ihrer Familie. So wird Ihr Kind sogar noch *besser* auf eine Welt vorbereitet, die es mit jeder Menge Auswahlmöglichkeiten und einem regen Wettbewerb erwartet.

Wenn Ihr Kind behütet, interessiert und insgesamt glücklich ist, dann lernt es auch – ganz gleich, was die Statistiken oder die Ergebnisse pädagogischer Tests sagen. Es gibt mehr als genug Zeit, um Fähigkeiten zu erlernen, doch nur wenige Jahre Kindheit, um eine Grundlage an Vertrauen, Problemlösungskompetenzen und Flexibilität auszubilden, die es wiederum einfacher machen, in Zukunft noch weitere Fähigkeiten zu erlernen (und sich dem ständigen Wandel der Welt anzupassen).

Sehen Sie es mal so: Vor nicht allzu langer Zeit war Tippen eine grundlegende Fähigkeit, die an Berufsschulen unterrichtet wurde. Geschickt mit einer Schreibmaschine umgehen zu können, war von Vorteil, wenn man einen Job suchte. Heute ist Tippen hingegen Teil des «inoffiziellen Lehrplans» für Kleinkinder, die auf dem iPad ihrer Eltern herumspielen. Die Fähigkeiten kommen fast von alleine – üben müssen die Kinder nur, das zur Verfügung stehende Equipment zu nutzen und kreativ damit umzugehen. Um diese Kompetenzen zu erwerben, eignet sich jede Art von Umgebung.

KULTIVIEREN SIE DIE NEUGIER

Wo stehen Sie nun also mit Ihrer frisch erweiterten Definition von (Aus-)Bildung? Verlangt eine minimalistische Lebensweise nicht eher, die Optionen zu beschränken, statt sie zu erweitern, bis sie *alles* umfassen? In der Tat. Im nächsten Abschnitt konzentrieren wir uns auf die praktische Herangehensweise. Genießen Sie zunächst einmal die beruhigende Erkenntnis, dass so ungefähr alles Lernen darstellt, nicht nur der «Schulkram»!

Genau wie die meisten anderen Eltern lieben auch wir die *Sesamstraße*. Doch der Grund, weshalb sie so ein Lern-Dauerbrenner ist, liegt darin, dass die Kinder sie lieben. So gesehen ist auch *Looney Toons* mit Bugs Bunny und Daffy Duck lehrreich, wenn auch auf völlig andere Weise und vielleicht für ein völlig anderes Kind. Lassen Sie all diese Möglichkeiten zu (sofern sie mit Ihren Werten vereinbar sind), und erfreuen Sie sich an dem, was sie mit Ihrem Kind machen.

 *Als Kind war ich ein großer Fan der Animationsserie* Super Friends – *Sie wissen schon: Superman, Wonder Woman und die ganze Bande? Mein Lieblings-Super Friend war Aquaman: Der Typ konnte mit Meerestieren kommunizieren!!! Rückblickend stellte Aquaman den Anfang meiner Begeisterung für den Lebensraum Ozean dar. Als ich aus Aquaman herausgewachsen war, kam Jacques Cousteau, gefolgt von Büchern und Kunstprojekten zum Thema Meer. Heute schleppe ich meine Familie an jedem Strand, den wir besuchen, gleich zum Gezeitenbecken – was zum Teil seinen Grund in der angeblich «verlorenen» Zeit hat, die ich am Samstagmorgen mit Trickfilmen vor dem Fernseher verbrachte.*

Folgen Sie Ihrer Neugierde, und regen Sie Ihre Kinder ebenfalls dazu an. Das Thema ist nicht so wichtig, solange Sie nur *voller Spannung und mit Eifer bei der Sache* sind. Seien Sie ein Vorbild für Wissensdurst und die Bereitschaft, kreativ zu werden und nach Antworten zu suchen.

- Erforschen Sie Ecken Ihrer Stadt, in denen Sie noch nie waren.
- Bieten Sie zum Abendessen neuartige Gerichte an (auch wenn sie nicht immer gegessen werden).
- Lesen Sie zusammen die Cartoons oder Witze in den Zeitungen – einige unserer besten Familiengespräche beginnen damit.
- Verbringen Sie Zeit in der Bibliothek, sehen Sie sich Bücher an, die interessant aussehen. Planen Sie eine Familien-Lesezeit, selbst wenn sie nur darin besteht, eine Viertelstunde lang Bilderbücher durchzublättern.
- Hören Sie unterschiedliche Arten von Musik.
- Gehen Sie spazieren, wandern Sie, fahren Sie Fahrrad – wohin auch immer.

- Beschließen Sie, interessante Unkräuter in Ihrem Garten einfach mal wachsen zu lassen.
- Bereiten Sie mit Ihrem Kind zusammen eine Mahlzeit zu.
- Gehen Sie zusammen Lebensmittel einkaufen.
- Übertragen Sie Ihren Kindern Verantwortung im Haushalt, und loben Sie ihre Bemühungen (auch wenn das Resultat fraglich ist). Erwarten Sie dann mit jedem Mal eine kleine Steigerung.
- Alles, was Ihnen noch so in den Sinn kommt, schreiben Sie bitte HIER dazu.

Ziel ist es, die Kinder daran zu gewöhnen, Dinge selbst herauszufinden, ob es nun um Wörter, Zahlen, physikalische Gesetze oder um Ideen geht. Geistige Beharrlichkeit ist in jedem Alter die Grundlage des Lernens.

An diesem Zeitpunkt bietet es sich an, außerschulische Aktivitäten anzusprechen: die Unzahl an Kursen, Ferienlagern, Workshops, Teams und Gruppen, die modernen Familien zur Auswahl stehen. Vorausgesetzt Sie haben die Mittel und Transportmöglichkeiten, sind viele dieser Kurse ein Weg, Kinder an neue Themen heranzuführen ... *in vernünftigem Maße*. Wenn es um außerschulische Aktivitäten geht, ist der Sog in Richtung «mehr, mehr, mehr» stark. Deshalb widmen wir Kapitel 10 der Rolle, die das außerschulische Angebot im Leben einer minimalistischen Familie spielen kann.

FÖRDERN SIE VERANTWORTUNGSGEFÜHL
UND UNABHÄNGIGKEIT

Ein weiteres Teilchen im (Aus-)Bildungs-Puzzle ist, dem Kind seine eigenen Fähigkeiten bewusst zu machen – die Tatsache, dass es gute, nützliche, die Welt verändernde Dinge leisten kann (auch wenn seine «Welt» sich im Moment auf das wilde Durcheinander eines Kinderzimmers beschränkt). Wenn Sie Ihrem Kind schon im frühen Alter Haushaltspflichten übertragen, zeigen Sie ihm, dass seine Arbeit von Bedeutung ist und dass es Teil eines größeren Systems (seiner Familie) ist, das sich auf seine Mithilfe verlässt.

Pflichten sind ein Crash-Kurs in Problemlösung (wenn ich zuerst die Bücher wegräume, brauche ich anschließend weniger Zeit, um mein Zimmer sauberzumachen), zeitverzögerter Belohnung (wenn ich meine Pflichten erledigt habe, darf ich fernsehen) und Lernförderung (ich kann mir schon selbst etwas zu essen machen!) – allesamt Bausteine eines Fundaments für Erfolg in der Schule und im Leben. Wenn Sie Ihre Phantasie mal ein paar Jahre vorauseilen lassen, können Sie sich ein Kind ausmalen, das die Waschmaschine bedienen, Essen machen, mit seinem Geld umgehen und den Rasen mähen kann. Nicht schlecht, so eine Helferin oder so einen Helfer im Haus zu haben, die oder der sich noch dazu auf dem besten Weg zu einem sanfteren Übergang ins Erwachsenenleben befindet.

Wir behandeln Haushaltspflichten ausführlich in Kapitel 3, dennoch ist es sinnvoll, ihre Bedeutung auch hier noch einmal zu erwähnen, weil sie in direktem Zusammenhang mit Schulaufgaben stehen. Wenn die Kinder noch jung sind, ist es vielleicht schwer vorstellbar, doch schon bald werden sie Hausaufgaben machen müssen, und je mehr sie an eigenständiges Arbeiten gewöhnt sind, desto eher werden sie Hausaufgaben als ihre eigene Verantwortung betrachten und nicht als Ihre. Findet diese Auseinandersetzung erst statt, nachdem das Kind schon zur Schule geht, ist dies unserer Erfahrung nach weit schwieriger zu vermitteln.

BETRACHTEN SIE DIE (AUS-)BILDUNGSGESCHICHTE IHRER FAMILIE

Viele Erfahrungen, die man als Elternteil macht, bringen prompt die eigenen Kindheitserinnerungen zum Vorschein, und die Schule ist in der Hinsicht ein Klassiker. Rücken die Schuljahre unserer Kinder näher, holen wir einen Koffer voller Hoffnungen, Ängste, Erwartungen und Befürchtungen hervor. Nun, da Sie (Aus-)Bildung aus einem erweiterten Blickwinkel betrachten, ist es an der Zeit, sich mit Ihren grundlegenden, oft unausgesprochenen Vorstellungen auseinanderzusetzen, um zu sehen, ob sie in Ihre minimalistische Vision des Familienlebens passen … und ob sie für Ihr Kind sinnvoll sind.

NEHMEN SIE IHRE EIGENEN VORSTELLUNGEN VON SCHULE UNTER DIE LUPE

Nehmen Sie sich etwas Zeit, um sich an Ihre eigenen Schulerfahrungen und die familiären Erwartungen, die an Sie gestellt wurden, zu erinnern (am besten nehmen Sie dafür Notizbuch und Stift zur Hand). Beantworten Sie diese Fragen:

- Hat Ihnen die Schule Spaß gemacht? Haben Sie bestimmte Zeiten / Jahre mehr gemocht als andere? Warum? Warum nicht? Versuchen Sie, so präzise wie möglich zu sein – Ihre

Antworten werden Ihnen eine Menge über Ihre schulbezogenen Vorurteile verraten.

- Empfanden Sie Bestätigung durch Lehrende, Zensuren und andere Formen von Bewertung als motivierend oder einschüchternd?
- Wie sah es mit Schulfreundinnen oder -freunden aus? Hatten Sie welche? Ein oder zwei enge Freundinnen oder Freunde? Viele? Bedeuteten Schulkameradinnen und -kameraden Freude oder Ärger für Sie? War Gruppenzwang ein Thema?
- Zur Einstellung Ihrer Eltern: Wie war die Haltung Ihrer Eltern zu Lernen und Leistung in der Schule? Waren ihnen Ihre Zensuren wichtig? Und ob Sie gerne zur Schule gingen? Waren Ihre Eltern engagiert? Falls nicht, haben Sie sich trotzdem unterstützt gefühlt? (Dies ist wichtig: Eltern müssen nicht unbedingt präsent sein, um die Ausbildung ihres Kindes aktiv zu fördern.)
- Galten Sie als «brav» oder als «Unruhestifter/-in»? (Solche Etikettierungen sind nicht immer zutreffend, können aber große Auswirkungen auf die Selbstwahrnehmung eines Kindes haben.)
- War es Ihnen wichtiger, Ihrer Neugier zu folgen oder die richtige Antwort zu geben?
- War Schule ein wichtiger Bestandteil Ihrer allgemeinen Stellung in der Nachbarschaft oder sonstigen Gemeinschaft?
- Würden Sie rückblickend Ihre Schuljahre als «glorreiche Zeiten» beschreiben oder als «eine Art Gefangenschaft, bevor das wahre Leben begann»?

Wenn Sie über die Antworten nachdenken, dann konsultieren Sie auch Ihren inneren Navigator (den Sie in Kapitel 1 kennengelernt haben). Was rät er Ihnen? Sich voller Spannung auf den Übergang Ihres Kindes in die Schule zu freuen? Oder sich zu sorgen, misstrauisch zu sein und Ihr Kind zu beschützen?

Ihre Antworten – und Ihre auf den eigenen Erfahrungen basierenden Vorstellungen – sind äußerst wichtige Werkzeuge, um den Prioritäten für die (Aus-)Bildung Ihres Kindes auf die Spur zu kommen. Vielleicht entdecken Sie eine überraschend positive Reaktion auf strenge Wissenschaft und Zensuren. Oder Sie entdecken vielleicht, dass der Großteil Ihrer eigenen schulischen Lernerfahrungen sozialer Natur war, während die Erinnerung an den Unterrichtsstoff eher zweitrangig ist. Ihre Vorstellungen sind in Ihrer eigenen Erziehung und Umgebung begründet und können klärend zu den Entscheidungen hinsichtlich der (Aus-)Bildung für Ihr Kind beitragen.

LEGEN SIE DIE (AUS-)BILDUNGSPRIORITÄTEN IHRER FAMILIE FEST

Nachdem Sie sich Ihrer Vorstellungen zu (Aus-)Bildung bewusst geworden sind, die Sie in sich tragen, können Sie nun Ihren Blick auf die Art von Bildung richten, die Sie sich für Ihr Kind erhoffen. Was ist *für Sie* eine gebildete Person? Wenn Ihr Kind mit nur ein oder zwei Errungenschaften aus seinen Schuljahren hervorgeht, welche sollten das sein?

Ist es die Fähigkeit, Probleme kreativ zu lösen? Eine globale Perspektive und eine Fremdsprache? Eine hohe Arbeitsmoral? Interesse an Kunst und Musik? Ein guter Stand in der Gemeinschaft? Und wie sieht es bei Ihrem Partner oder Ihrer Partnerin aus: Sind seine oder ihre Werte anders als Ihre?

Respektieren Sie diese Werte und nehmen Sie ernst, wie Sie Ihr Kind sehen, wenn Sie sich mit der Schullandschaft vertraut machen. Vertrauen Sie auf die Belastbarkeit Ihres Kindes, in den meisten Fällen wird es sich der Umgebung anpassen, die Sie aussuchen. (Und wenn doch nicht ... Kurskorrekturen sind jederzeit möglich. Dazu kommen wir später in diesem Kapitel.) (Aus-)Bildungs-Philosophien sind wie alles andere Moderströmungen unterworfen, haben Sie also keine Angst, bei Ihren Prioritäten zu bleiben, wenn Sie Schuloptionen erforschen ... Viele Wege führen zu einem bedachten, neugierigen, gut informierten Leben als Erwachsene oder Erwachsener.

Für meinen Vater bedeutete «eine Ausbildung», sich ernst und hingebungsvoll der Schularbeit zu widmen, mit Schwerpunkt auf den grundlegenden Fähigkeiten im Lesen und Schreiben, in Mathematik und Geschichte; hinzu kam Respekt für Autoritätspersonen und schließlich ein Hochschulabschluss. Mein Vater ist in Indien aufgewachsen und hatte daher kein großes Interesse an alternativen Schulformen oder kreativem Ausdruck. Meine Mutter wuchs hingegen in den 1950er Jahren in Los Angeles, Kalifornien auf, ihre Erinnerungen an die Schule unterscheiden sich also dramatisch von seinen. Die Erfahrungen, die sie in jenen Jahren gemacht hat, waren von Gruppenzwängen getrübt, also machte sie sich nicht nur Gedanken um meine Schulleistungen, sondern auch um das soziale Umfeld.

Jedes Mal, wenn ich meinen Vater um Erlaubnis bitten musste, um an einer gesellschaftlichen Veranstaltung teilzunehmen, war seine Antwort: «Bücher sind deine einzig wahren Freunde.» Was für eine Ironie. Ich war so sehr bemüht dazuzugehören (aufgrund der unterschiedlichen ethnischen Zugehörigkeit und sozialökonomischen Verhältnisse, die ich so deutlich zu spüren bekam), dass ich mich von der Schule und dem «Bücher sind deine einzig wahren Freunde»-Mantra abwandte (mit dem Ergebnis, dass ich in der Highschool eine eher mittelmäßige Schülerin war), weil

ich nicht dem Stereotyp der schlauen Asiatin entsprechen wollte. Diese
Erfahrungen – sowie meine berufliche 180-Grad-Wende – beeinflussen
die Art, wie ich die (Aus-)Bildung meiner Kinder sehe. Natürlich möchte
ich, dass es ihnen in der Schule gut geht (wenn auch hauptsächlich, weil
ich mich daran erinnere, wie verstörend und hart es war, in der Klasse
nicht «dazuzugehören»), aber noch wichtiger ist mir, dass sie etwas fin-
den, das sie begeistert, ob es eine Wissenschaft ist, Kunst oder etwas
anderes (zurzeit möchte Laurel Konditorin werden, wenn sie groß ist).

DIE PRAKTISCHEN ASPEKTE:
GELD UND ZEIT

Sosehr wir eine Schule am liebsten allein aufgrund der päda-
gogischen Ausrichtung aussuchen, muss sie auch in unser tägliches Leben passen. Lange Fahrten, hohe Kosten sowie Freundinnen und Freunde, die weit entfernt wohnen, können genug
Stress in ein Familiensystem bringen, um all die Vorzüge, die
die Schule bietet, wieder zunichtezumachen.

Wenn Sie die Schulen, die für Ihr Kind in Frage kommen, ge-
geneinander abwägen, dann denken Sie auch an die Unabhängigkeit, die Bewegung und die Verbundenheit mit dem Viertel
und der Nachbarschaft, die damit einhergeht, wenn Ihr Kind
zur Schule laufen oder mit dem Rad hinfahren kann. Die kurzen Wege und Freundschaften, die eine nahegelegene Schule
ermöglicht, werden ungeheuer wertvoll, sobald Ihr Kind alt
genug ist, um Verantwortung für sein eigenes gesellschaft-
liches Leben zu übernehmen (wie einfach mal zum Spielen
zu einer Freundin oder einem Freund rüberzulaufen). Wenn
die Grundvoraussetzungen wie Sicherheit gegeben sind und
die Schule einigermaßen in Ordnung ist, können Sie davon
ausgehen, dass sie ansonsten die volle Bandbreite guter und

schlechter Lehrerinnen und Lehrer, Programme und Möglichkeiten bietet ... wie *jede* andere Schule auch.

DIE WAHL EINER SCHULE

Sie haben die Prioritäten, Werte und praktischen Möglichkeiten Ihrer Familie ermittelt. Dadurch konnten Sie hoffentlich die Liste der in Frage kommenden Schulen bereits eingrenzen. Wenn Sie Ihre Optionen auf eine einzige Schule reduziert haben – Glückwunsch! Dann können Sie den folgenden Abschnitt überspringen und sich einen Kaffee machen! Wenn nicht, dann lautet die 64 000-US-Dollar-Frage immer noch: Welche Schule sollten Sie wählen?

Die gute Nachricht: Es gibt wahrscheinlich keine falsche Antwort. Jede Schule (einschließlich der für 64 000 Dollar im Jahr) hat ihre Stärken und Schwächen, ihre Star-Lehrer/ -innen und ihre Nieten. Sie haben ja schon vorgearbeitet und herausgefunden, was für Ihre Familie wichtig und möglich ist – nun brauchen Sie nur noch die Schule auszuwählen, die am vielversprechendsten scheint. Es ist wirklich so einfach. Versuchen Sie, während dieses Prozesses Raum für einige neue Überzeugungen zu schaffen.

FÜHLEN SIE SICH NICHT GEZWUNGEN, JEDER VERFÜGBAREN OPTION NACHZUGEHEN

Googeln Sie ein wenig, sprechen Sie mit Freundinnen und Freunden, und gehen Sie zu ein paar Info-Veranstaltungen. Wenn es so weit ist, dann treffen Sie die beste Entscheidung, wenn Sie Ihrem Bauchgefühl folgen (das bevorzugte Signal Ihres inneren Navigators). Ihr Kind auf eine Schule zu schicken, bei der Sie ein gutes Gefühl haben, ist wichtiger als eine Wahl aufgrund von Bewertungen oder einem guten Ruf in der Gegend. Denken Sie daran: Sie vertrauen der Schule und ihren Lehrerinnen und Lehrern die Betreuung und das Wohlbefinden Ihres Kindes an. Diese Beziehung sollte mit einem Gefühl des Vertrauens beginnen, sonst ist sie von vornherein angespannt.

 *Ich habe mich wie eine Rabenmutter gefühlt, als ich herausfand, dass andere Mütter Monate damit zubrachten, zu recherchieren, Vorschulen zu besuchen, mit Lehrerinnen und Lehrern zu sprechen, ihre Kinder auf Wartelisten zu setzen etc. Wir haben zwei oder drei Schulen besucht und uns dann für die entschieden, die sich richtig anfühlte. Mit ein bisschen Glück haben wir für unser Kind einen Platz in einer kleinen, nahegelegenen Vorschule bekommen, doch rückblickend weiß ich nun, dass Sam, wenn es nicht gut gegangen wäre, auch in einer anderen Schule glücklich und gut betreut gewesen wäre.*

 *Aus logistischen Gründen suchte ich schon einige Jahre, bevor Laurel ins Vorschulalter kam, eine passende Schule aus. Weil ich wieder arbeitete, war ich auf eine Kita mit Kleinkindbetreuung angewiesen, die definitiv schwerer zu finden ist, und ich wollte spätere Wechsel vermeiden (im Idealfall also eine Kleinkindergruppe, die dann in die Vorschule überging). Als ich die Vor- und Nachteile der verschiedenen Möglichkeiten betrachtete, dachte ich: «Diese Optionen sind alle in Ordnung. Die Einrichtungen sind sauber, wirken sicher, und es scheint jede Menge Spielsachen für drinnen und draußen zu geben.» Die Kita, für die wir uns letztlich entschieden, hat Gruppen vom Baby bis zum Vorschulalter.*

Kurz bevor Laurel mit der Vorschule anfing, nahmen viele Familien

ihre Kinder aus der Einrichtung, weil sie einen «strengeren Lehrplan» wollten (die Kita orientiert sich an der Lernen-durch-Spielen-Philosophie). Ich erinnere mich noch, dass ich dachte: «Mensch, ich habe keine Ahnung, was das für eine Dreijährige überhaupt heißen soll.» Ich weiß nicht, wie es diesen Kindern heute geht – ob ihr strenger Lehrplan seinen Zweck erfüllt hat –, aber ich weiß, dass Laurel dort, wo sie war, in jedem Alter viel gelernt hat und jetzt ohne Probleme in der Schule zurechtkommt. Es war total schön, mit Violet in dieselbe Kita zurückzukehren.

KEINE SCHULE IST PERFEKT

In jeder Schule trifft man auf Lehrkräfte mit Burnout, Unterricht, der wahrlich nicht immer perfekt ist, und Störenfriede in den Klassen. Manche Jahre sind besser als andere, sowohl schulisch als auch sozial. Und das ist gut so. Hochs und Tiefs gehören zum Lernprozess, sie stärken Widerstandskraft und Toleranz. Letztlich schaffen Schwankungen eine bessere Ausgangsbasis für ein glücklicheres Leben.

Sam hatte einmal einen Lehrer, der streng bis an die Grenze der Sturheit war. Er gab seinen Schülern phantastische, gut strukturierte Aufgaben und hielt sie auf einem hohen Standard, aber sein Unterricht war ziemlich strikt. Sam regte sich häufig darüber auf, was der Lehrer ihm abverlangte. Ich weiß, dass eine sanftere Methode besser für ihn gewesen wäre. Doch ich weiß auch, dass dieser Lehrer sehr erfahren war – das zeigte sich in der Qualität seines Unterrichts und der Aufgaben. Sam und ich hatten viele Gespräche darüber, wie man mit einem Menschen arbeiten kann, dessen Persönlichkeit nicht zu einem «passt». So lernte er das Konzept des «Spielraums» – bei manchen Lehrerinnen und Lehrern hat man ihn, bei anderen nicht. Rael und ich hörten uns seinen

Frust an und hatten Verständnis dafür, wie schwierig es war, sich inner-
halb so enger Grenzen zu bewegen, aber wir haben nie Respektlosigkeit
gegenüber dem Lehrer toleriert. Auch wenn ich glaube, dass Sams Mo-
tivation vielleicht als Folge der Spannungen mit diesem Lehrer gelitten
hat, so hat er bei ihm doch auch mehr darüber gelernt, wozu er fähig ist,
als in all den Jahren zuvor.

DIE BEDEUTUNG DES FAMILIÄREN RÜCKHALTS

Wir haben schon darüber gesprochen, welche Rolle tägliches
Lernen für die Entwicklung von Kindern spielt. Und daraus
folgt, dass das Umfeld und die Unterstützung durch die Eltern
(ganz zu schweigen von all dem, was Kinder sozial, emotional
und schulisch durchleben) genauso viel Einfluss haben können
wie der formale Lehrplan und der Unterricht (wahrscheinlich
sogar noch mehr).

 *Unseren bisherigen Erfahrungen zufolge glauben Jon*
und ich inzwischen, dass die Art und Weise, wie Eltern
und Lehrkräfte dazu beitragen, den Lernweg des Kindes
zu gestalten, aber auch die eigene Motivation des Kin-
des stärkeren Einfluss auf den schulischen «Erfolg» haben als das Ran-
king der Schule. Ich ging auf eine erstklassige Highschool, war aber eine
unmotivierte Schülerin. Ich erhielt nur in Musik Bestnoten, ansonsten
waren meine Zensuren absolut durchschnittlich. Erst als ich aufs College
kam, zündete mein akademischer Funke – meine Lehrenden und die
Materialien inspirierten mich, und mich motivierte auch die Tatsache,
dass ich mich vom zweiten Jahr an selbst finanzieren musste. Ich schloss
mit dem Master ab, promovierte und erhielt ein Postdoktorandenstipen-
dium an einem Dreierbund der renommiertesten medizinischen Institute
Bostons.

Im Gegensatz zu mir besuchte Jon eine weniger angesehene High-school, die er als Bester seiner Klasse abschloss. Er ging auf ein Spitzen-College in der Gegend von Boston und machte schließlich zwei Master-Abschlüsse. Ich amüsiere mich oft darüber, wie unterschiedlich unsere Startpositionen waren und dass wir dann doch am selben Ort gelandet sind.

Diese Erfahrungen waren entscheidend, als wir unser Vorgehen bei Laurels Schulausbildung festlegten und als wir entschieden, wo wir wohnen wollten. Boston ist eine akademische Brutstätte. Menschen bringen große finanzielle Opfer, um in Städten mit den besten Ausbildungsstätten zu leben. Aber da Laurel keinerlei besondere Lernschwierigkeiten zu haben schien, waren Jon und ich sicher, dass sie in jeder Schule zurechtkommen würde – solange sie sauber und sicher war.

Kurz bevor Laurel in die Kita kam, endete unser Mietvertrag, und wir waren bereit, Wurzeln zu schlagen. So landeten wir schließlich in einem Wohnviertel zehn Minuten von Boston entfernt, wo die Schulen nicht so einen guten Ruf genießen wie in den umliegenden Städten mit höherem Einkommen. Als wir in unserem Bekanntenkreis erzählten, wohin wir umziehen wollten, fragten einige Leute uns, ob wir uns keine Sorgen wegen der Schulen machen würden. Doch der Wohnraum war nicht so teuer, und uns gefiel die Vielfalt des Viertels. Unsere Entscheidung hat sich als richtig herausgestellt. Das Gemeinschaftsgefühl unter Eltern ist einzigartig und die Nachbarschaft unglaublich freundlich. Laurel lernt, fühlt sich wohl und kommt gut voran. Ihre Schule hat mehr als genug zu bieten.

Der Ansatz, bei der Schulauswahl neben dem Guten auch Schlechtes in Kauf zu nehmen, ist für alle Beteiligten von Nutzen. Ihr Kind lernt, dass es stark genug ist, mit einer Vielfalt von Situationen umzugehen, auch mit weniger idealen. Sie werden eher mit als gegen die Lehrerinnen und Lehrer Ihres Kindes arbeiten. Und Sie können sich mit dem Wissen, dass die natürlichen Veränderungen in der Schullaufbahn Ihres Kindes ihm eine fundierte (Aus-)Bildung verschaffen, entspannt zurücklehnen.

DIE «PASSFORM» DER SCHULE IM AUGE BEHALTEN

Hoffentlich verlaufen die Schuljahre Ihres Kindes glatt, und die unvermeidbaren Bodenwellen sind selten und eher klein. Aber was genau bedeutet «glatt»? Manchmal ist es schwer zu sagen, weil die Schulwelt und die Welt zu Hause völlig verschieden sein können. Sicher, wir erwarten mehr von den Schuljahren unseres Kindes, als dass sie nur ohne Vorfälle vorübergehen – wir wollen, dass unsere Kinder *weiterkommen*. Aber wie kann man wissen, wie ein «Weiterkommen» aussieht, wenn die Schulerfahrungen Ihres Kindes von Woche zu Woche und von Jahr zu Jahr so sehr variieren?

Die Antwort liegt darin zu wissen, welche Probleme nur Symptome eines vorübergehenden Unbehagens sind und welche Signale für tiefer gehende, anhaltende Schwierigkeiten, die ein Handeln erfordern. Es ist eine schwammige Angelegenheit, und Sie sollten genau auf Ihr Kind und auf Ihr Bauchgefühl achten.

DIE BEWERTUNG VON LERNFORTSCHRITTEN

Kinder lernen und entwickeln sich bekanntlich in unterschiedlichem Tempo. Ein Kind wiegt an seinem fünften Geburtstag 20 Kilo, während ein anderes Kind diese Marke erst mit sieben Jahren erreicht. Ein Kind fängt schon in der Vorschule an zu lesen, während ein anderes bis zur zweiten Klasse braucht, um den Dreh herauszuhaben. Dasselbe gilt für soziale Kompetenzen, Reife und die Fähigkeit, stillzusitzen, Anweisungen zu verstehen und eine Unterhaltung zu führen ... All diese Fähigkeiten entwickeln sich bei verschiedenen Kindern zu unterschiedlichen Zeiten.

Doch in der Schule ist es fast unmöglich, der Versuchung zu widerstehen, den Vergleich mit anderen Altersgenossen anzustellen – und sich dann Sorgen zu machen, wenn man Unterschiede feststellt, *ganz besonders* weil Vergleich und Überprüfung Teil dessen sind, worum es in der Schule geht. Von den Kindern wird erwartet, dass sie zu bestimmten Zeitpunkten bestimmte schulische Leistungsziele erreicht haben, und größere Abweichungen in den sozialen Kompetenzen können sich im Klassengefüge als schwierig erweisen (und Ihnen mehr Gespräche mit Lehrkräften und der Schulleitung verschaffen, als Ihnen vielleicht lieb ist).

Denken Sie langfristig

Betrachten Sie die akademischen und sozialen Leistungsziele der Schule aus einer längerfristigen Perspektive. Nur weil Ihr Kind am Ende der Kita-Zeit noch nicht lesen oder während der Erzählstunde nicht stillsitzen kann, bedeutet dies nicht unbedingt, dass ein Problem vorliegt oder Lehrkräfte und Schule nicht passen. Es könnte einfach nur darum gehen, Ihrem Kind die Zeit zu geben, seine natürliche Entwicklung ihren Lauf nehmen zu lassen.

Sprechen Sie mit – und vertrauen Sie – der Lehrerin oder dem Lehrer

Eine dauerhaft offene, freundliche und vertrauensvolle Kommunikation mit den Lehrkräften Ihres Kindes zahlt sich wirklich aus. So können Sie sich mit der Lehrerin oder dem Lehrer besprechen, wenn Probleme auftauchen, und darüber hinaus auch an einer Lösung mitwirken. Lehrkräfte haben den großen Vorteil, viele Kinder durch das System gehen zu sehen und können daher wertvolle Einschätzungen bieten, nicht nur in Bezug auf die Entwicklung Ihres Kindes, sondern auch im Hinblick auf ein unterschiedliches Verhalten in der Schule und zu Hause. Es ist beruhigend zu wissen, dass noch ein weiteres liebevolles, aufmerksames Augenpaar auf das Wohl Ihres Kindes gerichtet ist.

 *Mira ist eine gewissenhafte Schülerin, und sie liebt ihre Lehrerinnen und Lehrer. Wenn sie eine Hausaufgabe nicht macht, so liegt es nicht an Lustlosigkeit, sondern daran, dass ihre organisatorischen Fähigkeiten sich noch in der Entwicklung befinden und nicht beständig sind. Ich halte mich aus den Hausaufgaben meiner Kinder raus – ich biete Unterstützung und Strukturen an, damit sie erledigt werden, überlasse die Arbeit an sich aber ihnen selbst. Als ich in Miras Lernentwicklungsbericht las, dass sie eine fällige Hausaufgabe nicht abgegeben hatte, teilte ich dem Lehrer mit, dass ich es zur Kenntnis genommen hatte und Mira einmal daran erinnern würde, dass ich es dann aber ihr allein überlassen würde. Ich zeigte Mira, wie man einen Kalender benutzt, um sich an Fristen zu erinnern. Ich gab ihr einen Stapel Post-its als visuelle Merkhilfe. Es wird sich herausstellen, ob die Hausaufgabe erledigt wird. Auf jeden Fall findet der Lehrer es gut, dass mir Miras Unabhängigkeit wichtiger ist, und Mira wird etwas Nützliches aus dieser Erfahrung lernen – wie immer es auch ausgehen wird.*

Hören Sie letztlich auf Ihr Bauchgefühl

Ihr Kind mit seinen Altersgenossen zu vergleichen, *kann* helfen, mögliche Probleme zu erkennen, wenn Sie bereits das Gefühl haben, dass etwas nicht stimmt. Hier ist es entscheidend,

Ihr Bauchgefühl im Auge zu behalten, denn Sie kennen Ihr Kind schließlich am besten. Sie wandern auf einem schmalen Grat, indem Sie Ihr Kind unterstützen, Respekt für das Schulsystem vorleben und falls nötig Ihr Kind verteidigen.

Wie jeder Mensch haben Lehrerinnen und Lehrer ihre Vorlieben und tendieren daher manchmal dazu, «Probleme» durch die Linse ihrer eigenen Erfahrungen zu betrachten und entsprechend zu reagieren (und Bericht zu erstatten). Wo zum Beispiel der eine Lehrer eine «Verhaltensauffälligkeit» wahrnimmt, sieht eine andere Lehrerin ein ängstliches Kind, das Unterstützung benötigt. Lehrkräfte sind in ihrer Zeit oft eingeschränkt und müssen sich um die Bedürfnisse jeder und jedes Einzelnen in der Klasse kümmern. Aufgrund dieser äußeren Anforderungen, und nicht unbedingt wegen Nachlässigkeit, kann es dazu kommen, dass Lehrkräfte subtile Signale einer aufkommenden Schwierigkeit übersehen.

Wenn die Lehrerin oder der Lehrer behauptet, alles sei normal, Sie das Gefühl, dass etwas mit Ihrem Kind nicht stimmt, aber trotzdem nicht loswerden, dann ignorieren Sie das nicht – auch wenn Sie sich unsicher fühlen oder Angst haben, überfürsorglich zu sein. Wir können das nicht oft genug betonen. Kinder schämen sich oft, um Hilfe zu bitten. Vielleicht sind sie sich auch ihres Problems nicht einmal bewusst. Betrachten Sie Ihre Intuition wie den wohlwollenden Hütehund Ihres Kindes, beobachten Sie die Situation, und schreiten Sie ein, wenn Sie beunruhigt sind.

Beziehen Sie Ihr Kind ein

Mit dem richtigen Werkzeug und ein wenig Anleitung können Kinder und Lehrkräfte die meisten Probleme gemeinsam lösen. Üben Sie mit Ihrem Kind, sich selbst zu verteidigen – respektvolle Fragen zu stellen, vernünftige Vorschläge zu machen, vor und nach dem Unterricht die Lehrerin oder den Lehrer um Hilfe zu bitten und sich an die Vertrauenspersonen der Schule zu wenden.

Falls nötig, holen Sie sich externe Hilfe
Es kann vorkommen, dass Ihr Kind etwas mehr Hilfe benötigt, sei es von Ihnen, von einem Schulpsychologen, einer Ärztin, einem Nachhilfelehrer oder einer Therapeutin. Scheuen Sie sich nicht, zusätzliche Unterstützung zu suchen, wenn Ihr Kind sie braucht (und Sie selbst auch).

WENN ES IN DER SCHULE NICHT GUT LÄUFT

Was tut man, wenn es trotz größter Bemühungen aller in der Schule einfach nicht läuft? Woher wissen Sie, ob das Problem an der Schule liegt, an der Lehrerin, am Lehrer, an Ihrem Kind oder an Ihnen selbst? Woher wissen Sie, ob es besser wäre, auf ein zusätzliches Jahr an Reife und Entwicklung zu setzen, auf den Wechsel der Lehrkräfte im nächsten Schuljahr oder auf eine andere Schulumgebung?

An dieser Stelle müssen Sie sich darauf verlassen, dass Ihr innerer Navigator die Führung übernimmt, denn es gibt keinen logischen Weg, die «richtige» Antwort zu ermitteln. Die beste Vorgehensweise beruht auf Ihrer intuitiven Erfassung der Situation *und* dem Befinden Ihres Kindes. Was für die meisten Kinder richtig ist, muss für Ihres noch lang nicht richtig sein. Das zu akzeptieren erfordert Mut und Selbstvertrauen. Nur wenige Menschen können dem Wunsch, dazuzugehören, widerstehen, besonders wenn man daran gewöhnt ist, dem Rat von Freundinnen und Freunden sowie Autoritätspersonen zu folgen, und dann auch noch die Alternativen ungewohnt sind.

Sams erste Schuljahre waren ein einziger Kampf. Lehrkräfte, Freundeskreis und medizinische Fachkräfte waren einstimmig der Ansicht, dass die Situation sich mit zunehmender Struktur und Reife sowie etwas Zeit selbst richten würde. Aber über die Jahre sahen wir ihn immer weiter in Depression und Hoffnungslosigkeit versinken. So akzeptierten wir schließlich, dass die üblichen Methoden, die bei den meisten Kindern funktionierten, für Sam nicht geeignet waren, während uns gleichzeitig die Zeit davonlief. Wir mussten uns selbst – und Sam – vertrauen, als wir die Entscheidung trafen, ihn zu Hause zu unterrichten. Es war beängstigend, sich gegen den Rat der Autoritätspersonen in unserem Leben (einschließlich einiger Familienmitglieder) zu wenden, vor allem weil wir Hausunterricht nie als eine Option betrachtet hatten. Doch dies war die Richtung, die unser innerer Navigator uns vorgab. Nach achtzehn Monaten, in denen wir Sam zu Hause unterrichtet hatten, war er glücklicher, gesünder, stärker und selbstbewusster denn je, und zwar so sehr, dass er beschloss, in die öffentliche Schule zurückzukehren. Seitdem geht es ihm dort blendend.

Machen Sie sich bewusst, dass es noch andere Ausbildungsoptionen gibt, falls eine bestimmte Schule nicht die richtige für Ihr Kind ist, und dass keine Wahl endgültig sein muss. Kurskorrektur ist immer wichtiger als Perfektion. Was jetzt nicht richtig ist, mag später passen, und Sie können etwas ändern, falls dies der Fall sein sollte.

(Aus-)Bildung ist so viel mehr als nur Schule. Am Ende steht ein glückliches Erwachsenenleben, das auf einem guten Fundament steht – und viele «richtige» Pfade und Abenteuer führen dorthin.

DIE KUNST
DES LOSLASSENS

Die ersten Elternjahre sind mit intensiver Betreuung und Zuwendung verbunden, sodass es nicht überraschend ist, wenn Eltern Schwierigkeiten damit haben loszulassen. Aber wie sehr kommt es den Kindern zugute! Wir baten die kluge Ellen Seidman von LoveThatMax.com, uns ihre Weisheiten zu diesem Thema zu verraten:

HÖREN SIE AUF,
IHR KIND ÜBERZUTHERAPIEREN

Mein Sohn Max hat aufgrund eines Infarkts während der Geburt zerebrale Kinderlähmung und Wahrnehmungsstörungen. Er erhält eine Menge Therapie. Also stopfe ich seine Auszeiten nicht mit Kursen, Lesezeit oder sonstigen intellektuell stimulierenden Tätigkeiten voll. Auch wenn die Versuchung groß ist – ich lasse los und unternehme mit meinem Sohn, was er gerne möchte. Zwei Mal durch die Waschanlage fahren? Klar! Am Flughafen sitzen und zusehen, wie die Flugzeuge abheben? Aber gerne. Endloses Versteckspielen? Nur los! Ich nehme mich zurück und lasse Max bestimmen, was er gerne tun und erforschen möchte. ALLES ist gut für sein Gehirn. Alles stimuliert auf die eine oder andere Weise. (Okay, wir ziehen auch Grenzen. Denn er würde auch liebend gerne fünf Mal hintereinander *Cars 2* ansehen.) In Max' Leben gibt es eine Menge, was er nicht kontrollieren kann, seine Arme sind steif und er kämpft mit dem Sprechen. Ihn so weit wie möglich seine Freizeit kontrollieren zu lassen, verleiht ihm mehr Selbstbestimmung und macht ihn stark.

HÖREN SIE AUF,
ZU VIEL ZU HELFEN

Viele Jahre lang mussten mein Mann und ich Max mit dem Löffel füttern. Er hatte Schwierigkeiten, Gegenstände festzuhalten und das Essen zum Mund zu führen. Eines Tages, als Max sechs Jahre alt war, ging ich zu seiner Schule, um ein paar Formulare auszufüllen. Ich ging in seine Klasse, um hallo zu sagen. Es war Mittagszeit, und da saß Max an seinem Tisch und aß ganz friedlich alleine. «Er isst selbst?», fragte ich seine Lehrerin verblüfft. «Ja, natürlich!», sagte sie. Hal-lo, Ko-Abhängigkeit! Max war es so gewohnt, von uns gefüttert zu werden, dass er sich zu Hause nicht die Mühe machte, es selbst zu versuchen. Als wir schließlich darauf bestanden, weigerte er sich zunächst, doch am Ende gab er nach. Man ist leicht verleitet einzugreifen, wenn Max' körperliche Einschränkungen ihn hindern, Dinge zu tun. Ich möchte ihm so gerne helfen. Aber damit er es selbst alleine schafft, muss ich ihm *weniger* helfen.

HÖREN SIE AUF,
EINEN ZEITRAHMEN ZU SETZEN

Mit neun Jahren lernte Max, seinen Namen zu schreiben. Als er zum ersten Mal von der Schule nach Hause kam mit einem Stück Papier, auf dem «Max» stand, und einer Notiz von seinem Ergotherapeuten, dass er das selbst geschrieben hatte, kamen mir die Tränen. Dann rahmte ich das Stück Papier ein und hängte es in seinem Zimmer auf. Vielleicht wären andere nicht so beeindruckt, wenn ein Neunjähriger seinen Namen schreibt, aber ich war vollkommen überwältigt. Früher, als Max noch ein kleiner Knirps war, quälte ich mich selbst, indem ich Bücher und Newsletter über Kindesentwicklung und Entwicklungsstufen las. Baby Max erreichte die meisten nicht, und ich verzweifelte. Schließlich gab ich die Bücher weg und meldete mich von den Newslettern ab. Ich akzeptierte, dass Max Dinge in seinem eigenen Tempo tun würde. Ich bin dankbar dafür, *dass* sie geschehen – ganz gleich, *wann* sie geschehen. Ich glaube, dies ist ein guter Rat für Eltern. Jedes Kind ist einzigartig. Jedes Kind tut Dinge, wenn es so weit ist, sei es nun, einen Ball aufzuheben oder aufs Töpfchen zu gehen. Ihr Kind mit anderen zu vergleichen, tut ihm (und Ihnen) nicht gut. Lassen Sie los.

STRATEGIEN ZUR VEREINFACHUNG DES SCHULJAHRES

M an sollte denken, dass wir in der kinderfreien Zeit, die wir der Schule verdanken, nur noch im Garten in der Hängematte entspannen und Limonade schlürfen. Wir kennen jedoch viele Eltern, die sogar noch beschäftigter sind, wenn ihre Kinder erst zur Schule gehen. Wie kann das nur angehen?

Alle Eltern haben viel zu tun, wie auch immer man es betrachtet. Es ist aber wohl auch eine Tatsache, dass die Schule einen gewissen organisatorischen «Mehraufwand» mit sich bringt. Lunchpakete müssen vorbereitet werden (und die Zutaten im Speiseschrank vorrätig sein), Outfits müssen gewaschen sein, Termine eingehalten werden, Veranstaltungen, Konferenzen und freie Tage müssen im Kalender eingetragen sein, Abholungen organisiert, soziale Spannungen geklärt und (bei älteren Kindern) Hausaufgaben und Klassenarbeiten im Auge behalten werden.

Kinder zur Schule zu schicken, macht Arbeit. Sinnvolle Arbeit zwar, aber dennoch Arbeit. In diesem Kapitel verraten wir

Ihnen unsere besten Tipps zur Minimalisierung des Schuljahres, sodass Sie einige Ihrer neu gewonnenen Energie leichter woanders einsetzen können.

ENTWICKELN SIE SCHULROUTINEN

In Kapitel 2 haben wir über die Magie des Autopiloten für den Haushalt gesprochen. Vorhersehbare Abläufe funktionieren wunderbar, um auch den Rhythmus des Schultages zu harmonisieren. Wenn Ihre Kinder sich an die täglichen und wöchentlichen Abläufe gewöhnen, bauen sie Fähigkeiten auf, die ihnen durch ihre Schuljahre hindurch nutzen werden – besonders, wenn das Arbeitspensum und die Erwartungen zunehmen.

Betrachten Sie Routinen als ein langfristiges Projekt – es braucht eine Weile, sie zu etablieren und zu befolgen, und sie müssen laufend optimiert werden. Aber sie sind den (minimalen) Aufwand wert und werden sich in höchstem Maße auszahlen, wenn sich erst einmal alle an sie gewöhnt haben.

Routinen sind auch ideal, um Kindern nach dem Sommer oder nach Feiertagen den Übergang zurück in die Schule zu erleichtern.

AM ABEND VOR DER SCHULE

Wir haben festgestellt, dass die beste «Schulvorbereitungs-Routine» schon am Abend vorher beginnt. Betrachten Sie es wie das Aufstellen von Dominosteinen, die Sie am Morgen nur noch anstoßen müssen, um alles mühelos in Gang zu setzen. Wenn Ihre Kinder älter werden, können Sie ihnen die einzelnen Bausteine der Routine selbst überlassen.

Legen Sie Kleidung bereit

Umgehen Sie Klamotten-Engpässe à la «Was soll ich anziehen?» und «Wir haben keine Unterwäsche mehr!». Wenn Sie (besser noch: Ihre Kinder) am Abend vorher ein Outfit bereitlegen, beginnt der Morgen mit viel weniger Stress.

Bändigen Sie langes Haar

Eltern langhaariger Kinder! Sie wissen, dass Sie diejenigen sein werden, die wenige Minuten, bevor es Zeit ist, zur Schule aufzubrechen, mit verkletteten Haaren und einem quengeligen Kind kämpfen. Kämmen oder bürsten Sie langes Haar schon am Abend vorher (oder flechten Sie es sogar), um zerzauste Mähnen am frühen Morgen möglichst im Zaum zu halten.

Verschaffen Sie sich einen Lunchvorsprung

Legen Sie alles Unverderbliche schon abends bereit, sodass Sie sich am Morgen nur noch um heiße oder gekühlte Komponenten kümmern müssen. Siehe Kapitel 12 für Essens-Tipps.

Stellen Sie Rucksäcke und Lunchpakete bereit

Stellen Sie Frühstücksboxen und Brottüten zusammen mit Schulranzen und Rucksäcken bereit, sodass sie am Morgen nur noch befüllt bzw. gepackt werden müssen.

Lassen Sie den Geschirrspüler laufen, und räumen Sie ihn aus

Nichts ist schöner, als nach dem Aufstehen in eine saubere Küche zu kommen. Wenn die Spüle und der Geschirrspüler leer sind, können alle ihr schmutziges Frühstücksgeschirr und was zum Vorbereiten des Pausenbrotes benutzt wurde, gleich wegräumen, sodass die wertvollen Minuten, wenn die Kinder in der Schule sind, nicht mit Aufräumen vergeudet werden.

Bereiten Sie das Frühstück vor

Wir stellen manchmal Schüsseln, Teller, Besteck, Müsli und Ähnliches sowie sonstigen «Frühstückskram» auf ein Tablett in der Küche, sodass am Morgen alles für den Frühstückstisch bereitliegt.

Unterschreiben Sie Elternbriefe, kramen Sie nach Kleingeld für den Schulkiosk etc.

Je weniger man morgens wie ein kopfloses Huhn umherrennt, desto besser. Auch vergisst man deutlich weniger!

Suchen Sie die nötigen Dinge für den Nachmittag zusammen

Falls Ihr Kind nach der Schule etwas vorhat, tun Sie sich selbst einen Gefallen, wenn Sie zum Beispiel Sportklamotten und -geräte oder was sonst gebraucht wird und eventuell ein paar Snacks in einer Tasche zusammenpacken, die Sie sich dann nur noch greifen müssen. Zumindest sollten Sie die benötigten Dinge auf Ihrer To-do-Liste stehen haben, damit Sie nicht jedes Mal aufs Neue überlegen müssen, was mitzunehmen ist.

AM MORGEN VOR DER SCHULE

Der Schlüssel zu einem weitgehend erfolgreichen Start am Morgen liegt darin, *einen Plan zu haben* und *ruhig zu bleiben*. Wenn man in einen Strudel von Drama und griesgrämiger Morgenlaune gerät, lässt das die negativen Gefühle ringsum eskalieren. Versuchen Sie, coole Zuversicht auszustrahlen (notfalls tun Sie einfach so) – und im Idealfall werden die Kinder sich davon anstecken lassen.

Wie der Plan tatsächlich aussieht, liegt an Ihnen und Ihrer Situation. Zu den Variablen gehören die Anwesenheit anderer hilfreicher (und wacher) Erwachsener, die Anzahl und das Alter der Kinder, ob Sie sich gleichzeitig selbst für die Arbeit fertig machen müssen, die Entfernung zur Schule und ob oder wie viele Morgentypen auf Abendtypen treffen.

Denken Sie daran, dass keine Routine vom Start weg perfekt ist – Abläufe sind dazu da, optimiert zu werden. Ganz gleich, welche Gestalt Ihre Routine annimmt, je mehr Sie das Motto «erst machen wir dies, und dann machen wir das» vorleben, desto schneller werden Ihre Kinder es übernehmen und von selbst anwenden.

Stehen Sie vor Ihren Kindern auf

Versuchen Sie, mindestens zehn Minuten vor Ihren Kindern aufzustehen. Nicht nur, dass Sie dieses bisschen Zeit alleine mit Ihrem Kaffee oder Tee verdienen, Sie fühlen sich auch besser gewappnet, wenn der Trubel beginnt.

Ermuntern Sie Ihre Kinder, sich einen Wecker zu stellen

Besorgen Sie für jedes Kind einen Wecker, und fangen Sie an, ihn zu benutzen, egal in welchem Alter. Je eher Kinder sich daran gewöhnen, sich selbst zu wecken, desto leichter läuft für jeden der Morgen.

 **Susan von emeraldcoastfl.com auf Minimalist Parenting:** Mein Erstklässler weigerte sich regelmäßig aufzustehen, ganz gleich, wie viele Stunden er geschlafen hatte. Bei einem zufälligen Besuch bei Target war er ganz hin und weg von einem Darth-Vader-Wecker, und unser Problem war gelöst. Jetzt steht er sofort auf, wenn der Wecker klingelt.

Wechseln Sie sich beim morgendlichen Wecken ab

Falls Ihre Kinder unterschiedliche Aufstehzeiten haben, wechseln Sie ab, welches Elternteil morgens zuerst aufsteht.

 *Jon und ich waren schon immer große Freunde des Abwechselns beim morgendlichen Wecken. Wir haben damit angefangen, als Laurel noch ein Baby war, und sind abwechselnd früh morgens mit ihr aufgestanden. Es war so viel einfacher, erholsamen Schlaf zu bekommen, wenn ich wusste, dass es meine freie Nacht war und ich nicht mit einem Ohr nach dem Baby horchen musste. Jetzt machen wir es mit Laurel und Violet genauso. Violet steht gewöhnlich etwa eine Stunde eher auf als Laurel, also wechseln Jon und ich uns ab, wer mit ihr aufsteht. Es ist so schön, wenn der «Vi-Wecker» klingelt und ich weiß, dass ich an der Reihe bin, noch ein bisschen länger liegen zu bleiben.*

Ein Hoch aufs Frühstück

Ein gutes Frühstück ist unerlässlich für einen produktiven Schultag, und es ist eine schöne Zeit des Beisammenseins, bevor alle ihrer Wege gehen. Auch Murmeltiere und Menschen mit wenig Appetit am Morgen müssen morgens etwas zu sich nehmen. Versuchen Sie also das Frühstück zu einer Priorität zu machen. Eier und Toast, Haferbrei, Müsli mit Milch, (Vollkorn-)Brot oder -Brötchen, Obst, Nüsse, Überreste des Abendessens ... alles gut. Eine Portion Protein hilft Körper und Hirn durch den Vormittag. Schlägt Ihrem Kind ein frühmorgendliches Frühstück auf den Magen, bitten Sie die Lehrerin oder den Lehrer um Erlaubnis, einen kleinen Snack für später mitzugeben.

Gehen Sie den Tag mit Ihren Kindern durch

Gewöhnen Sie sich an, mit den Kindern den Tag durchzugehen, um sie an kommende Geschehnisse und Aufgaben zu erinnern und um sie daran zu gewöhnen vorauszuplanen.

Hillary auf Minimalist Parenting: Ich bereite das Mittagessen vor, während die Kinder frühstücken, und wir sprechen über den kommenden Tag. (Zum Beispiel: «Denk daran, dass heute Abend Gymnastik ist, also versuch so viele Schulaufgaben wie möglich während der Nachmittagsbetreuung zu machen.»)

Setzen Sie Zeit-«Wegweiser»

Versuchen Sie den Morgenablauf in seine natürlichen «Elemente» aufzubrechen – zum Beispiel Frühstück, anziehen, Haare bürsten und Zähne putzen, Tasche packen, losgehen. Diese Teilaufgaben sind individuell, je nach Ihrer persönlichen Routine. Dann verbinden Sie jedes Element mit einer Zeitmarke, wie zum Beispiel «um 8:00 Uhr ist fertig gefrühstückt». Kinder finden besser ihren Rhythmus, wenn sie wissen, wo im Ablauf sie sich gerade befinden.

Als ich ein paar Tage auf Geschäftsreise war, fand ich auf einer der runden Tafeln in unserer Küche einen von Laurel geschriebenen Zeitplan. Offenbar hatte sie beschlossen, sich das Einhalten des morgendlichen Ablaufs zu erleichtern, besonders an den Tagen, an denen ich nicht da war und Jon beide Kinder wegbringen musste. Es war rührend, unseren getakteten Morgen so dokumentiert zu sehen:

- *Aufstehen und anziehen bis 7.00.*
- *Frühstücken, Pausenbrote machen und Getränk einpacken bis 7.30.*

- *Taschen packen, Zähne putzen, zur Toilette gehen bis 7.40.*
- *Losgehen, um Vi abzuliefern um 7.45.*
- *Abliefern beenden um 8.00.*
- *Ankunft bei der Schule vor 8.35.*

Verabschieden Sie sich in guter Stimmung

Egal, wie der Morgen gelaufen ist, versuchen Sie ihn mit einem positiven Abschied zu beenden. Sie arbeiten ja noch daran, Routinen zu entwickeln, da wird es gute und schlechte Tage geben. Im Großen gesehen zählen Fortschritte mehr als ein gradliniger Erfolg. Im Übrigen wird sich in ein paar Jahren niemand mehr daran erinnern, dass die Zeitabläufe nicht eingehalten wurden.

NACH DER SCHULE

Wir verstehen den Drang der Kinder absolut, den Rucksack in die Ecke zu pfeffern und zu genießen, von den Schulzwängen befreit zu sein. Das sollen sie sogar! Aber ein wenig Routine in den Stunden nach der Schule wird Ihren Kindern helfen, Verantwortung für ihre Zeit zu übernehmen, und auch entspanntere Abende gemeinsam als Familie begünstigen. Falls eine bestimmte Person (Babysitter, Großmutter etc.) die Nachmittagsbetreuung zwischen Schulschluss und dem Zeitpunkt, an dem Sie von der Arbeit kommen, für Sie übernimmt, beziehen Sie sie in eine solche Routine mit ein. Sie kann dafür sorgen, dass die Kinder ihre Hausaufgaben machen (Sie können einen Blick drauf werfen, wenn Sie nach Hause kommen) und sich um weitere Pflichten nach der Schule kümmern.

Leeren Sie Rucksäcke und Lunchboxen

Legen Sie einen Ort fest, an dem in Ihrem Haus Rucksäcke stehen oder hängen können (vielleicht bei den Jacken und Mänteln) und wo die Schulmaterialien ihren Platz finden.

 *Wir haben einen Secondhand-Garderobenständer im Flur und einen Stehordner in der Küche. Wenn die Kinder nach Hause kommen, hängen sie ihre Rucksäcke auf, räumen sie aus, nehmen auch ihre Lunchboxen heraus und bringen alles in die Küche. Leere Behälter kommen in die Spülmaschine, Papiere in den Ordner. Wenn es Zeit ist, Hausaufgaben zu machen, Elternbriefe zu unterschreiben oder Informationsschreiben zu lesen, wissen alle, wo sie suchen müssen. (Um ehrlich zu sein, hat es Jahre gedauert, bis die Kinder diesen Ablauf konsequent befolgt haben, aber immerhin machen wir Fortschritte.)*

Stellen Sie Snacks zur Selbstbedienung bereit

Kinder sind oft ausgehungert, wenn sie nach Hause kommen. Anstatt sich anzugewöhnen, ihnen einen Imbiss zu servieren – es sei denn, Sie mögen diesen Job –, halten Sie eine Reihe gesunder Snacks bereit, von denen sich die Kids nach Bedarf selbst bedienen können.

Formulieren Sie klare Erwartungen, was Hausaufgaben und Haushaltspflichten angeht

Entscheiden Sie von Anfang an, ob die Hausaufgaben sofort gemacht werden sollen, nach einem kleinen Imbiss oder erst am Abend. Dasselbe gilt für die Haushaltspflichten. Diese Vorgaben können flexibler gehandhabt werden, wenn Sie merken, dass die Kinder ihre Zeit gut selbst einteilen können.

Auf jeden Fall sollten Sie Ihre Kinder wissen lassen, dass Ruhe, Entspannung und Zeit zum Spielen genauso wichtig sind wie alles, was sie in der Schule lernen. Wir lassen die erste Stunde nach der Schule offen für Entspannung und Freizeit. Indem man im Tagesablauf der Kinder eine Balance schafft, bereitet man sie für ein späteres ausgeglichenes Arbeitsleben vor.

Ein Wort zu außerschulischen Aktivitäten: Denken Sie darüber nach, außerschulische Aktivitäten einzuschränken. Kinder brauchen nicht nur unverplante Zeit, um sich auszuruhen, zu erholen und einen ganzen Schultag sacken zu lassen. Sie brauchen auch die Möglichkeit, sich spontan zu verabreden oder einfach nur draußen mit den Nachbarskindern zu spielen. Wir behandeln Freizeitaktivitäten ausführlicher in Kapitel 10, aber behalten Sie dies im Hinterkopf, wenn Sie den Zeitplan Ihrer Familie justieren.

DER UMGANG MIT HAUSAUFGABEN

Die offizielle Minimalismus-Ansage zum Thema Hausaufgaben ist: *Überlassen Sie sie Ihren Kindern.* Wenn Hausaufgaben eigenständig erledigt werden, bekommen die Kinder Übung darin, ihre Zeit und ihre Konzentrationsfähigkeit einzuteilen. Sie können für Ratschläge und Tipps zur Verfügung stehen (und um notfalls anzufeuern), Ziel ist es jedoch, dass Sie sich allmählich aus dem Prozess zurückziehen.

Hausaufgaben kommen gemischt daher. Einige Aufgaben fordern von den Kindern Kreativität, während andere reine Fleißarbeiten zu sein scheinen. Aber ganz gleich, wie Sie dazu stehen, Hausaufgaben wird es immer geben. Überlegen Sie sich, wie Sie mit Ihren Kindern über den Zweck von Hausaufgaben sprechen können, wie sie in den Zeitplan des jeweiligen Kindes passen und welchen Platz sie innerhalb ihrer Prioritäten einnehmen. Reden Sie mit ihnen über Zeitmanagement und darüber, dass *konzentriertes* Arbeiten meist *weniger* Zeit für Hausaufgaben bedeutet.

Hausaufgaben sind auch ein guter Anlass, um ein Gespräch über den Stolz auf die eigene Arbeit zu beginnen. Eine gute Handschrift, ordentliches Arbeiten und das Achten auf Kleinigkeiten wie «Name und Datum in die obere rechte Ecke» sind alle Teil des Lernprozesses.

Wenn Sie die äußeren Abläufe im Griff haben, sind Sie auf dem besten Weg, das abendliche Hausaufgaben-Ritual zu vereinfachen.

Alles zur Stelle

Die Hausaufgaben laufen reibungsloser, wenn angespitzte Stifte, Radierer, ein Füllfederhalter, leeres Papier, ein Lineal, Schere, Taschenrechner und eine Uhr in Reichweite liegen. Sie brauchen nichts Ausgefallenes – ein Korb mit den nötigen Utensilien auf dem Esstisch oder in einem Schrank genügt.

Minimieren Sie Ablenkungen

Sobald die Schularbeitenzeit beginnt, sollten Snacks, Handys, Spielsachen und andere Ablenkungen verschwinden. Raten Sie Ihrem Kind, sich allein auf die Aufgabe zu konzentrieren, die vor ihm liegt. Manche Kinder kommen allerdings besser mit kurzen Arbeitsperioden zurecht, die von 5-Minuten-Pausen unterbrochen werden. In solch einem Fall hilft ein Timer. Entscheiden Sie sich für was auch immer funktioniert, aber machen Sie sich bewusst, inwiefern Störungen den Prozess beeinflussen.

Verwenden Sie Organisations-Tools

Vielleicht können Sie Ihr Kind mit einfachen Organisations-Tools vertraut machen. Beschaffen Sie einen günstigen Planer oder Tischkalender und helfen Sie Ihrem Kind, seine Aufgaben hier einzutragen. Auch Apps können nützlich sein, solange sie das Kind nicht in den Ablenkungs-Sog des Smartphones ziehen. Zerlegen Sie größere Aufgaben in kleinere Schritte, notieren Sie Abgabedaten, und bauen Sie kleine Belohnungen für die Fertigstellung ein. Manche Kids motiviert es, die Tools der Großen zu benutzen.

Entscheiden Sie, ob und wie Sie Hausaufgaben kontrollieren

Wenn Sie Ihrem Kind helfen, einen Hausaufgaben-Rhythmus zu etablieren, sollten Sie auch entscheiden, wie (wenn überhaupt) Sie kontrollieren möchten, dass die Arbeiten erledigt werden. Wie Sie dabei vorgehen, hängt auch von Ihrem Kind ab. Einige Kinder sind von Natur aus Schnellstarter, andere brauchen ein paar Anstupser. Das erklärte Ziel ist es, Ihr Kind daran zu gewöhnen, seine Hausaufgaben selbständig und sorgfältig zu erledigen.

 *Laurel ist eindeutig ein Kind, das seine Schularbeiten erledigt haben will. In der ersten Klasse machte sie ihre Hausaufgaben sofort nach der Schule, und ich warf einen Blick darüber, um zu sehen, ob sie bei irgendetwas Hilfe brauchte.*

In der zweiten Klasse räumten wir ihr mehr Eigenverantwortlichkeit ein. Wir erklärten ihr, dass die Hausaufgaben zunehmend schwerer fallen, je später man sie macht, weil man müde wird, aber dass es ihre Sache ist zu entscheiden, wann sie sie machen möchte, solange es vor dem Zubettgehen passiert. Wir sagten ihr auch, dass es wichtig ist, (uns oder eine Lehrerin oder einen Lehrer) um Hilfe zu bitten, wenn sie bei

etwas unsicher ist, und dass es ihr nicht peinlich zu sein braucht, etwas nicht zu können – dazu geht sie schließlich zur Schule!

Diese Methoden haben bis jetzt wirklich gut funktioniert. Wenn Laurel nach Hause kommt, hängt sie im Allgemeinen erst mal ein bisschen rum und macht dann nach einer Kleinigkeit zu essen ihre Hausaufgaben. Sie hat sogar schon gemeinsam mit Freundinnen und Freunden bei Spieltreffen Schularbeiten gemacht. Am Anfang der zweiten Klasse wollte sie immer, dass wir ihre Arbeit durchsehen, am Ende des Jahres aber bat sie uns nur noch, etwas zu überprüfen, wenn sie sich unsicher war, die Aufgabe richtig verstanden zu haben.

Bewahren Sie eine positive Haltung

Bleiben Sie fröhlich und optimistisch, achten Sie aber auch auf Anzeichen übermäßiger Anstrengung. Versuchen Sie eine positive Stimmung zu bewahren, auch wenn Sie von einer Aufgabe mal nicht sonderlich begeistert sind. Behalten Sie vor allem im Auge, ob die Haltung Ihres Kindes zu seinen Hausaufgaben Anzeichen eines tiefer liegenden Konflikts erkennen lässt.

 **Jen von jengraybeal.wordpress.com auf Minimalist Parenting:** Eine Hausaufgaben-Routine zu entwickeln, ist genau wie das Einführen einer Zubettgeh-Routine, und sie ist genauso wichtig! Die Kinder haben bis zum College dreizehn Jahre Hausaufgaben vor sich – sie werden einen großen Teil ihres Lebens ausmachen, und es ist wichtig, den Kindern zu vermitteln, dass sie sie ernst nehmen sollten. Die Haltung der Eltern spielt dabei eine IMMENS WICHTIGE Rolle. Wenn Sie ständig genervt sind, weil Ihr Kind Hausaufgaben zu machen hat, wird es ebenfalls eine negative Haltung dazu entwickeln. Wenn einem Kind manchmal vor den Hausaufgaben graut, kann es daran liegen, dass es sie nicht schafft und ihm eine Qual bevor-

steht. Besprechen Sie derartige Schwierigkeiten mit der Lehrerin oder dem Lehrer – vielleicht gibt es ein Missverständnis bezüglich der Erwartungen, vielleicht ist Förderunterricht nötig, oder es gibt einen ganz anderen Grund.

Bestimmen Sie ein Ende

Genau wie Erwachsene ihrer Arbeit und ihren Haushaltspflichten ein tägliches Ende setzen müssen (siehe Kapitel 2), brauchen auch Kinder irgendwann Feierabend von ihren Hausaufgaben.

Bei uns gibt es ein festgesetztes Ende für die Hausaufgaben – egal, wie viel erledigt worden ist, werden die Bücher um 20.30 Uhr zugeklappt, sodass wir vor der Schlafenszeit noch Zeit füreinander haben und die Kinder genug Schlaf bekommen.

Legen Sie die Hausaufgaben beiseite

Räumen Sie alles weg, wenn das Hausaufgabenmachen vorüber ist – die Utensilien und die Arbeit selbst. Allein diese Gewohnheit hilft Kindern, die ganze Woche über ein Gefühl von Kontrolle über ihre Hausaufgaben zu haben.

DER UMGANG MIT SCHULÄNGSTEN

Für manche Kinder können die Unabhängigkeit und der soziale Kick des Schullebens gar nicht früh genug beginnen. Für andere jedoch ist der Übergang mit Befürchtungen aller Art oder sogar echter Angst behaftet. Es ist herzzerreißend, Kinder zu etwas zu drängen, das sie sich nicht zutrauen. Sanfte Ermutigung für diesen Übergang ist eine der schwierigsten

Aufgaben der Erziehung, weil es sich selten gut anfühlt, auch wenn es oft das Richtige ist.

 *Laurel hatte mit Trennungsängsten zu kämpfen, die in der Krippe begannen und bis zum Ende der Kita-Zeit anhielten. Das war hart, richtig hart. In der Kita durchlitten wir etwa sechs Wochen lang riesige Aufstände beim Abliefern, und zwar sowohl nach als auch vor den Ferien. Es fühlte sich an, als würden wir diesen Berg nie bezwingen, aber wir blieben am Ball und konzentrierten uns auf Laurels Fähigkeiten, hörten ihr voller Mitgefühl zu und unterstützten konsequent die erwachsenen Bezugspersonen und auch die anderen Kinder. Es war wie Zauberei, als sie winkend und lachend in die erste Klasse verschwand.*

Im Folgenden finden Sie einige Strategien, falls Ihr Kind sich nur ungern in die Unabhängigkeit der Schule wagt:

BEIM HINBRINGEN

Sie können es nicht erwarten, Ihre Kinder in der Schule abzuliefern und Ihren Morgen zu beginnen. Doch wenn Ihr Kind mit Ängsten zu kämpfen hat, dann können fünf bis zehn Minuten «Übergangshilfe» einen entscheidenden Unterschied ausmachen. Planen Sie für das Hinbringen ein wenig mehr Zeit ein (und setzen Sie Ihre Vormittags-Meetings 15 bis 30 Minuten später an als sonst), um Ihre eigenen Ängste zu verringern, nicht rechtzeitig zur Arbeit zu kommen.

Bleiben Sie ruhig
Regel Nummer eins. Wenn es Ihnen gelingt, ruhig, geduldig und verständnisvoll zu bleiben, entschärfen Sie die Situation.

Es ist nicht einfach, sich die Sorge oder Frustration nicht anmerken zu lassen, besonders wenn Sie täglich den gleichen «Ich will aber nicht»-Wutanfällen ausgesetzt sind. Tief durchatmen – und daran denken, was für ein großer Schritt es für Ihr Kind ist – hilft, die Dinge ins rechte Licht zu rücken. Wenn Sie die Beherrschung verlieren – und das geschieht (uns allen) ganz sicher einmal –, sehen Sie Ihrem Kind in die Augen, entschuldigen Sie sich, umarmen Sie es und nehmen Sie einen neuen Anlauf.

Hören Sie zu

Manchmal müssen Kinder nur ihren Gefühlen Luft machen, wissen, dass man ihnen zuhört, und verstehen, dass das, was sie fühlen, normal ist. Wir fühlen uns doch alle besser, wenn unsere Gefühle und Bemühungen anerkannt werden, oder?

 **Jason auf BostonMamas.com:** Wir helfen unserer Fünfjährigen dabei, Worte zu finden, um ihre Frustrationen und Gefühle auszudrücken. Wir hören ihr zu, versuchen aber nicht, ihre Probleme zu lösen. Meiner Meinung nach hilft es unserer Tochter viel mehr, wenn sie lernt, über Gefühle nachzudenken, als ihr einen einzelnen Rat zu einer bestimmten Situation zu geben.

 **Joan auf BostonMamas.com:** Erzählt euren Kindern eine Geschichte aus einer Zeit, wo ihr selbst etwas Neues angefangen habt (einen Job, ein Projekt etc.) und zu Beginn Angst hattet, es dann aber gut lief. Es ist für Kinder beruhigend zu wissen, dass sie nicht die Einzigen (oder Ersten) sind, die so fühlen.

Vermitteln Sie Vertrauen

Manche Kinder empfinden Trennungsängste, weil sie ihren neuen Betreuungspersonen noch nicht vertrauen. Vermitteln Sie ihnen *Ihr* Vertrauen in die Lehrerinnen und Lehrer, und versichern Sie Ihrem Kind, dass Sie es nie in einer Situation alleine lassen würden, wenn Sie den Menschen nicht trauen.

 *Da wir während der Kita-Zeit so sehr mit Laurels Übergängen vor und nach den Ferien zu kämpfen hatten und die Ferienlager-Versuche im Sommer darauf gründlich danebengingen, hatten wir im Sommer nach dem ersten Schuljahr jegliches Ferienprogramm komplett gestrichen und uns stattdessen für einen Babysitter entschieden. Aufgrund meiner beruflichen Verpflichtungen war ich im Sommer nach der zweiten Klasse aber gezwungen, Laurel bei einigen Kursen anzumelden, und ich fragte mich, wie die Dinge wohl laufen würden, vor allem da Laurel in der ersten Ferienwoche einen Kurs hatte, in dem sie niemanden kannte – sie hatte sich einfach aufgrund des Programms dafür entschieden (schon das war übrigens ein riesiger Schritt für sie).*

Als ich Laurel am ersten Tag hinbrachte, schien sie sehr ruhig, aber ich hatte das Bedürfnis, etwas zu dem Vertrauens-Aspekt sagen zu müssen … es war ein Mantra, das wir sehr oft während ihrer schwierigen Übergangsphasen in der Kita und Vorschule wiederholt hatten. Ich sagte also: «Laurel, die Leute, die diesen Kurs leiten, machen das schon sehr lange, und ich habe wirklich Gutes darüber gehört. Wenn du also eine Frage hast oder ein bisschen aufgeregt bist oder was auch immer, ist es völlig okay, mit den Erwachsenen zu sprechen. Du kannst ihnen vertrauen. Aber wenn du dich wegen irgendetwas unwohl fühlst, dann sprich bitte sofort mit Daddy oder mit mir, okay?» Laurel kicherte hinten auf ihrer Rückbank und sagte: «Natürlich, Mom, ich weiß, ihr würdet mich nie irgendwohin schicken, wo ich nicht sicher bin. Keine Sorge!»

Es ergab sich dann, dass wir am ersten Tag einen kompletten Bericht von Laurel erhielten. Die Kursleiterin mochte sie sehr, aber den Theater-Lehrer fand sie «seltsam». Ich bohrte nach einer etwas genaueren Definition von «seltsam» – Jon und ich finden es entscheidend, dass sie sich berechtigt fühlt, etwas auszusprechen (und sich darauf verlassen kann, dass man ihr zuhört), wenn ihr Bauchgefühl oder ihre Erfahrung ihr sagt, dass etwas nicht stimmt. Es stellte sich heraus, dass sie den Sarkasmus des Theater-Lehrers nicht mochte. Wir wollen damit sagen, dass es wichtig ist, das eigene Vertrauen in die Lehrkräfte zu vermitteln und dass es wichtig ist, die Kinder wissen zu lassen, dass sie sagen können oder sollen, wenn etwas nicht in Ordnung ist oder sich seltsam anfühlt.

Geben Sie ein Erinnerungsstück mit

Ob es eine liebe Gewohnheit ist (zum Beispiel die Küsse der Eltern, wie es in dem Klassiker zum Schulanfang *The Kissing Hand* beschrieben wird) oder ein Gegenstand (wie zum Beispiel das Medaillon mit Familienfoto, das Christine Laurel für den Kindergarten mitgegeben hat) – kleine Erinnerungen an Zuhause und die Familie können den Übergang in die Schule erleichtern.

Kontaktieren Sie die Lehrerin oder den Lehrer

Lassen Sie die Lehrerin oder den Lehrer im Voraus wissen, dass Ihr Kind beim Hinbringen sensibel reagiert. Planen Sie gemeinsam eine positive, aber zügige Übergabe.

Gestalten Sie den Ablauf vorhersehbar

Entwickeln Sie eine kleine Abgabe-Routine, damit Ihr Kind weiß, was es zu erwarten hat. Wahrscheinlich wird es sehr ängstlich sein und daher nicht in der Lage, viel Neues aufzunehmen ... in solch einer Situation ist der Autopilot jedermanns

Freund. Auf dem Weg zur Schule kann ein ruhiges Gespräch, in dem Sie die Abfolge der Geschehnisse umreißen, dabei helfen, das Kind abzulenken und die Zweifel und Ungewissheiten zu dämpfen. «Erst gehen wir rein, dann hängen wir deinen Mantel auf, dann gebe ich dir eine dicke Umarmung und einen Abschiedskuss, und dann wird Frau Sonnenschein dich an die Hand nehmen und mit dir in die Klasse gehen.»

Raten Sie Ihrem Kind, sich zu beschäftigen

Wenn man sich langweilt oder unglücklich ist, dann zieht sich die Zeit schier endlos, doch ist man beschäftigt, vergeht sie wie im Fluge. Erinnern Sie Ihr Kind daran, und schlagen Sie ihm vor, die Lehrerin oder den Lehrer nach einer neuen Beschäftigung zu fragen, wenn es traurig wird. So vergeht die Zeit schneller. (Auch hier ist eine Vorab-Info an die entsprechende Lehrkraft sinnvoll.)

Halten Sie die Abschiede kurz

Verabschieden Sie sich am Ende Ihrer Abgabe-Routine herzlich, aber bestimmt und übergeben Sie Ihr Kind in die wartenden Arme der Lehrerin oder des Lehrers. Versuchen Sie eine beruhigende «Alles wird gut»-Haltung zu bewahren (wir wissen, wie schwer das ist).

Kommen Sie früh zur Abholung

Verpflichten Sie sich selbst dazu, ein paar Minuten früher zur Abholung in die Schule zu kommen. Ihr Kind wird sich viel wohler fühlen, wenn es sicher sein kann, sofort Ihr Gesicht zu sehen, sobald es aus der Tür kommt.

Tauschen Sie die Rollen mit Ihrem Partner oder Ihrer Partnerin

Wenn Sie sich in einer festgefahrenen Abgabe-Routine mit Ihrem Kind gefangen fühlen, dann verabreden Sie mit Ihrem Partner, für eine Weile zu tauschen. Vielleicht brauchen Sie und Ihr Kind ein wenig Abstand, um noch einmal frisch zu beginnen.

NACH DER SCHULE

Ihr Kind hat es durch den Schultag geschafft! Das ist eine große Leistung! Vermeiden Sie es, gleich nach der Schule Erledigungen zu machen, sodass Sie Zeit haben und Sie sich alles über den Schultag erzählen lassen können. Falls jemand anderes für die Abholung verantwortlich ist, versuchen Sie die Abläufe nach der Schule vorhersehbar und entspannt zu gestalten.

Spielen Sie «Hoch und Tief»

In einem Beitrag auf *Boston Mamas* gab Sheri (eine Lehrerin) uns diesen großartigen Tipp: Fordern Sie Ihr Kind auf «Hoch und Tief» zu spielen und Ihnen sowohl die besten als auch die schlimmsten Ereignisse des Tages zu erzählen. Dieses kleine Spiel hilft Ihrem Kind, Wege zu finden, mit den Schwierigkeiten umzugehen, aber auch die positiven Dinge zu sehen. Wenn Sie diese Extreme kennen, ist es auch leichter, den Lehrkräften eine Rückmeldung zu geben.

Feiern Sie Etappensiege und Meilensteine

Ob es ein kleines Geschenk ist, ein Sticker auf einem Arbeitsplan oder eine fünfminütige Tanzparty im Wohnzimmer – feiern Sie während der ersten schwierigen ein oder zwei Wochen das Ende jedes Schultages.

Sorgen Sie für Kontakt zu Freundes- wie Familienkreis

Manchmal wirkt ein Telefongespräch mit einer Freundin oder einem Freund oder den verständnisvollen Großeltern Wunder. Wir haben die Erfahrung gemacht, dass unsere Kinder eher bereit sind, nach etwas Positivem zu suchen, wenn sie es Freundinnen und Freunden oder Verwandten erzählen können.

Machen Sie keine zu große Sache daraus

Je mehr Sie als Eltern auf den negativen Dingen herumreiten, desto schlimmer können sie werden. Versuchen Sie, positiv zu bleiben und nach vorne zu sehen.

 **Kim auf BostonMamas.com:** Mit drei Kindern habe ich gelernt, Negatives nicht zu verstärken. Es gibt so etwas wie «den Gefühlen ein zu großes Forum zu geben» – ob Sie es glauben oder nicht, manchmal wollen Kinder negative Gefühle einfach nur aussprechen, ohne dass man sie nachher aufmuntern müsste. Verstehen Sie die Probleme, aber verstärken Sie sie nicht, indem Sie ihnen zu viel Aufmerksamkeit schenken. Sie können verständnisvoll sagen: «Ich kenne das auch. Manchmal bin ich nervös, wenn ich zu XYZ gehe, aber hinterher bin ich richtig stolz, es geschafft zu haben.» Dann wechseln Sie das Thema. Wenn Sie Probleme noch füttern, dann bestätigen Sie dem Kind, dass es etwas wirklich hassen *sollte* oder Grund zur Sorge hat. Verhalten Sie sich so, als seien Schwierigkeiten die normalste Sache der Welt, und gehen Sie dann zum Alltag über.

Danken Sie den Lehrkräften

Es ist wichtig, gegenüber den Lehrerinnen und Lehrern Dankbarkeit für ihre Geduld und Freundlichkeit auszudrücken. Auch wenn die meisten Lehrkräfte daran gewöhnt sind, erhöhen Trennungsängste dennoch das Anspannungsniveau für alle. Lehrerinnen und Lehrer wissen zu lassen, dass Sie ihre Extra-Mühe zu schätzen wissen, macht einen großen Unterschied.

ANDERE SCHULGEBUNDENE SOZIALE HERAUSFORDERUNGEN

Mobbing und andere Probleme unter Gleichaltrigen gehen über den Umfang dieses Buches hinaus (Sie finden unsere Empfehlungen für Bücher über Mobbing im Abschnitt «Hilfsmittel»). Viele unserer Vorschläge zum Umgang mit Schulängsten können auch auf andere Themen angewendet werden. Hier kommen ein paar weitere Ideen:

BLEIBEN SIE MIT DER LEHRERIN ODER DEM LEHRER IN VERBINDUNG

Wenn es Schwierigkeiten mit anderen Kindern in der Klasse gibt, teilen Sie es der Lehrerin oder dem Lehrer mit. Man geht leicht davon aus, dass Lehrkräfte alles mitbekommen, was in ihrem Klassenraum vorgeht, aber realistisch gesehen ist es unmöglich, jede Interaktion zu registrieren. Ihr Input hilft der Lehrerin oder dem Lehrer, nahe am Geschehen zu bleiben. Und wenn Sie die Lehrerin oder den Lehrer über Schwierigkeiten in der Klasse auf dem Laufenden halten, kann sie oder er Lernmomente für die Kinder identifizieren und vielleicht sogar raten, wie Sie Ihr Kind im Umgang mit der Situation unterstützen können.

 *In einem Schuljahr wurde Laurel von einem Klassenkameraden gemobbt. Weil ich den Eltern nie auf dem Schulhof begegnete, habe ich mich mit dem Problem an die Lehrerin gewandt. Sie dankte mir für die Information und führte später in der Woche mit der ganzen Klasse eine Diskussion über persönlichen Freiraum und Respekt. Ich war wirklich froh, dass ich sie angesprochen hatte – dadurch, dass die Lehrerin die Situation mit der ganzen Klasse allgemein besprochen hat, rettete sie Laurel nicht nur davor, im Fokus zu stehen, auch die Situation zwischen Laurel und ihrem Peiniger löste sich komplett auf.*

VERSUCHEN SIE ES MIT EINEM ANDEREN MEDIUM

Kinder können nicht immer artikulieren, was sie quält. Manchmal ist es ihnen zu unangenehm, darüber zu sprechen. Christine und Jon haben festgestellt, dass Laurel schwierige Themen oft leichter mitteilen kann, indem sie ein Bild malt oder etwas aufschreibt.

NEHMEN SIE KONTAKT ZU ANDEREN ELTERN AUF

Probleme zwischen Klassenkameradinnen und -kameraden können schneller behandelt und aufgelöst werden, wenn die Eltern der Schulgemeinschaft miteinander in Verbindung stehen. Manchmal ist das schwierig – zum Beispiel, wenn man bestimmte Eltern beim Hinbringen und Abholen nie sieht –, aber ganz generell empfiehlt es sich zu versuchen, die Familien, die zur Klassengemeinschaft Ihres Kindes gehören, kennenzulernen, bevor Schwierigkeiten auftauchen. Mit der Zeit werden diese Kontakte dabei helfen, Konflikte und Missverständnisse, die in einem Schuljahr unweigerlich auftauchen, schneller zu klären.

Wenn Sie anderen Eltern aufgrund eines Problems zwischen Ihren Kindern zum ersten Mal begegnen, versuchen Sie, offen und sachlich zu bleiben und sich kurz zu fassen. Sich schon im Voraus zu entschuldigen, um das Problem herumzuschleichen oder zu forsch aufzutreten, macht eine ungemütliche Situation nur noch schwieriger. Machen Sie deutlich, dass Sie zusammenarbeiten möchten, um eine Lösung für beide Kinder zu finden.

KOMMEN SIE IN KONTAKT
MIT DER SCHULGEMEINSCHAFT

Die Erfahrungen mit der Schule konfrontieren uns auch mit Ironien, so ist beispielsweise Ihr Fokus auf Ihr Kind gerichtet, während der Kontext doch ein kollektiver ist. Der Freundeskreis, die Eltern, die Lehrkräfte, die Schulverwaltung, die Nachbarschaft – es ist ein großangelegtes Team-Projekt und damit eine wunderbare Gelegenheit für gute Gemeinschaft. Aber es bedeutet auch *mehr* – mehr Zeit für schulische Aktivitäten, mehr Menschen und Zeitpläne, die im Blick behalten werden wollen. Und ist *mehr* nicht das Problem, das wir eigentlich zu lösen versuchen?

Richtig. Und der Weg, es in Bezug auf die Schule zu lösen, besteht darin, sich an einen unserer Glaubenssätze zu erinnern: Wir sitzen alle im selben Boot. Sich mit der Schulgemeinschaft zu verbünden und sie zu unterstützen, ist nicht nur der Schlüssel zu weniger Arbeit, sondern auch zu mehr Sinn, Gemeinschaft und Spaß.

Ach ja, das Hinbringen und Abholen ... Manchmal findet dabei der einzige regelmäßige Austausch mit der Schule statt. Es können Momente sein, in denen Sie Ihr Gespür für die Erfahrungen Ihres Kindes vertiefen und vielleicht sogar spontan ein paar Augenblicke mit anderen Eltern verbringen können. Manchmal ist es nur ein kurzer Zwischenstopp oder eine rein organisatorische Angelegenheit – Sie sind bei der Arbeit, also bringt jemand anderes Ihre Kinder zur Schule und holt sie wieder ab. Es lohnt sich in jedem Fall, einen Augenblick über diesen Übergangsmoment nachzudenken, um zu erkennen, ob sich die Gelegenheit bietet, eine Gemeinschaft zu etablieren.

Nehmen Sie auf dem Weg die anderen Familien wahr

Andere Eltern sind geradezu prädestiniert für ein abwechselndes Holen und Bringen. Beschränken Sie sich nicht auf Menschen, die Sie oder Ihr Kind bereits kennen – suchen Sie nach einer Gelegenheit, sich und Ihr Kind vorzustellen, und sehen Sie, was daraus entsteht.

Bringen Sie Ihr Kind zum Eingang

Falls Sie mit dem Auto fahren, parken Sie und gehen Sie mit Ihrem Kind bis zum Schuleingang. Selbst wenige gemeinsame Minuten ebnen den Übergang in die Schule und verschaffen Ihnen Gelegenheit, Kontakt zu anderen Eltern aufzubauen.

Bleiben Sie einen Moment

Einige der besten Freundschaften sind in fünf bis zehn Minuten-Schritten entstanden, also bleiben Sie noch kurz, nachdem Sie Ihr Kind verabschiedet haben. Stellen Sie sich dem Büropersonal der Schule vor. Lesen Sie das Schwarze Brett vor dem

Schulbüro. Machen Sie sich mit den Gesichtern in der Schule vertraut, einschließlich Hausmeisterin oder Hausmeister und eventuell Küchenpersonal.

Kommen Sie früher zur Abholung

Auch hier öffnen Sie dem Zufall die Tür. Ihre nächste gute Freundin oder Ihr nächster guter Freund steht vielleicht genau neben Ihnen.

Machen Sie sich mit den anderen Kindern aus der Klasse Ihres Kindes vertraut

Lernen Sie die Kinder kennen, die Ihr Kind regelmäßig begrüßt. Lernen Sie ihre Namen, und beginnen Sie, darauf zu achten, wie die Klassenkameradinnen und -kameraden Ihres Kindes sich gruppieren und Zeit miteinander verbringen, sodass Sie einen Kontext für die Geschichten und Anekdoten aus der Schule haben, die Ihr Kind zu berichten hat.

Bieten Sie an, Nachbarskinder mitzunehmen oder abzuholen

Scheuen Sie sich nicht, die Eltern der Freundinnen und Freunde Ihrer Kinder anzurufen oder sich an Familien zu wenden, die in der Nähe wohnen. Sie müssen sich nicht zu einer regelmäßigen Regelung verpflichten – Asha hat viele gute Freunde gefunden (wie im Übrigen auch ihre Kinder), indem sie angeboten hat, bei Familien, die entlang des Schulwegs wohnen, auf Abruf beim Abholen und Bringen einzuspringen. Dabei macht es nichts, wenn die Kinder einander nicht so gut kennen oder in der Schule nicht oft zusammen spielen – es ist ein einfacher Weg, anderen Eltern auszuhelfen und den Zusammenhalt der «Dorfgemeinschaft» ein wenig zu stärken.

Es gibt keine bessere Gelegenheit, ein Gespür für die Schule, die Lehrerinnen und Lehrer sowie die Kultur der Klassengemeinschaft zu bekommen, als während der Schulstunden Zeit auf dem Schulgelände zu verbringen. Ehrenamtliche Mitarbeit zieht außerdem Begegnungen mit anderen Familien aus der Gegend nach sich. Es ist jedoch *keineswegs* grundsätzlich so, dass «gute» Eltern in der Schule ihrer Kinder ehrenamtlich tätig sind. Manchmal ist es schon aufgrund der Arbeitszeiten schlicht nicht möglich. Besprechen Sie das mit Ihrem inneren Navigator. Fragen Sie sich:

- Wird es Ihrem Kind gefallen, Sie in der Schule zu sehen, oder möchte es sein Terrain lieber für sich behalten?
- Wird Ihre Anwesenheit eher die fröhliche oder die anhängliche Seite Ihres Kindes zum Vorschein bringen?
- *Möchten* Sie überhaupt ehrenamtlich tätig sein? Es ist nicht schlimm, «Nein» zu sagen, oder «Ja, aber nur auf Ausflügen» (oder was auch immer). Es gibt viele Möglichkeiten, mitzuhelfen und sich zu engagieren, nicht nur während der Unterrichtszeit.

Wenn Sie sich dazu entschließen, sich freiwillig zu engagieren, dann finden Sie im Schulbüro (oder über die Klassenlehrerin oder den Klassenlehrer) heraus, wie dies in der Schule Ihres Kindes gehandhabt wird und wie Sie einsteigen können. Vielleicht gibt es die Gelegenheit, wöchentlich für einen bestimmten Zeitraum in der Klasse Ihres Kindes auszuhelfen, oder Sie übernehmen bestimmte Aufgaben. Wenn Sie Komitees mögen, dann wäre die Elternvertretung oder der Elternverein vielleicht etwas für Sie. Falls Sie gut darin sind, Veranstaltungen zu planen, überlegen Sie, bei einer Spendenaktion, einem Schulfest oder Ähnlichem mitzuwirken.

 **Liz auf Minimalist Parenting:** Da ich voll arbeite, entgehen mir die Gespräche beim Abholen nach der Schule und damit die Kontakte, die entstehen, wenn die Kinder aus dem Schultor rennen, ihren Müttern die Taschen zuwerfen und dann zum Spielplatz sprinten. Um mit den Eltern innerhalb der Schulgemeinschaft in Kontakt zu kommen, melde ich mich freiwillig für ein paar Stunden am Wochenende oder, wenn mal Luft ist, auch am Nachmittag für «besondere Veranstaltungen» in unserer Schule – die Halloweenparty vorbereiten, Wände bemalen, Aufräum- und / oder Putzaktionen. Diese Bemühungen werden von denen, die das Ganze organisieren, geschätzt, und ich treffe so Eltern und Lehrkräfte, denen ich im Schulalltag vielleicht nicht begegne. Darüber hinaus habe ich mich, als meine Tochter in die Kita kam, mit einer Gruppe von Müttern angefreundet, die inzwischen einmal im Monat abends zusammen ausgeht. Es ist für uns alle echt toll, mal für ein paar Stunden rauszukommen und über unser Leben und alles, was in der Schule und in der Stadt so los ist, zu quatschen.

 *Als Laurel in die Grundschule kam, hatte ich ständig Schuldgefühle. Meine Eltern waren immer zu beschäftigt gewesen, um an Schulveranstaltungen teilzunehmen, und ich wünschte mir nichts mehr, als dass meine Mutter die Klasse auf einem Ausflug begleitete oder mal in der Klasse aushalf. Laurel ist ganz genauso. Sie wäre begeistert, wenn ich jeden Tag kommen und auf ihrer Tischkante hocken würde.*

Meine Schuldgefühle kamen daher, dass ich zwar Vollzeit arbeite (eigentlich sogar mehr als Vollzeit), aber – weil ich zu Hause arbeite – das Gefühl hatte, ich «sollte» flexibel sein und mich freiwillig engagieren.

An irgendeinem Punkt sagte ich mir, dass es Zeit sei, die Schuldgefühle zu vergessen und mich eben dort zu beteiligen, wo ich mich beteiligen wollte, vielleicht an einem Kuchenstand (weil ich es liebe zu backen) oder beim Nähen eines Klassenbanners (weil ich wirklich gut geradeaus nähen kann). Es war befreiend festzustellen, dass der Vorwurf alleine in meinem eigenen Kopf existiert hatte. Und ich begann auch zu verstehen, dass bei freiwilligem Engagement von Elternseite jede noch so kleine Hilfe geschätzt und dankbar angenommen wird.

 **Susan von emeraldcoastfl.com auf Minimalist Parenting:** Mein Kind fährt mit dem Schulbus, und zwar schon seit dem Kindergarten, also verpassen wir die Plaudereien mit anderen Eltern beim Hinbringen und Abholen. Ich überlasse im Allgemeinen meinem Sohn die Führung. Sobald er sich ein paar Freunde ausgesucht hat, wende ich mich direkt an deren Eltern und verabrede Spieltreffen. Ich versuche auch, etwa einmal im Monat bei der Mittagspause in der Schule dabei zu sein und zu den meisten Sonderveranstaltungen zu gehen. Die Lehrerin meines Sohnes ist gut darin, Organisatorisches und so gleich früh am Morgen anzusetzen, sodass Eltern, die nicht zu Hause arbeiten, noch vorher reinschauen können.

Was auch immer Sie sich aussuchen – die Tätigkeit sollte Ihnen Spaß machen. Wenn die freiwillige Mitarbeit sich wie eine Pflicht anzufühlen beginnt, wird Ihr Kind das spüren, und damit geht schon ein Teil der guten Absicht den Bach runter. In solch einem Fall ist es besser, die jeweilige Aufgabe zu Ende zu bringen und sich dann einen anderen Weg zu suchen, die Schule zu unterstützen.

Die logistischen und emotionalen Herausforderungen, die das Schuljahr flankieren, haben einen großen Anteil an Ihren Erfahrungen als Eltern eines Schulkindes. Mit ein bisschen Organisation und dem richtigen Maß an Unterstützung einerseits und Förderung der Unabhängigkeit andererseits können Sie an der Ausbildung Ihres Kindes teilhaben und sich gleichzeitig ein bisschen Zeit und mentalen Freiraum für Ihre anderen Prioritäten bewahren.

JENSEITS DES SCHULHOFS: BEREICHERUNGEN UND AUSSERSCHULISCHE AKTIVITÄTEN

Pantomime! Mitmachzirkus! Fußballturnier! Wir leben in einer Welt des Überangebots. Wenn Sie über die Zeit und das Geld verfügen, gibt es zahllose Kurse und außerschulische Aktivitäten, die Ihr Kind ausprobieren kann. Ironischerweise kann sich die Angebotsfülle jedoch im Alltag in einen Mangel verwandeln ... an Zeit und Energie und Entspannung. Nicht nur für Ihr Kind, sondern auch für Sie, die oder der Sie auserkoren sind, es zwischen den Aktivitäten hin- und herzuchauffieren, und die oder der sich dazu noch fragt, wie man es schaffen soll, zusätzlich noch das Abendessen auf den Tisch zu bekommen, die Hausaufgaben zu kontrollieren und für den folgenden Tag ein sauberes und womöglich gebügeltes Outfit bereitzulegen.

Mittlerweile ist sicher deutlich geworden, dass wir große Befürworterinnen von Freiräumen sind – in Ihrem Zuhause, Ihrer Zeitplanung und Ihrem Leben. Eine Minimalisierung der Freizeitaktivitäten berücksichtigt die Interessen Ihrer Familie, den Energie-Aufwand und das Budget und schafft gleichzeitig Raum für Kreativität und freies Spielen. Mit anderen Worten: Wir ermutigen Sie zu einem Nein zu übermäßiger Verplanung.

NACHMITTAGSVERANSTALTUNGEN
INS RECHTE LICHT GERÜCKT

Alle Eltern wünschen sich, dass ihre Kinder Spaß haben, aktiv sind und verschiedenen Ideen und Erfahrungen ausgesetzt sind. Es lohnt sich jedoch, einen kritischen Blick darauf zu werfen, was wirklich zur Entwicklung einer ganzheitlichen Persönlichkeit beiträgt. Wenn wir an einen idealen «ganzheitlichen» Erwachsenen denken, dann hat diese Person eine gewisse Anzahl von Interessen *und* ein ausgeglichenes Leben. Sie ist engagiert, aber nicht pausenlos auf dem Sprung. Sie schafft Zeit für Aktivitäten und für Ruhe. Manchmal «macht» sie, dann wieder «ist» sie einfach nur. Sie erkennt den Wert von Zeiten in Gesellschaft und privaten Zeiten (mit der Familie und alleine).

Stellen Sie dieses Bild dem Leben vieler moderner Schulkinder gegenüber: Sie stehen früh auf, um zur Schule zu gehen (manche sogar noch früher, um noch schnell Hausaufgaben fertigzumachen, zum Training zu gehen oder zur Musikstunde), sie sind die meisten Nachmittage und Abende der Woche mit Sport und Kursen beschäftigt, sind selten zum Abendbrot zu Hause, zwängen die Hausaufgaben irgendwo dazwischen, wo noch ein bisschen Zeit übrig ist … und opfern oft Schlaf dafür. Die Wochenenden sind ebenso vollgestopft. Verabredungen einzuplanen, ist so gut wie unmöglich – und spontanes Fußballspielen in der Nachbarschaft? Vergessen Sie es. Manche Kinder wissen schon gar nicht mehr, wie sie ihre

Zeit selbst gestalten sollen, und werden ängstlich und kribbelig, wenn sie nichts vorhaben.

DIE MOTIVIERENDE KRAFT DER LANGEWEILE

Sie wissen, dass «Notwendigkeit die Mutter der Erfindung» ist? Nun, Langeweile ist die Mutter von Sandkuchen und den besten Räuber-und-Gendarm-Spielen in der Nachbarschaft. Wenn Kinder zu beschäftigt sind, um sich zu langweilen, dann verpassen sie die größte motivierende Kraft, die es gibt.

Was wir jetzt auch wieder nicht meinen, ist, dass Sie Langeweile im Terminkalender einplanen sollen ... eher, dass Sie keine Angst davor haben müssen. Machen Sie Langeweile zu Ihrem Verbündeten. Ihre Kinder brauchen vielleicht Zeit, sich daran zu gewöhnen, und Sie müssen erst mal mit Protesten rechnen, aber langfristig ist die Kunst der Selbstbeschäftigung ein Gewinn.

 *Meine bevorzugte Antwort auf Beschwerden über Langeweile ist: «Herzlichen Glückwunsch! Das ist ein Zeichen dafür, dass dir gleich etwas richtig Tolles einfällt!» Meine Kinder quittieren das, indem sie die Augen verdrehen, aber allmählich begreifen sie, was ich meine.*

VERPASSEN IHRE KINDER ETWAS?

Es ist eindeutig bereichernd, sich in einem Sportteam zu engagieren oder Musikunterricht zu nehmen. Aber nur, wenn diese Aktivitäten Teil eines ausgewogenen Lebens sind, das auch freie Zeit zum Spielen lässt, für Haushaltspflichten, zum

Nachdenken, für familiäres Beisammensein und zum Ausruhen. Genauer betrachtet riskiert man mit einem vollgestopften Terminkalender, etwas anderes zu verpassen: die Chance, seine Interessen, seine Umgebung und sich selbst zu entdecken.

Zu viele geplante Beschäftigungsangebote beschneiden die Fähigkeit Ihres Kindes, Freundschaften aufzubauen und zu pflegen. Zwar sind gemeinsame Aktivitäten ein großartiger Weg, um neue Freundinnen und Freunde zu finden, doch um *Freundschaften zu vertiefen*, braucht es Zeit und die Möglichkeit, einander besser kennenzulernen. Und noch etwas bleibt auf der Strecke: die Verantwortungen im Haushalt. Viele Eltern reduzieren den Stress ihrer extrem beschäftigten Kinder, indem sie die verbleibende Zeit komplett für die Schularbeiten reservieren, während sie ihre Erwartungen, was Haushaltspflichten und Familienengagement angeht, senken. Ja, irgendetwas muss eingespart werden ... aber es sollten nicht die Haushaltspflichten sein. Sie sind die Grundlage für das Erlernen kollektiver Verantwortung und fördern Fähigkeiten, die Kinder mit ins Erwachsenenleben nehmen. Darüber hinaus stellen sie ein Entlastungspotenzial für Sie selbst dar. Eine kostenlose «außerschulische Bereicherung» im eigenen Haus! (In Kapitel 5 führen wir die Bedeutung von Haushaltspflichten genauer aus.)

Weitere Schätze, die bei einem zu vollen Terminplan gerne auf der Strecke bleiben: Lesen einfach nur zum Spaß, Basteln und Handwerken, ruhige, geistig anregende Beschäftigungen wie Puzzlen, Brettspiele und Solitaire, Spritztouren in den Park, spontane Wochenendausflüge sowie phantasiereiche und integrative Zeit zum Nachdenken, die man nicht zeitlich bemessen kann.

Zum Abschluss lohnt ein Blick aus der Elternperspektive kurz vor den Teenagerjahren: *Die Kindheit vergeht schnell*. Schon bald werden Sie sich fragen, wo die Zeit geblieben ist, und sich wünschen, mehr davon gehabt zu haben. Im Getöse des Alltags übersieht man allzu leicht, wie wertvoll die Stunden nach der Schule sind. Wenn Ihr Kind noch gerne Zeit mit Ihnen verbringt, dann holen Sie aus diesen Stunden so viel raus wie nur möglich, auch wenn es manchmal nicht mehr bedeutet, als Ihrem Kind durchs Küchenfenster beim Rasenmähen zuzusehen.

FRAGEN SIE SICH VOR DER ANMELDUNG NACH IHREN GRÜNDEN

Heutzutage ist es geradezu selbstverständlich, dass Sie Ihre Kinder zu einer außerschulischen Aktivität anmelden. Viele Eltern sorgen sich um die Sicherheit, wenn sie ihre Kinder unbewacht draußen spielen lassen. Die meisten fühlen sich unter Druck, Kinder auf Wettbewerb und Konkurrenz «vorbereiten» zu müssen, ob nun auf dem Sportfeld oder für die zukünftige Uni-Zulassung. Viele Eltern verlassen sich auf Nachmittagskurse als eine Überbrückung zwischen Schulschluss und der Zeit, wenn sie von der Arbeit nach Hause kommen. Manche resignieren bei dem Versuch, organisierte Aktivitäten durch Spieltreffen nach der Schule zu ersetzen, weil es kaum Spielkameradinnen und -kameraden mehr gibt, die nachmittags Zeit haben.

Doch bevor Sie Ihr Kind anmelden, fragen Sie sich, warum Sie das tun. Wirklich: Warum? Ist es, weil Ihr Kind das brennende Verlangen hat, Fußball oder Gitarre zu spielen? Wenn ja, dann ist das wunderbar! Wenn aber nicht, dann gibt es vielleicht einen anderen Grund, weshalb Sie sich gezwungen sehen, den Terminplan zu füllen. Wir haben einige dieser

Triebfedern bereits in den vorangegangenen Kapiteln erwähnt, dennoch sollten sie hier noch einmal aufgegriffen werden:

- Versuchen Sie Möglichkeiten wettzumachen, die Ihnen selbst als Kind nicht offenstanden?
- Setzen Sie die Anmeldung Ihres Kindes zu Kursen damit gleich, bessere, umsichtigere Eltern zu sein?
- Leiden Sie unter der Angst, etwas zu verpassen? Haben Sie Sorge, dass Ihr Kind nicht dazugehören, aus der Gruppe der angesagten Kinder ausgeschlossen sein könnte ... oder dass Sie selbst nicht zu den angesagten Eltern gehören könnten?
- Macht unverplante Zeit (mit potenziell gelangweilten Kindern) Sie nervös?

Kein Grund, sich schuldig zu fühlen oder verlegen zu sein – der Druck sich anzupassen ist groß, und wir sind alle empfänglich dafür. Wir *alle* möchten unseren Kindern wunderbare Erfahrungen und Erlebnisse ermöglichen. Doch wenn Sie ehrlich zu sich selbst sind und Ihre eigene Motivation hinterfragen, können Sie besser begründete Entscheidungen für die ganze Familie treffen.

SCHÄTZEN SIE EIN, WOFÜR IHR KIND SICH INTERESSIERT UND OB ES BEREIT IST

Jedes Kind ist völlig anders, wenn es darum geht, was «Spaß» macht und «interessant» ist. Das ist Ihnen schon klar? Mag sein, aber Sie werden staunen, wie leicht man in Verallgemeinerungen wie «Jedes Kind sollte ein Musikinstrument lernen» verfällt. Der beste Freund Ihres Kindes liebt vielleicht Improvisationstheater-Kurse, für Ihr Kind hingegen mag das der schlimmste Albtraum sein.

Dasselbe gilt für die Zeitplanung. Vielleicht stürzt sich Ihr Kind nach der Schule begeistert jeden Tag auf eine andere Aktivität. Oder Sie haben ein Kind mit wenig Lust auf festes Programm am Nachmittag. Oder aber Ihr Kind gehört zu der Sorte, die sich gegen alles Neue wehrt.

Hören Sie Ihrem Kind zu, wenn es sich nicht sicher ist. Nehmen Sie seine Interessen wichtiger als Ihre eigenen. Wenn Sie versuchen, einem widerwilligen Kind Ihre eigenen Präferenzen aufzuzwingen, geht das nicht gut aus. Andererseits: Seien Sie offen. Vielleicht entdecken Sie, dass Ihr Kind einem Interesse nachgehen möchte, das Sie nie in Erwägung gezogen hätten.

 *Meine Kinder haben beide lieber freie Zeit nach der Schule, also gab es bei uns nie viel Nachmittagsprogramm. Aber eines Tages, als ich mit Mira über Interessen sprach, überraschte sie mich: «Ich wollte schon immer Geige spielen!» (Schon immer? Zu diesem Zeitpunkt war sie acht Jahre alt.) Unsere Familie liebt Musik, und ihr Dad hatte sich ein wenig an der Mandoline versucht, aber ihr Interesse an der Geige kam (zumindest für mich) aus heiterem Himmel. Sie hatte es vorher nie erwähnt. Ich machte irgendwelche zustimmenden Geräusche, rannte aber nicht gleich los, um sie zu Stunden anzumelden, weil ich dachte, dass ihr «Interesse» eher eine vorübergehende Laune sei. Wochen vergingen, und sie fragte ruhig, aber beharrlich nach, ob ich mich schon mal über Geigenverleih und -lehrer informiert hätte. Als zwei Monate vergangen waren und sie noch immer nachfragte, beschlossen wir, den Sprung zu wagen. Glücklicherweise gaben sowohl unser Budget als auch unser Zeitplan das her, weil sie sonst keine Kurse besuchte. Wir fanden einen Lehrer in der Nähe, und seither übt und spielt sie. Die Motivation und der Reiz sind umso stärker, weil die Idee von ihr selbst kam.*

Manchmal ist es leichter gesagt als getan, den Vorlieben der Kinder auf die Spur zu kommen. Sie sind vielleicht nicht in der Lage, die Gründe für ihre Wahl zu verbalisieren, sodass man nicht so genau weiß, wie man vorgehen soll. Einerseits möchte man ein Kind nicht zu etwas zwingen, das es nicht mag, andererseits möchte man es ermutigen, seine Komfortzone zu erweitern. Es ist eher eine Kunst als eine Wissenschaft. Manchmal dauert es länger als erwartet, bis ein Kind «bereit» ist.

 *Außerschulische Aktivitäten sind bei Laurel ein Terrain, das ich mühsam ergründen musste. Als Kind wollte ich in meiner Freizeit alles tun, was angeboten wurde, aber mir wurde nichts erlaubt (außer zu einem späteren Zeitpunkt Musikunterricht – als «produktive» Beschäftigung), weil wir eine große Familie mit einem knappen Budget waren. Als Laurel in die Grundschule kam und die ersten Kursangebote auftauchten, wollte ich ihr diese Welt zu Füßen legen. Oder sie zumindest etwas ausprobieren lassen.* Irgendetwas.

Aber Laurel war demgegenüber lange Zeit überhaupt nicht aufgeschlossen. Eine sehr lange Zeit. Unsere ersten Vorstöße in Richtung Schwimmen und Schlittschuhlaufen wurden widerwillig akzeptiert und endeten in Tränen und Ausrastern auf dem Weg dorthin und während der Kurse. Es ist grauenvoll, sein Kind schluchzen zu sehen (leise ... oder manchmal auch richtig laut), während man in einer Horde von Kindern steht, die richtig Spaß haben.

Also gab ich schließlich auf. Ich beschloss, Laurel einfach die Möglichkeiten anzubieten und ihr ansonsten die Führung zu überlassen.

Lange Zeit war die Antwort jedes Mal nein, wenn ich Laurel einen neuen Kurs-Flyer zeigte, der ins Haus flatterte. Aber als sie schließlich ja zu Fußball sagte, tat sie es mit einem aufgeregten Strahlen und einem Enthusiasmus, der an jenem Tag begann und sich über den Besuch im Sportgeschäft bis hin zum Fußballfeld, Training und Spielen fortsetzte.

Als ich Laurel herumrennen sah – als fröhlich quietschenden Teil der wabernden Fußball-Amöbe –, ging mir auf, dass einige Kinder einfach länger brauchen, um bei sich selbst anzukommen. Ganz plötzlich zeigte Laurel einen Grad an Wohlgefühl und Lebendigkeit, den ich an ihr noch nicht gesehen hatte. Das Warten hatte sich gelohnt.

DER UMGANG MIT EXTREM MOTIVIERTEN KINDERN UND UMFANGREICHEN VERPFLICHTUNGEN

Während manche Kinder eine Weile brauchen, um ihre Fühler auszustrecken und zu entscheiden, was sie gerne tun möchten, sind andere sofort zum Absprung bereit, mit ungeheurer Selbstmotivation und viel Talent. Wie aber bewahrt man den minimalistischen Ansatz, wenn die Möglichkeit besteht, dass das eigene Kind das nächste Geigen-Wunderkind oder der nächste Gymnastik-Star werden könnte? Wie kommt man in seinem minimalisierten Leben voran, wenn man weiß, dass die Zeit- und Ausgabenbelastung stetig zunimmt, je intensiver das Kind einem Interesse oder einer Begabung nachgeht?

LASSEN SIE IHR KIND SEINEN INNEREN NAVIGATOR FINDEN

Wenn man Kinder ihren eigenen Weg finden lässt – anstatt ihnen Interessen aufzudrängen, die man sich vielleicht für sie wünscht –, entdecken sie oft überraschende Leidenschaften und Talente, auf die Sie nie gekommen wären.

 *Bei Laurel bin ich so vorgegangen, dass ich einfach Möglichkeiten gegen die Wand geworfen und gesehen habe, was kleben bleibt. Und auch wenn es sie später zum Sport hingezogen hat, wurde schon früh deutlich, dass Laurel hochkonzentriert und voller Interesse Dinge mit ihren Händen machte – sie kann stundenlang an einer Bastelarbeit sitzen oder hingebungsvoll Torten mit Zuckerguss überziehen und dekorieren.*

Ich plane, bei Violet genauso vorzugehen. Auch wenn sie noch ein Kleinkind ist, zeigt sich bereits, dass sie von Natur aus extrem körperlich und furchtlos ist (will heißen: Sie benutzt ihren Körper mit einer Hingabe, die wir bei Laurel nicht gesehen haben). Ich bin neugierig, ob das anhält, wenn sie größer wird, oder ob wir dann feststellen, dass etwas völlig anderes an der Wand kleben bleibt.

Falls Ihr Kind von sich aus auffallende Begabung und Selbstmotivation zeigt, dann sollte Ihnen das einen Versuch wert sein. Unterstützen Sie es, so gut Sie können, innerhalb der Parameter, die *für Sie und den Rest der Familie stimmig sind*. Es kann für die Entwicklung eines Kindes ein unglaublicher Antrieb sein, wenn die Eltern sein Engagement für ein Interesse unterstützen, das eine Menge Zeit und Mühe erfordert. Wir raten Ihnen jedoch, sich zu zügeln und der Versuchung zu widerstehen, Ihr Kind zu steuern.

WANN SIE ZU SEHR DRÄNGEN

Wenn Sie merken, dass Ihr Kind eine Begabung oder ein Interesse für etwas zeigt, ist es nur natürlich, dass Sie dieses Interesse fördern möchten. Aber irgendwann stellen Sie vielleicht fest, dass Sie Ihr Kind pushen, immer mehr zu tun, die oder der Beste zu sein, sich den Titel «hochbegabt» zu verdienen.

Abhängig von der Persönlichkeit Ihres Kindes macht es das vielleicht mit, ohne zu murren. Oder es läuft mit, wird aber grummelig und zieht sich zurück. Oder es sagt schließlich: «Genug!!! Ich will nicht mehr.»

Es ist nicht leicht, sich zurückzuhalten, wenn für Ihr Kind eine Gelegenheit verheißungsvoll am Horizont aufzugehen scheint. Wenn man es zur Meisterschaft bringen möchte, bedeutet dies sowohl Spaß als auch Anstrengung, und manchmal ist es sogar klug, sein Kind in den schwierigen Momenten zum Weitermachen zu drängen. Aber denken Sie daran, nicht nur darauf zu hören, was *Ihr* innerer Navigator sagt, sondern auch darauf, was der innere Navigator Ihres Kindes funkt. Wenn Sie merken, dass Sie den Bus auf eine Klippe zusteuern, ist es Zeit, auf die Bremse zu steigen.

WANN SIE EIN WENIG MEHR DRÄNGEN SOLLTEN

Sie haben Ihr Kind zu zahllosen Kursen und Übungsstunden gefahren und Geld dafür bezahlt. Es scheint richtig gut darin zu sein (was auch immer *es* ist). *Richtig* gut. Aber nun, ganz plötzlich, möchte es aufhören. Es ist knifflig herauszufinden, wann man sein Kind ermutigen sollte, dabeizubleiben und sich durch die harten Phasen zu kämpfen … und wann man es lassen sollte.

Niemand möchte sich nachsagen lassen, zu früh die Flinte ins Korn zu werfen. Aber es ist wichtig zu akzeptieren, dass Kinder manchmal, nachdem sie etwas eine Weile ausprobiert haben, einfach keine Lust mehr dazu haben. Wir haben doch alle schon mal Hobbys oder Projekte begonnen, aber letztlich beschlossen sie aufzugeben, und auch Kinder brauchen den Freiraum, solche Entscheidungen zu treffen. Andererseits stoßen Kinder manchmal auf Hindernisse, die sie als «K.-o.-Kriterium» betrachten. Sie aber wissen, dass solche Hindernisse, wenn sie erst einmal überwunden sind, dem Interesse Ihres Kindes neues Leben einhauchen können. Jede Situation hat ihre Besonderheiten, doch wir raten im Allgemeinen dazu, sich selbst zu fragen, warum Sie möchten, dass Ihr Kind an der jeweiligen Beschäftigung festhält, und genauso bei Ihrem Kind nachzuforschen, warum es damit aufhören möchte.

 *Ich begann in der dritten Klasse über das Förderangebot meiner Schule mit dem Geigenunterricht. Meine Eltern schafften es, der finanziellen Verpflichtung einer gemieteten Geige nachzukommen, konnten aber keine Privatstunden bezahlen. Der entscheidende Impuls kam von meiner Mutter: Sie liebte das Instrument und besaß eine normale Geige (für Erwachsene also und keine Kindergeige), die sie während ihrer Ausbildung als Krankenpflegerin gekauft hatte. Allerdings hatte sie nie Gelegenheit gehabt, das Geigenspiel zu erlernen (da sie nicht lange nach der Krankenpflegeschule meinen Dad heiratete und ein Kind nach dem nächsten bekam). Ich war so glücklich, endlich an irgendeinem Nachmittagskurs teilnehmen zu können, dass ich eifrig zustimmte, Geige spielen zu lernen.*

Ich war richtig stolz, jede Woche meinen Geigenkasten zur Schule zu tragen, und ich zeigte eine natürliche musikalische Begabung. Aber ich war auch frustriert, weil ich nicht schneller vorankam. Inzwischen weiß ich, dass dies Teil meiner Persönlichkeit ist – wenn ich mit etwas beginne, dann möchte ich in Warp-Geschwindigkeit von der Anfängerin zur Expertin werden. Die Fortschritte, die ich bei nur einer Gruppenstunde pro Woche in der Schule machte, gingen mir nicht schnell genug.

Gegen Ende der fünften Klasse erklärte ich meiner Mutter, dass ich aufhören wollte. Wir hatten einen riesigen Streit deswegen. Wirklich, kolossal. Für mich gab es zwei Gründe: dass ich nicht schnell genug vorankam und die Tatsache, dass alle meine Freundinnen vorhatten, in der sechsten Klasse im Chor zu singen. Und ich wollte unbedingt Teil der Herde sein.

Es war keine besonders vernünftige oder entspannte Diskussion, und am Ende weigerte sich meine Mom, mich aufhören zu lassen. Sie sagte, dass es albern sei, einen neuen musikalischen Weg einschlagen zu wollen, nur weil meine Freundinnen einen anderen für sich entdeckt hatten, aber dass sie versuchen wollte, mir Stunden zu ermöglichen, um zu sehen, ob dies mein Beschleunigungsproblem lösen würde. Ich war immer noch verärgert, dass sie mich zum Weitermachen zwang, doch ich gab nach.

Ich habe keine Ahnung, wie sie es geschafft hat, aber als ich in die sechste Klasse kam, brachte meine Mutter das Geld auf, um mir einmal in der Woche Privatstunden zu ermöglichen. Ich lag auf dem Musik-Pfad deutlich hinter allen Gleichaltrigen zurück, mit denen ich konkurrierte, aber ich nahm schnell Fahrt auf. Ich begann bei Orchester-Wettbewerben vor- und mitzuspielen. Und ich liebte es. Ich spielte Solos im Schulorchester, und auch während meiner College-Jahre absolvierte ich Solo-Auftritte ohne das geringste Lampenfieber. Während meines Master-Studiums spielte ich sogar in einem halbprofessionellen Orchester.

Inzwischen spiele ich nicht mehr Geige, aber ich habe viele Male betont, wie froh ich bin, dass meine Mom mich nicht hat aufhören lassen. Sie sah mein Talent, von dem ich nicht wusste, dass ich es besaß, und sie half mir über die Probleme hinweg, die dem Ausleben meines Potenzials im Weg standen.

DEN AKTIVITÄTEN GRENZEN SETZEN

Wenn Ihr Kind das volle Programm möchte, vergessen Sie nicht, dass dadurch auch andere Menschen beeinflusst werden: Geschwister, der Freundeskreis, Ihr Partner und Sie. Als diejenigen, die über das Bankkonto wachen, die Einzelheiten organisieren und das Kind im Auto herumchauffieren, haben Sie ein Veto-Recht. Der Nachmittags-Zeitplan eines Kindes muss für die gesamte Familie funktionieren.

Ihr Kind hat ein ganzes Leben, um zu forschen und Erfahrungen zu sammeln, es muss nicht alle Optionen *genau in dieser Sekunde* ausprobieren. Es ist vollkommen in Ordnung, einige Kurse «auf Eis» zu legen, um garantiert eine gewisse Auszeit zu haben, wenn Sie wissen, dass sie auch im nächsten Jahr noch angeboten werden. Und falls nicht, dann findet sich schon etwas anderes. Auf diese Weise lernt Ihr Kind, flexibel zu sein und dass seine Entscheidungen und Aktivitäten auch andere betreffen.

DIE LOGISTIK DES NACHMITTAGSPROGRAMMS

Wenn Sie sich nun auf einen Kurs festgelegt haben, der Ihrem Kind und Ihnen passt, dann gibt es viele Möglichkeiten, ihn möglichst geschickt in Ihren Terminplan zu integrieren.

GEBEN SIE ANGEBOTEN IN DER UMGEBUNG DEN VORRANG, DIE KURZ NACH SCHULSCHLUSS BEGINNEN

Wir haben den größten Erfolg mit Kursen, die in der Nachbarschaft stattfinden und gleich nach der Schule beginnen. (Die besten finden in der Schule selbst statt, gleich nach dem Läuten der Glocke.) Je länger der Übergang zwischen Schule und Nachmittagsprogramm, und vor allem wenn diese Zeit zu Hause verbracht wird, desto wahrscheinlicher verlieren die Kinder ihre Energie und kommen nicht wieder in Gang.

STREUEN SIE DIE AKTIVITÄTEN
ÜBER DIE GANZE WOCHE

Wenn Ihr Kind sich mehr als eine Nachmittagsbeschäftigung pro Woche wünscht, dann versuchen Sie, die Aktivitäten über die Woche zu verteilen (zum Beispiel Montag, Mittwoch, Freitag), um freie Nachmittage einzubauen und zwischendurch eine Pause zu haben. Richtig, das bedeutet, dass Ihr Kind vielleicht nicht seine Lieblingskurse besuchen kann, aber das ist nicht so schlimm (und eine weitere Chance, Flexibilität zu lernen).

MELDEN SIE IHR KIND AN
UND TEILEN SIE SICH DEN FAHRDIENST

Vielen Kindern nimmt es die Ängste, wenn sie mit einer Freundin oder einem Freund zusammen in einen Kurs gehen, es stärkt auch die Freundschaft und macht mehr Spaß. Für Sie ist der Vorteil ein geteilter Fahrdienst! Bieten Sie den Eltern an, im Wechsel zu fahren – auf diese Weise können Sie beide dabei sein und Ihr Kind beobachten *und* jede zweite Woche ein wenig zusätzliche Freizeit genießen.

ERLEDIGEN SIE DINGE
IN DER NÄHE

Viele Gruppen und Kurse involvieren Sie nur in der beobachtenden Rolle. Dabei gibt es keine Regel, die besagt, dass Sie dies jede Minute jedes Kurses tun müssen. Erledigen Sie schnell etwas in der Nähe, entschuldigen Sie sich, um ein oder zwei Anrufe zu tätigen, oder nutzen Sie die Auszeit, um zu lesen oder ein Kreuzworträtsel zu lösen.

ENGAGIEREN SIE EINE BABYSITTERIN ODER EINEN BABYSITTER

Falls Sie die Kinderbetreuung bis zum Ende Ihres Arbeitstages überbrücken müssen, können Sie vielleicht eine Babysitterin oder einen Babysitter aus der Gegend engagieren, um Ihr Kind von der Schule abzuholen, zu seinem Kurs und anschließend nach Hause zu begleiten.

LASSEN SIE RUHIG MAL EINE WOCHE AUSFALLEN

Es gibt unweigerlich Tage, an denen Ihr Kind (oder Sie) zu müde, hungrig, schlecht gelaunt oder zu beschäftigt ist, um teilzunehmen. Entscheiden Sie von vornherein, dass es in Ordnung ist, hier und da einen Tag zu schwänzen. Auch wenn es wichtig ist, eine Verpflichtung einzuhalten, so ist es ebenso wichtig, seinem Bedürfnis nach einer gelegentlichen Pause nachzukommen – für Ihr Kind genauso wie für Sie.

 **Natalie auf ParentHacks.com:** Es kam zu häufig vor, dass ich meine Tochter zu einem Kurs anmeldete, zu dem sie Lust hatte, sie sich dann aber weigerte hinzugehen. Ich konnte einfach nicht herausfinden, woran es lag, aber nach einigen Diskussionen wurde deutlich, dass sie einfach nicht hingehen wollte. Wenn ich sie zwang teilzunehmen, dann regte sie sich fürchterlich auf und fing an zu weinen, aber es ergab keinen Sinn, sie ohne ersichtlichen Grund schwänzen zu las-

sen. Es ist wirklich frustrierend, Geld für all diese Kurse auszugeben, um dann auf solch einen Widerstand zu treffen, wenn es Zeit ist hinzugehen!

Meine Lösung bestand darin, ihr einen «persönlichen Tag» pro Kurszeit zuzugestehen. Sie durfte einmal pro Kurs die Stunde schwänzen, ohne jede Begründung, aber dann musste sie alle weiteren Termine wahrnehmen. Es funktionierte wunderbar! Meistens nutzte sie ihren persönlichen Schwänz-Tag nicht einmal. Ich glaube, der große Unterschied bestand darin, ihr ein wenig Mitspracherecht zu geben.

GESONDERTE ÜBERLEGUNGEN FÜR DEN SOMMER

Viele Eltern stresst schon allein der Gedanke an Sommer-(ferien)pläne (was oft schon kurz nach den Winterferien beginnt). Was, wenn die Feriencamps ausgebucht sind? Was, wenn wir den ganzen Sommer nichts zu tun haben? Was, wenn mein Kind alles wieder vergisst, was es während des Schuljahres gelernt hat?

Vor allem wenn Sie Vollzeit außer Haus arbeiten, ist es sicher eine gute Idee, das Sommerprogramm weit im Voraus festzulegen. Versuchen Sie aber, sich nicht zu viele Gedanken zu machen, um den «perfekten» Sommerplan zusammenzubasteln. Umstände und Zeitplanungen ändern sich, vertrauen Sie darauf, dass es genug Angebote gibt, um die Lücken zu füllen, selbst wenn es bedeutet, eine Babysitterin oder einen Babysitter zu engagieren oder im Sommer ein paar zusätzliche Spielverabredungen anzusetzen. Nichts ist frustrierender, als sich mit einer minutiösen Sommerplanung herumzuquälen – und dann ändert sich etwas und mehrere Hundert Dollar an Anzahlungen sind futsch.

 Vor der Grundschule ging Laurel drei Tage die Woche in einen Ganztagskindergarten mit Ganzjahresbetrieb. Als wir dann dem Schulkalender gegenüberstanden, mit seinen kürzeren Tagen, wochenlangen Ferien und vor allem den ewig langen Sommerferien, war ich zugegebenermaßen ein wenig (okay, ziemlich) panisch. Also buchte ich lange vor Ende des Kindergartens mehrere Wochen in einem Sommercamp für sie. Ich gebe zu, dass ich dies aufgrund meiner eigenen zeitlichen Verpflichtungen und Bedürfnisse tat und Laurel nicht nach ihren Wünschen fragte.

Als die Zeit im Kindergarten dann ihrem Ende zuging, durchlebte Laurel eine Phase, in der das Hinbringen und Abholen unglaublich schwierig waren. Diese Probleme setzten sich während der ersten beiden Wochen des Sommercamps fort, was das Hinbringen enorm stressig machte. Darüber hinaus wirkten sich die Ängste auch auf den restlichen Tag aus (zum Beispiel Schwierigkeiten beim Zubettgehen angesichts des Hinbringens am nächsten Tag).

Diese zwei Wochen fühlten sich an wie die längsten meines Lebens. Am Ende war ich froh, als die anderen zwei Wochen des Camps abgesagt wurden (es handelte sich ursprünglich um ein vierwöchiges Programm). Wir sprachen mit Laurel darüber, was sie nun die restliche Zeit tun wollte, und sie sagte ganz entschieden: «Zu Hause bleiben.»

Also sagte ich schließlich auch die Sommerkurse ab, die wir woanders gebucht hatten (die Anzahlung war natürlich futsch), und engagierte stattdessen eine Babysitterin. Laurel war total glücklich. Das entspannte Tempo zu Hause gab ihr die Zeit, um sich von dem Stress der letzten zwei Monate Kindergarten und des Sommercamps zu erholen. Als sie dann in die erste Klasse kam, schien es, als habe sich ein Schalter auf magische Weise umgelegt. Am ersten Schultag wappnete ich mich für einen kolossalen Ausraster. Doch nichts geschah. Laurel wirkte ein wenig nervös, aber nicht mehr als die anderen Kinder auch. Sie lächelte, winkte mir munter zu und marschierte mit ihrer Klasse davon. Es ging ihr gut. Ich hingegen hatte Tränen in den Augen.

Zu guter Letzt ist der Sommer eine großartige Zeit, um den Kindern zu zeigen, wie man Geld verdient oder sich in der Gemeinschaft engagiert. Helfen Sie Ihrem Kind, einen Flohmarkt vor der Haustüre zu veranstalten, oder helfen Sie älteren Kindern dabei, eine ehrenamtliche Arbeit oder einen Sommerjob zu finden. Diese Arten von Arbeit und Gemeinschaftsaktivitäten sind ganz sicher bereichernd für Kinder, auch wenn sie nicht immer einfach sind (oder ganz besonders deswegen). (Blättern Sie Kapitel 6 durch zu unseren Vorschlägen, wie man Kindern den Umgang mit Geld vermittelt.)

Wenn sie sorgfältig ausgesucht werden, können außerschulische Aktivitäten eine phantastische Ergänzung der (Aus-)Bildung Ihres Kindes sein, solange Sie nicht vergessen, dass sie optional sind.

MAHLZEITEN PLANEN
LEICHT GEMACHT

Essen ist eine der Grundlagen des Familienlebens. Wir alle müssen essen, und wir verdienen, es auch zu genießen. Aber seit einigen Jahren liegt die Latte für gemeinsame Mahlzeiten mit der Familie deutlich höher, gleichermaßen ausgelöst durch die Angst vor Fettleibigkeit und ungesunder Ernährung bei Kindern, die zunehmende Wertschätzung von Familienmahlzeiten für die Entwicklung und die dauerpräsenten Bilder in den Medien, die uns hausgemachte Essensperfektion vor Augen halten. Wenn man dann noch die Zeit berechnet, die es braucht, um eine ausgewogene Mahlzeit zuzubereiten, ist es nicht erstaunlich, dass die Ernährung der Familie sich letztlich so anfühlt wie eine weitere Aufgabe auf der sowieso schon sehr langen To-do-Liste.

Auszuwählen, einzukaufen, vorzubereiten und dann die Mahlzeiten zu genießen, steht im Zentrum unseres Familienlebens, also liegt es nahe, dass Essen mehr als nur unseren Körper mit Nährstoffen versorgen sollte. Essenszeiten können und sollten erfreulich sein, ein integrierter Teil des Familiensystems. Indem Sie den Prozess rationalisieren, die Erwartungen runterschrauben und ein bisschen Spaß hinzufügen, erhöhen Sie die Chance, ein gutes Essen auf den Tisch zu bringen und es mit Ihrer Familie zu genießen.

DIE ERNÄHRUNG IHRER FAMILIE AUS MINIMALISTISCHER SICHT

Wir essen gerne. *Wirklich* gerne. Aber auch wir sind nicht immun gegen die Faktoren, die Essenszubereitung zu einer Pflicht machen können. Es ist nicht verwunderlich, wenn wir uns ein wenig unzulänglich fühlen: Manchmal scheint es, als bräuchte man einen Abschluss in Ernährungswissenschaften, um mit all den wechselnden Standards mitzuhalten, und ein Jahr in der Kochschule, um fünf Gourmet-Mahlzeiten pro Woche auf den Tisch zu zaubern. Aber derartige Ansprüche spiegeln nicht die Realität wider! Es ist möglich, sich gut zu ernähren, die Mahlzeiten mit der Familie zu genießen und innerhalb eines vernünftigen Nahrungsmittel-Budgets zu bleiben, auch ohne durch jeden erdenklichen ernährungswissenschaftlichen und kulinarischen Reifen zu springen. Der Anfang sind Sie.

WIE DENKEN SIE ÜBER ESSEN?

Bevor Sie die Mahlzeiten der nächsten Woche planen, nehmen Sie sich ein paar Minuten Zeit, um Ihre Gefühle zum Thema Kochen und Ernährung zu ergründen, denn diese leiten den Prozess des Planens. Fragen Sie sich:

- Macht Kochen Ihnen Spaß, oder würden Sie lieber «irgendwas warm machen» oder Essen bestellen?

- Essen Sie gerne, oder sind Sie genauso zufrieden damit, irgendetwas zu sich zu nehmen, was gerade da ist, solange es sättigend und halbwegs nahrhaft ist?
- Betrachten Sie das Einkaufen von Lebensmitteln als erfreuliche Tätigkeit oder als eine lästige Pflicht?
- Gibt es bestimmte Mahlzeiten, die Sie lieber zubereiten als andere? (Vielleicht lieben Sie ein umfangreiches Frühstück oder sind ein wahrer Grillmeister?)
- Planen Sie gerne Mahlzeiten, oder lassen Sie sich lieber von saisonalen Lebensmitteln inspirieren?
- Wie würde Ihr Partner oder Ihre Partnerin diese Fragen beantworten?

Hier gibt es keine falschen Antworten. Wenn Kochen Sie entspannt und Ihnen Spaß macht – wunderbar. Doch fühlen Sie sich nicht schuldig, falls Essenszubereitung einfach nicht Ihre Sache ist. Es gibt viele Arten, Ihre Familie gut zu ernähren, ohne dass Sie sich einem Leben in der Küche verschreiben müssen. Auch hier ist der Startpunkt, die eigene Grundlinie zu kennen und zu akzeptieren.

WIE SIEHT DIE SITUATION IN IHRER FAMILIE AUS?

Denken wir mal praktisch. Wie sehen die Abendessenszeiten bei Ihnen und Ihrer Familie aus? Zwei arbeitende Elternteile, die ihre Kinder jeden Wochentag um 17.30 Uhr von der Kinderbetreuung abholen, haben völlig andere Bedürfnisse als eine Familie, in der ein Elternteil mit drei Kindern unter vier Jahren zu Hause ist.

Stellen Sie sich folgende Frage zur Situation Ihrer Familie:

- Wann kommen Sie und Ihr Partner oder Ihre Partnerin jeden Tag nach Hause? Brauchen Sie Mahlzeiten, die sich ohne viel Aufwand realisieren lassen, oder ist jemand zu Hause, der schon früher mit den Vorbereitungen beginnen kann? Kommt eine oder einer von Ihnen regelmäßig erst nach dem Abendessen nach Hause?
- Wie viel Hilfe brauchen Ihre Kinder beim Essen? Verwenden Sie Hochstuhl und Babynahrung oder können Ihre Kinder ihre Waffel selbst klein schneiden und sich selbst Milch eingießen?
- Wie sieht es mit Nachmittagsbeschäftigungen aus? Verbringen Sie die Stunden vor dem Abendbrot damit, Kinder zum Training oder zu Kursen zu fahren? Sind die Kinder überhaupt zum Abendbrot zu Hause?
- Muss jemand in der Familie sich an eine Diät oder einen besonderen Ernährungsplan halten?

In jeder Familie werden die Antworten anders ausfallen. Vielleicht bringen Ihre Antworten Sie sogar dazu, einige Entscheidungen Ihrer Familie bezüglich Arbeitszeiten und Nachmittagsaktivitäten noch einmal genauer unter die Lupe zu nehmen. Oder auch nicht! Wenn Sie mit Ihrer Wochenplanung zufrieden sind, dann gibt es sicher auch einen dazu passenden Weg, Ihre Familie zu ernähren. Beim Abendessen zusammenzusitzen, ist schön, und es ist etwas, das wir als wichtig erachten, um in Kontakt zu bleiben. Aber es ist *keine* allabendliche Verpflichtung für eine Familie mit sowieso starken Banden und ausgeglichenen Kindern.

 *Meine Familie hat meist kein großes Nachmittagspro-gramm, einfach deshalb, weil mein Mann und meine Kinder eine Menge unverplanter «Erholungszeit» zwi-schen Arbeit, Schule und anderen Beschäftigungen brauchen. Wir haben beide das Glück, zu Hause zu arbeiten, sodass keine langen Fahrzeiten unsere Mahlzeiten beeinflussen, und wir sitzen fast jeden Abend zum Essen zusammen. Aber ich weiß, dass andere Familien mehrere Kinder, Jobs und Sportaktivitäten unter einen Hut bringen müssen, und dort sieht das Abendessen dann aus wie ein Buffet mit einer Drehtür. Es erfordert Planung, aber sie schaffen es auf bewun-dernswerte Weise. Während das Essen im Ofen warm gehalten wird, kommen und gehen die Kinder und nehmen ihre Mahlzeit mit dem El-ternteil zu sich, das an dem Abend zuständig ist. Das große gemeinsame Familienessen findet jeden Sonntagabend statt – und dann gibt es «Frühstück zum Abendbrot». Sie planen ihre gemeinsamen Familienes-sen für eine Zeit, die in den Rhythmus der Familie passt.*

ERNÄHREN SIE IHRE FAMILIE NACH PLAN

Inzwischen haben Sie ein gutes Gespür für Ihre Gefühle zum Thema Essen und die praktischen Aspekte der Tagesabläufe in Ihrer Familie. Sie können nun anfangen, einen minimalisier-ten Plan aufzustellen, der jeden satt bekommt.

ESSENSPLANUNG: HALTEN SIE ES EINFACH

Wenn Sie das Lebensmittelgeschäft ohne Plan betreten, kön-nen Sie leicht eine Stunde lang einkaufen, um dann mit dem Gefühl nach Hause zu kommen, nichts zum Essen zu haben. Irgendwie fügen sich die Müsliriegel, die Äpfel, der Broccoli und die Milch, die Sie gekauft haben, nicht auf magische Weise zu einer Mahlzeit zusammen!

Essensplanung braucht ein paar Minuten, erspart Ihnen während der Woche aber Stunden (und Stress). Trotzdem bleibt sie leicht auf der Strecke. Ein guter Ausgangspunkt ist es, die Mahlzeiten für die Woche zu planen, bevor Sie einkaufen gehen. Selbst wenn Sie gerne saisonal einkaufen und kochen, hilft Ihnen schon ein grober Plan, eine Menge Zeit und Nerven zu sparen. Notieren Sie die geplanten Mahlzeiten auf einem Zettel (Asha verwendet dazu die Rückseite ihrer Einkaufsliste) oder in Ihrem Kalender.

Sehen Sie als Erstes in Ihren Terminkalender

An welchen Abenden ist Ihre Familie am meisten beschäftigt? Planen Sie für diese Abende Reste, Gerichte, die man gut warm halten kann, Essen vom Lieferdienst bzw. Take-away oder wirklich einfache Mahlzeiten (Frühstück zum Abendessen!).

Halten Sie die Mahlzeiten einfach

Komplizierte Vorspeisen, passende Beilagen und selbstgemachte Desserts sind nicht nötig. Einfaches Essen – Pasta, einfach gewürztes gebratenes Fleisch und Pfannengerichte sind leicht vorzubereiten, schonen den Geldbeutel und erfreuen sich allgemeiner Beliebtheit. Als Beilagen genügen ganz einfach ein Teller geschnittenes Obst und Gemüse, eine Schale Möhren oder ein Topf gekochter Reis. Überlegen Sie sich einige Mahlzeiten, für die Sie stets die Zutaten in der Speisekammer oder im Kühlschrank bereithalten können.

Beteiligen Sie Ihre Familie an der Essensplanung

Um die Chance zu erhöhen, dass Ihre Familie isst (und mag), was Sie kochen, und – vielleicht noch wichtiger – um Ihnen die alleinige Verantwortung für die Essensplanung von den Schultern zu nehmen, spannen Sie alle anderen mit ein. Fragen Sie Ihre Familie nach Ideen für Mahlzeiten. Das Schöne an dieser Vorgehensweise ist, dass unweigerlich jemandem ein tolles Gericht einfällt, das die Familie gerne isst und das eine Zeitlang nicht auf dem Speiseplan stand.

Machen Sie den Speiseplan für die ganze Familie einsehbar

Schreiben Sie die Vorschläge irgendwo auf, wo sie sichtbar sind. Christine verwendet gerne die runden Klebetafeln in ihrer Küche, aber es tut auch die Rückseite eines Briefumschlags, der dann an der Kühlschranktür befestigt oder an eine Korktafel gepinnt wird.

Freunden Sie sich mit Wiederholungen an

Wenn Sie ein Gericht gefunden haben, das der ganzen Familie schmeckt, dann machen Sie es noch mal! Die meisten Familien freuen sich über ein wenig Vorhersehbarkeit. Sie können sogar die altmodische, aber hilfreiche Methode in Erwägung ziehen, Gerichte mit Wochentagen zu verbinden (Montag: Pasta, Dienstag: Huhn …). Sie können auch den Essensplan einer ganzen Woche wiederholen.

 *Während ich* Minimalismus für Eltern *schrieb, beschloss ich, die Zeit und kreative Energie, die ich in den wöchentlichen Essensplan investierte, drastisch zu reduzieren. Ich dachte mir einfache Gerichte aus, die sich jede Woche wiederholten, dazu gehörte auch einmal in der Woche eine Mahlzeit mit einem Grillhähnchen von der Hähnchenbraterei. Ein Abendessen, dessen Vorbereitung wir uns zudem mit den Nachbarn teilten: Abwechselnd besorgten wir jeden Montag Hähnchen, Salat und Brot und brachten sie dem anderen nach Hause. Auf manche Mahlzeiten*

reagierten meine Kinder mäßig begeistert, aber wir sprachen darüber, wie wir mein Bedürfnis, den Plan zu vereinfachen, mit ihrem Bedürfnis nach abendlichen Lieblingsgerichten in Einklang bringen konnten. Schließlich sahen sie den Kompromiss ein und arrangierten sich damit, wenn auch nicht sonderlich begeistert.

Denken Sie auch an das Mittagessen

Denken Sie daran, auch einige Optionen für das Mittagessen und / oder die Brotdose zu planen, ob nun für Sie selbst oder für Ihre Kinder, und sorgen Sie dafür, dass alles, was Sie dafür brauchen, ebenfalls auf der Einkaufsliste steht. Im nächsten Kapitel minimalisieren wir das Mittagessen (sowohl das zu Hause als auch das zum Mitnehmen).

Schreiben Sie zusätzlich Obst und Gemüse auf die Liste

Wir sollten vermutlich alle mehr Frisches essen. Kaufen Sie zusätzlich Obst und Gemüse, auch wenn Sie in Ihrer konkreten Planung keine Verwendung dafür haben. Sie dienen als Imbiss für zwischendurch oder um Reste aufzupeppen. Falls Sie Sorge haben, dass sie nicht gegessen werden, greifen Sie zu Tiefkühlgemüse und -obst in guter Qualität.

Planen Sie doppelte Portionen

Bestimmte Gerichte wie Eintöpfe, Suppen und gebratenes Fleisch kann man gut in doppelter Menge zubereiten. Die Vorbereitungen sind nicht viel aufwendiger, doch das Ergebnis ist eine weitere Mahlzeit! Frieren Sie die Reste für zukünftige Mahlzeiten ein oder als Komponenten für Gerichte, die Sie später in der Woche servieren.

Holen Sie sich Hilfe: Essensplaner

Falls die Essensplanung Sie nervös macht, gibt es einige phantastische und günstige Dienste – zum Beispiel die App Paprika – die Ihnen den Job abnehmen. Sie erstellen einen Plan, die Einkaufsliste und die Rezepte. Alles, was Sie dann noch tun müssen, ist einzukaufen und zu kochen. Die meisten Dienste sind flexibel genug, um verschiedene Ernährungspläne und Vorlieben zu berücksichtigen.

Falls Sie jetzt den Kopf schütteln und denken: «Nicht um alles in der Welt werden meine mäkeligen Kinder sich darauf einlassen», dann überlegen Sie, ob es nicht der ideale Weg ist, Ihre Familie mit neuen Gerichten bekannt zu machen.

 *Meine Kinder nehmen Mahlzeiten, die «auf dem Plan» stehen und nicht meinen Ernährungsüberzeugungen oder kulinarischen Launen entsprungen sind, viel besser an. Wenn eine neutrale dritte Partei (der Essensplan!) das Sagen hat, ändert das irgendwie die ganze Situation.*

DIE RATIONALISIERUNG DER LEBENSMITTELEINKÄUFE

Nun haben Sie einen Plan für die Mahlzeiten, und es ist Zeit, einkaufen zu gehen. Hier sind ein paar Dinge, an die Sie denken sollten:

VERGESSEN SIE DIE
EINKAUFSLISTE NICHT

Wenn Sie sich mit der Menüplanung angefreundet haben, schreibt sich Ihre Einkaufsliste fast von selbst. Sie können jede Woche eine neue Liste schreiben und gleichzeitig die Standardlebensmittel und Vorräte auffüllen, oder Sie verwenden eine vorgefertigte Liste, die Sie im Laufe der Woche abhaken. Das Schöne an einer vorgedruckten Liste? Alle Familienmitglieder können Dinge hinzufügen, wenn sie merken, dass etwas gebraucht wird.

Ich hänge eine Liste an den Kühlschrank und fordere alle auf, Dinge dazuzuschreiben. Dann kaufe ich nur, was auf der Liste steht. Das hält nicht nur die Ausgaben in Schach, es regt auch die Kinder an, mitzumachen und die Liste zu nutzen, wenn sie etwas wirklich haben möchten. Auf lange Sicht bereitet es sie auch darauf vor, ihren eigenen Wocheneinkauf zu planen, wenn sie einmal ausziehen.

NUTZEN SIE TOOLS, FALLS ES IHNEN HILFT

Manche mögen lieber handgeschriebene Listen, andere bevorzugen Smartphone-Apps.

Maddie auf Minimalist Parenting: Ich nutze für meine Einkaufsliste GroceryIQ, eine kostenlose Einkaufs-App, die manchmal sogar Coupons anbietet. Ich benutze den Account gemeinsam mit meinem Freund, der die automatisch aktualisierte und nach Geschäften sortierte Liste einsehen kann. Keine Anrufe mehr, um zu fragen, ob wir etwas aus dem Laden brauchen! Ich archiviere auch Rezepte in Evernote. (Ein interessantes Thema, fällt mir gerade auf: Meine Großmutter hatte Rezeptkarten, ich benutze Apps.) Ich setze einen direkten Link zu den Rezepten und sortiere sie nach Kategorien, auf die ich zurückkommen kann, wenn ich meine Einkaufsliste erstelle. Diese Liste zu pflegen und mich daran zu halten, hält unsere Einkaufsrechnungen auf einem sehr überschaubaren Level (sogar für New Yorker Verhältnisse!).

VERSUCHEN SIE, NUR EIN MAL IN DER WOCHE EINZUKAUFEN

Eine Essensplanung hilft Ihnen, die Gesamtzeit für Lebensmitteleinkäufe zu reduzieren, weil Sie eine akkurate Lebensmittelliste haben, die Sie durch die Woche bringt. Vielleicht kaufen Sie in einem Supermarkt ein, in dem Sie alles bekommen, auch Haushaltsartikel. Denken Sie daran: Ihre Zeit ist wertvoll, und vielleicht lohnt es, auf einen bestimmten Artikel zu verzichten, wenn es Ihnen den Weg zu einem anderen Laden erspart.

GEHEN SIE IN STAMMLÄDEN UND MÖGLICHST SELTEN EINKAUFEN

Falls das Einkaufen in einem einzigen Geschäft für Ihre Familie aus Essens- oder Budget-Gründen nicht passt, verteilen Sie die Einkäufe auf verschiedene Tage. So können Sie, was Sie eventuell vergessen haben, später in der Woche immer noch in einem anderen Laden holen.

KAUFEN SIE «IM VORBEIGEHEN» EIN

Gibt es ein Lebensmittelgeschäft, das Sie zwischen zwei Terminen erreichen können? Zum Beispiel, während Ihr Kind beim Fußballtraining ist? Haben Sie einen Essensplan und die Einkaufsliste zur Hand, können Sie in zwanzig Minuten eine Menge erledigen.

HALTEN SIE AUSSCHAU NACH GESUNDEN FERTIGGERICHTEN

Ergänzen Sie Ihren Speiseplan mit gesunden, vorgefertigten Lebensmitteln. Tiefkühl-Gemüse ist über die Jahre erheblich besser geworden, es schrumpelt im Gegensatz zur frischen Variante nicht im Gemüsefach und man braucht es nicht zu waschen oder klein zu schneiden. Außerdem werden gefrorenes Obst und Gemüse im besten Reifegrad geerntet und schmecken daher ziemlich gut! Salsa, Hummus sowie Dips und Soßen aus dem Kühlregal können aus einer Schale Reis mit Bohnen oder geschnippeltem Gemüse eine Mahlzeit oder Beilage zaubern. Bei Asha um die Ecke gibt es einen Naturkostladen, der ein Mal in der Woche Bio-Grillhähnchen im Sonderangebot hat, die am Ende nicht mehr kosten als ein frisches Huhn, das sie erst selbst zubereiten müsste.

KAUFEN SIE AUF VORRAT

Fertiggerichte sind wunderbar – aber sind sie das Geld wert? Einige Vorratsartikel wie getrocknete Bohnen und Getreide – die zunächst nach mehr Arbeit klingen – sind tatsächlich leicht in den Wochenplan zu integrieren, insbesondere, wenn Sie Ihren Tiefkühlschrank nutzen. Einen Topf Bohnen zu kochen, dauert seine Zeit, braucht aber nur sehr wenig Vorbereitung oder Aufmerksamkeit, und die gekochten Bohnen können zur späteren Verwendung eingefroren werden. Dasselbe gilt für Getreide, wie zum Beispiel braunen Naturreis.

Eine Warnung: Falls Ihr Verständnis von Vorratskäufen ein 2,5-kg-Glas Mayonnaise aus dem Großmarkt einschließt, ist es klug, die damit einhergehenden mentalen «Kosten» zu bedenken: den Inhalt Ihres Kühlschranks umräumen, damit es hineinpasst, sich dann überlegen, wie Sie es aufbrauchen, und abschließend den leeren Behälter abwaschen und recyceln.

DELEGIEREN SIE LEBENSMITTELEINKÄUFE ... UND SOGAR EINEN TEIL DER VORBEREITUNG

Falls Lebensmitteleinkäufe zu den Tätigkeiten gehören, die Sie am wenigsten mögen, und es Sie nicht stört, wenn jemand anderes für Sie einkauft, dann nutzen Sie einen der vielen Online-Einkaufsservices, wie zum Beispiel AllyouneedFresh.de, Edeka-Lebensmittel.de oder Rewe.de.

EINKAUFEN MIT KINDERN

Kinder zum Einkaufen mitzunehmen, ist ein zweischneidiges Schwert. Es dauert länger. Es besteht die Gefahr von Trotzanfällen und lautstarken Forderungen nach Junk-Food. Und oft genug muss man den Kindern hinterherjagen. Aber Einkaufen mit Kindern kann auch eine gute Gelegenheit sein, ihnen etwas über Ernährung, Geld und Unabhängigkeit beizubringen, während man gleichzeitig Zeit miteinander verbringt – und es kann sogar Spaß machen. Hier kommen ein paar grundlegende Betriebsanweisungen, damit Ihr Einkaufstrip glatt verläuft.

 *Irgendwann beschloss ich, meine Sichtweise auf Lebensmitteleinkäufe zu ändern und sie als eine Spaßaktion mit den Kids zu betrachten. Wenn ich mit Violet alleine bin, dann sehe ich Einkaufen als eine Möglichkeit, aus dem Haus zu kommen und ihr etwas Neues zu zeigen (wenn ich nur wenige Dinge brauche, dann renne ich mit dem Babyjogger los und tue damit gleichzeitig etwas für mich selbst). Wenn ich mit Laurel alleine bin, nutze ich Einkäufe als gemeinsame Zeit. Wir plaudern, sie hilft mir, wir probieren hier und da etwas, und ich kaufe ihr gewöhnlich eine Kleinigkeit (erstaunlicherweise fordert sie das nicht jedes Mal von mir ein). Ich weiß, dass viele Eltern den Spaßfaktor skeptisch betrachten, aber wir haben wirklich eine schöne Zeit miteinander.*

An einem regnerischen Wochenend-Nachmittag fiel den Mädels und mir ein bisschen die Decke auf den Kopf, also schlug ich vor, die Lebensmitteleinkäufe zu erledigen. Laurel war zunächst etwas widerwillig, weil sie meistens einfach nur gerne das ganze Wochenende im Schlafanzug rumhängt, aber schließlich schafften wir es aus der Tür (ich sagte ihr, dass sie den Schlafanzug zum Einkaufen anbehalten könnte, was sie richtig super fand).

Wir hatten es schließlich richtig nett. Es war eines der ersten Male, die Violet im Einkaufswagen sitzen durfte, und Laurel schob sie ganz aufgeregt umher und zeigte ihr den Laden. Das war richtig süß, und wir haben gleichzeitig eine Haushaltspflicht erledigt, ohne dass es sich wie eine Pflicht anfühlte. Laurel sagte hinterher: «Mom, frag mich bitte auch weiterhin, ob ich mit zum Einkaufen kommen will. Ich weiß, dass ich meistens nein sage, aber nur deswegen, weil ich vergesse, wie viel Spaß es macht.»

GEWINNEN SIE IHR ÄLTERES KIND
ALS HELFERIN ODER HELFER

Kinder lieben es, ein wenig die Kontrolle zu haben. Beauftragen Sie Ihr Kind, die Artikel von der Einkaufsliste abzuhaken, Obst einzutüten (es ist nicht schlimm, wenn sie dabei ein oder zwei matschige Stücke aussuchen), die Kaffeemühle einzuschalten oder bestimmte Lebensmittel zu suchen, während Sie zusammen durch den Laden gehen. Machen Sie aus kleinen Aufgaben ein Spiel, um Langeweile und Versuchungen zu umgehen.

FORDERN SIE IHR KIND AUF,
ETWAS NEUES AUSZUSUCHEN

Fragen Sie Ihre Kinder in der Frischeabteilung, ob sie gerne irgendein neues Gemüse oder Obst probieren würden. Wenn man Kinder eigenständig aussuchen lässt, sind sie begierig, auch zu essen, was sie gewählt haben.

UMSCHIFFEN SIE DIE GÄNGE
MIT DEM JUNK-FOOD

Ernsthaft. Sie vermeiden damit eine Menge Bitten und Betteln. Einige Geschäfte haben sogar «familienfreundliche» Kassen mit weniger bunten Zeitschriften und Schokoriegeln.

LASSEN SIE SICH NICHT VON GELEGENTLICHEN NERVENZUSAMMENBRÜCHEN ENTMUTIGEN

Öffentliche Trotzanfälle können einen verrückt machen, aber wie alles im Leben bedeutet ein Trotzanfall nicht gleich, dass er nun jedes Mal stattfinden wird. Wenn Kinder damit groß werden, dass von ihnen ein gutes Einkaufsbenehmen erwartet wird, werden sie sich letztlich anpassen. Der Lernprozess und die Zeit, die Sie zusammen verbringen, sind das Warten wert.

REGIONAL EINKAUFEN

Sich bei einer Bio-Einkaufsgemeinschaft anzumelden, eine regionale Bio-Gemüsekiste zu abonnieren, zu einem Bauernmarkt zu fahren oder im Garten selbst Gemüse zu ziehen, mag sich auf einer Ebene nach mehr Arbeit anfühlen. Solche Entscheidungen können Ihren neu minimalisierten Speiseplan aber auf andere Art und Weise unterstützen. Das Geheimnis liegt darin, einen für Sie passenden Weg zu finden, regionale Lebensmittel einzukaufen, der nicht von Schuldgefühlen getrieben ist.

 *Wir haben zwei Jahre lang begeistert unsere Bio-Einkaufsgemeinschaft genutzt. Ich liebte die Vielfalt der Produkte, und die Tatsache, dass wir unsere Lebensmittel selbst vor Ort abholten, schuf eine Gelegenheit, mit Laurel über den Nahrungsmittel-Kreislauf zu sprechen. Es regte sie auch an, mehr Gemüse zu essen. Aber Ort und Zeitpunkt der Abholung waren für uns ungünstig, vor allem als Familie mit nur einem Auto. Es machte unsere Mitgliedschaft schließlich zu einer Pflicht, die uns immer lästiger wurde.*

Ich merkte, dass ich eine Menge nagender Schuld- und Pflichtgefühle gegenüber der Einkaufsgemeinschaft mit mir herumtrug und dass ich das Problem leicht lösen konnte, indem ich zwar weiterhin nach regionalen Lebensmitteln Ausschau hielt, aber auf anderen Wegen – zum Beispiel indem ich inzwischen über unseren Lebensmittelladen (der regionale Produkte bevorzugt) umliegende Bauernhöfe fördere oder auf dem wöchentlichen Bauernmarkt in unserer Nähe einkaufe.

 **Stefania Butler von citymama.typepad.com:** Der Schlüssel, um für sich selbst das meiste aus der Bio-Gemüsekiste zu machen, besteht darin, alles am Tag der Lieferung zu verarbeiten. Dies bedeutet, dass ich an jedem Liefertag etwa eine Stunde damit verbringe, Grünzeug zu waschen und zu trocknen, Wurzelgemüse zu kochen oder zu braten und Sellerie sowie Karotten für die Brotdose zu stifteln oder für die Rezepte der Woche zu würfeln. Es ist so viel einfacher, bereits gebratene Rüben zu nehmen und in einen Salat zu tun (oder mit Huhn und Süßkartoffeln zu Babybrei zu pürieren) oder schon gewaschenen Spinat mit Olivenöl und geröstetem Knoblauch in die Pfanne zu werfen. Wenn man sich die Zeit nimmt, sobald die Lieferung kommt, erspart man sich, eine Woche später wegzuwerfen, was man nicht verwendet hat.

Essen kann einfach sowie nahrhaft sein und Spaß machen. Wenn Sie den Essens-Stil Ihrer Familie, die Zeit- und die Mahlzeitenplanung in Einklang bringen und zusätzlich ein paar Tricks anwenden, um die Lebensmitteleinkäufe zu rationalisieren, bringt Sie das ein großes Stück weiter in der Gestaltung der minimalisierten Essenszeiten Ihrer Familie. Zeit, das Essen vorzubereiten!

GEMEINSAMES ESSEN VEREINFACHEN UND GENIESSEN

D ie Norman-Rockwell-Phantasie ist eine glückliche, lebensfrohe Familie, die um einen hübsch gedeckten und reich bestückten Abendbrottisch sitzt. Es ist ein wunderschönes Bild: Zeit, die man gemeinsam beim Essen verbringt, hat schon an sich etwas grundlegend Nährendes. Aber es ist unmöglich, jeden Tag solch einen Standard zu erreichen, auch wenn Lifestyle-Magazine und Koch-Shows Ihnen etwas anderes vorgaukeln.

Eine Minimalisierung der Essensansprüche durch Vereinfachung der Vorbereitungen und Präsentation richtet den Fokus wieder darauf, wo es sich richtig anfühlt: auf die Gespräche und die Bindungen, die während der Mahlzeiten entstehen. Was aber, wenn es unrealistisch ist, jeden Abend zum Essen zusammenzusitzen? Das ist nicht weiter schlimm. Entscheidend ist, dass Essen eine Quelle der Freude und Ernährung ist, nicht der Schuldgefühle.

In diesem Kapitel verraten wir Ihnen, wie Sie die Essenszubereitung optimieren und mehr Spaß am Essen haben.

ESSENSVORBEREITUNG
AUF DIE EINFACHE ART

Je einfacher die Mahlzeiten, desto einfacher die damit verbundenen Vorbereitungen. Diese Tipps werden Ihr Kochen deutlich beschleunigen.

TRENNEN SIE DIE VORBEREITUNGEN
VOM KOCHEN

An den Wochentagen sieht die Wirklichkeit so aus, dass Arbeit, Schule, Hausaufgaben und Nachmittagsaktivitäten Sie so in Anspruch nehmen, dass Sie weniger Zeit für aufwendige Essensvorbereitungen haben. Bereiten Sie je nach Speiseplan einiges schon am Wochenende vor, sodass Sie die jeweiligen Mahlzeiten während der Woche schnell zusammenstellen können. Schneiden Sie Gemüse, bereiten Sie Fleischstücke vor, und / oder braten Sie sie an, suchen Sie Gewürze zusammen, und messen, sie ab. Sie können sogar vorbereitete Zutaten zur späteren Verwendung während der Woche einfrieren.

 *Am Wochenende schneide ich gerne verschiedene Gemüsesorten auf Vorrat, die ich dann in einer großen Frischhaltedose aufbewahre. Dadurch ist es leichter, immer einen gesunden Imbiss parat zu haben, Salate zusammenzustellen oder Gemüse für Pizza, Quesadillas und andere Gerichte bereitzuhalten.*

KOCHEN SIE AUFWENDIGE GERICHTE
AM WOCHENENDE

Falls Sie etwas kochen möchten, das etwas mehr Vorbereitung oder eine längere Garzeit erfordert, dann verlegen Sie es auf die Wochenenden, wenn Ihre Zeit nicht so begrenzt ist. Bereiten Sie dann möglichst so viel zu, dass Sie noch Reste oder ganze Mittagsmahlzeiten für die Woche übrig haben.

HOLEN SIE SICH FEEDBACK,
ABER NEHMEN SIE KEINE KURZFRISTIGEN
BESTELLUNGEN ENTGEGEN

Viele Spannungen während der Essenszeiten entstehen dadurch, dass Eltern ein Gericht auf den Tisch bringen, das die Kinder nicht essen wollen. Sie haben Ihre Mahlzeiten geplant, nun *bleiben Sie hart*, und halten Sie sich daran. Ihr Job ist es, ein nahrhaftes Essen anzubieten, nicht aber, es Ihren Kindern reinzuwürgen oder ständig hin- und herzurennen, um einem kulinarischen Sinneswandel gerecht zu werden. Wenn Sie sich weigern, als Köchin oder Koch für kurzfristige Bestellungen zur Verfügung zu stehen, werden Ihre Kinder außerdem lernen, sich selbst etwas zu machen, wenn sie wirklich eine Ausweichalternative brauchen.

ESSEN SIE FARBENFROH

Mahlzeiten sind attraktiver, wenn sie reich an Farben sind. Fügen Sie durch Zuckererbsen, Möhrenstifte und Cherrytomaten schnell etwas Buntes hinzu. Verwenden Sie auch farbige Früchte, damit das, was auf dem Teller liegt, fröhlicher aussieht, den Magen füllt und dazu noch das Bedürfnis nach Süßem befriedigt.

SUCHEN SIE NACH MÖGLICHKEITEN, DEN NÄHRWERT DER LIEBLINGSGERICHTE ZU ERHÖHEN

Sie brauchen sich weniger um die besonderen Essensvorlieben Ihrer Familie zu sorgen, wenn Sie den Nährwert der Gerichte erhöhen, die alle gerne essen. Damit ist nicht gemeint, Gemüse in Schokoladenkuchen zu «verstecken», sondern vertraute Gerichte als einfache Möglichkeit zu nutzen, allgemein die Aufnahme gesunder Nahrungsmittel zu steigern. Christine fügt zum Beispiel ihrer Lasagne-Soße einen halben Block zerdrückten Tofu hinzu, um den Proteingehalt zu erhöhen (da Laurel Vegetarierin ist, passt das perfekt).

 **Michelle Stern von whatscookingwithkids.com:** Bei Pastagerichten erhöhe ich den Nährstoffgehalt, indem ich Eiweiß-Pasta verwende, die zum Teil mit Kichererbsen hergestellt wird, sodass sie weniger Kohlenhydrate als normale Pasta enthält, aber dafür mehr Protein.

MACHEN SIE DEN KÜHLSCHRANK LEER

Essenspläne und Einkaufslisten tragen dazu bei, die Verschwendung von Lebensmitteln zu minimieren. Aber Sie kommen unweigerlich irgendwann in der Woche an einen Punkt, an dem Ihr Kühlschrank lauter unterschiedliche Reste beherbergt. Zeit für Suppen, Enchiladas und Pfannengerichte!

 *Meine Freunde Anne und Michael leben in London und haben mich mit dem Begriff «Butler's Salad» bekannt gemacht, womit offenbar ein Salat gemeint ist, der aus allem besteht, was Speisekammer und Kühlschrank an Resten zu bieten haben. Ich liebe den Butler's Salad als eine gute Methode, mehr Grünzeug zu essen und beliebige Überbleibsel zu verwenden (zum Beispiel die letzten Möhrchen aus dem Beutel, das letzte Viertel einer Gurke). Ich beginne mit einer Grundlage aus Salat und rohem Gemüse und füge dann nährstoffreiche Leckereien wie Nüsse, Steak oder Huhn, hartgekochte Eier oder (gefrorene und dann frittierte) Falafel hinzu. Zum Schluss verwende ich mein Lieblings-Salatdressing oder tröpfele einfach ein bisschen Olivenöl und Balsamico darüber, grobes Salz und Pfeffer dazu – fertig. Ich esse solche Salate zu Mittag und zu Abend, manchmal mehrere Tage hintereinander, und wandle dieses Rezept auch auf Basis von Quinoa oder Naturreis ab.*

INVESTIEREN SIE IN KÜCHENGERÄTE, DIE DAS KOCHEN VEREINFACHEN

Es gibt vielleicht ein oder zwei Käufe, die Ihre Zeit in der Küche genug straffen würden, um die Ausgabe und den Platz zu rechtfertigen, den sie beanspruchen. In der Woche verlaufen ausgelastete Abende mit einem Reiskocher oder Schongarer womöglich entspannter. Ein zueinander passender Satz Frischhaltedosen lässt Reste nicht nur länger frisch bleiben und appetitlicher aussehen, sondern reduziert auch noch das Chaos in der Speisekammer. Ein üppiger Vorrat an verschließbaren Tiefkühlbeuteln und Alu-Folie macht das Einfrieren von Zutaten und Resten schneller und unkomplizierter. Versuchen Sie, Dinge zu finden, die das Kochen *und* Aufräumen vereinfachen.

BETEILIGEN SIE IHRE FAMILIE
AN DER ESSENSZUBEREITUNG

Wie wäre es, wenn Ihr Partner bzw. Ihre Partnerin oder Ihre Kinder für eine Mahlzeit pro Woche verantwortlich wären? Denken Sie an die Kenntnisse für das spätere Leben und den Spaß, den das bedeuten kann! Okay, vielleicht ist der Spaß anfangs hauptsächlich auf Ihrer Seite, aber es ist ein Gespräch wert, vor allem, wenn die Mahlzeit einfach zuzubereiten und beliebt ist (wie zum Beispiel Pasta, Salat und Knoblauchbrot). Hier sind ein paar Tipps, um Ihre Familie in Richtung Küche zu bewegen:

VERGESSEN SIE PERFEKTION

Wenn Kinder in der Küche mitmachen, sollte man seine Ansprüche an Perfektion erst mal sausen lassen. Die geschnittenen Gemüsestücke brauchen nicht alle gleich auszusehen. Und wenn Ihr Kind aus dem Keksteig verrückte Formen machen will – warum nicht? Wenn Sie Ihr Kind die Regie übernehmen lassen (in angemessenem Rahmen), werden Sie staunen, wie sehr es sich auf die Sache und das Ergebnis konzentriert.

VERGEBEN SIE ALTERSGEMÄSSE
AUFGABEN

Natürlich entscheidet das Alter darüber, wie viel Ihr Kind schon tun kann, aber sobald ein Kleinkind in der Lage ist, einfachen Anweisungen zu folgen, wird es begeistert abgemessene Zutaten in eine Schüssel werfen. Ältere Kinder können abwiegen und mischen, oder helfen, Zutaten zusammenzusuchen und vorzubereiten.

STELLEN SIE KLARE SICHERHEITSREGELN AUF

Sie sollten die Küchenarbeit natürlich lieber überwachen, insbesondere dann, wenn Ihr Kind alt genug ist, um ein Messer zu handhaben oder den Herd einzuschalten. Erinnern Sie es anfangs regelmäßig an die Sicherheitsregeln, und es wird sich daran gewöhnen.

FÖRDERN SIE SELBSTÄNDIGKEIT

Regen Sie Ihr Kind zur Eigenständigkeit an, wenn es sich in der Küche mehr zutraut. Es kann Großes daraus entstehen.

 *Ich liebe Kochen und Backen, und so habe ich Laurel sehr früh mit in die Küche genommen. Als Kleinkind hatte sie Freude daran, Zutaten in die Schüssel zu werfen und zu rühren. Als Vorschulkind begann sie, Zutaten abzumessen und zusammenzustellen. Im Alter von fünf Jahren begann sie, weiche Lebensmittel mit einem Salatmesser aus Kunststoff zu schneiden. Etwa ein Jahr später lernte sie (unter Aufsicht und wiederholten Warnungen) den Umgang mit einem Schälmesser. Mit sieben Jahren konnte sie eigenständig einen Schokoladenkuchen backen und eindrucksvoll Zuckerguss darauf verteilen.*

Ich habe festgestellt, dass Laurels Begeisterung und Konzentration auf Kochvorhaben erst richtig in Gang kamen, wenn ich ihr Freiheit ließ und sie ermutigte, Dinge auf ihre eigene Art zu machen. Ich sagte ihr,

sie solle sich keine Gedanken darüber machen, das Gemüse in perfekt gleiche Würfel zu schneiden (obwohl ich ihr das Prinzip erklärte, dass kleine Stücke schneller gar sind als größere). Ich ließ sie aus Teigresten den Thanksgiving-Apfelkuchen ganz nach Geschmack verzieren. Ich ermutigte sie, die Pizza zu belegen, wie sie es wollte, ob daraus nun beliebige Ansammlungen von Gemüse wurden oder Streifen oder etwas ganz anderes.

Eines Nachmittags hielt mich Laurel (damals fünf Jahre alt) auf, als ich gerade im Begriff war, das Abendessen vorzubereiten, und sagte: «Mommy, setz dich einfach auf die Couch und entspann dich, während ich das Essen mache.» Ich hatte eine Suppe mit Tofu und Gemüse geplant und sie verkündete, dass sie die machen werde. Plus Sandwiches.

Ich schnitt ein paar härtere Sachen (Zwiebeln und Kartoffeln) und sie schnitt den Tofu, Pilze und Zucchini mit ihrem Salatmesser. Ich stellte sie vor den Herd (zu der Zeit war ihr eindeutig bewusst, was Hitze war), und los ging's. Sie goss Olivenöl in «lustigen Blubbs» ein und fügte dann die Zutaten hinzu. Ich entspannte mich auf dem Sofa mit einer Zeitschrift und einem wachsamen Ohr.

Als Laurel fertig war, deckten wir zusammen den Tisch, und dann setzten sie, Jon und ich uns als Familie zum Essen. Ich bin überzeugt, dass die Suppe und die Sandwiches besser schmeckten, weil Laurel sie zubereitet hatte.

VERSUCHEN SIE,
EINEN GEMÜSEGARTEN ANZULEGEN

Ob Sie nun Platz für eine große Gemüse-Auswahl haben, Ihnen nur ein kleines Areal zum Bepflanzen zur Verfügung steht oder sich Ihre Bemühungen auf einen Kräutertopf oder eine Salatschale auf dem Küchentisch beschränken – es macht Spaß und ist lehrreich, mit den Kindern im Garten zu arbeiten. Und wie so oft, wenn Kinder Einfluss auf den Vorgang haben, ist es viel wahrscheinlicher, dass sie die Produkte probieren, die sie selbst gepflanzt und großgezogen haben.

MEHR SPASS AN DEN MAHLZEITEN

Essenszeit! Die Planungsarbeit, die Sie investiert haben, um sich den Einkauf und das Kochen zu erleichtern, verschafft Ihnen hoffentlich mehr Energie und gute Laune, um Ihre Mahlzeit zu genießen. Sie verdienen mehr als nur die bloße Nahrungs-aufnahme, wenn Sie sich an den Tisch setzen: Sie verdienen Anerkennung, Zeit für die Familie und die Befriedigung, einen Job gut erledigt zu haben.

SETZEN SIE ZWISCHENMAHLZEITEN EIN ENDE

Nichts ist frustrierender, als Menschen ein Essen zu servieren, die keinen Hunger haben. Beenden Sie die Snack-Zufuhr spä-testens eine Stunde vor dem Abendessen.

DENKEN SIE SCHON BEIM DECKEN DES TISCHES ANS ABRÄUMEN

Jetzt ist der Zeitpunkt, sich von der Zeitschriften-Standardde-finition zu verabschieden, wie der Abendbrottisch an einem Wochentag auszusehen hat. Teller, Servietten, Besteck und Glä-ser – das ist alles, was Sie brauchen. Sparen Sie sich die ver-spielten Platzsets und Accessoires für Wochenenden und Gäste auf. Wenn es Ihnen allerdings Spaß macht, den Tisch hübsch zu decken, dann können schon einfache Kleinigkeiten wie Blumen oder Grünzeug aus dem Garten in einem Marmeladenglas Wunder wirken.

Wenn Ihre Kinder alt genug sind, ist das Tischdecken perfekt, um delegiert zu werden. Ashas Kinder sind dafür verantwortlich, den Tisch zu decken, nachdem ihre Hausaufgaben fertig sind und bevor ihre Freizeit vor dem Abendessen beginnt.

BEGINNEN SIE MIT EINEM MOMENT DER DANKBARKEIT

Wenn alle müde, ausgehungert und nach einem geschäftigen Arbeits- oder Schultag wahrscheinlich noch nicht richtig «angekommen» sind, neigt man dazu, einfach ohne weiteres reinzuhauen. Aber es ist eine schöne Gewohnheit, einen Moment innezuhalten und jede Mahlzeit mit einem Ausdruck von Dankbarkeit zu beginnen – ob nun füreinander, für das Essen, die Köchin oder den Koch oder etwas anderes. Wenn man die Mahlzeiten ganz allgemein weniger als einen Tankstopp und mehr als ein Ritual betrachtet, können sich die Atmosphäre und das Tempo des Abendessens verändern.

UNTERBINDEN SIE STÄNDIGES AUFSTEHEN

Eine Sache, die zu einem hektischen Essen beitragen kann, ist ständiges Aufstehen vom Tisch. Stellen Sie die Familienregel auf, dass niemand aufsteht, wenn es nicht wirklich notwendig ist, und versuchen Sie, ohne das auszukommen, was Sie vielleicht auf den Tisch zu stellen vergessen haben. Oder warten Sie, bis Ihnen noch mehr Dinge einfallen, die fehlen, sodass Sie weniger häufig laufen müssen. Wie der Moment der Dankbarkeit ist dies eine kleine, aber bedeutende Veränderung, um die Atmosphäre während der Mahlzeiten zu entspannen.

FRAGEN SIE IN DIE RUNDE, WAS ES NEUES GIBT

Ermutigen Sie jede und jeden, etwas von ihrem oder seinem Tag zu erzählen, ob es nun etwas Lustiges, Aufregendes oder Frustrierendes ist. Die Gewohnheit sich mitzuteilen wird helfen, die Essenszeiten als eine feste Einrichtung der familiären Kommunikation zu etablieren.

ERHÖHEN SIE DEN SPASSFAKTOR

Es gibt viele Möglichkeiten, ein wenig Leichtigkeit in die Familien-Mahlzeiten zu bringen. Lassen Sie jeden einen Witz erzählen. Breiten Sie eine Decke aus und veranstalten Sie ein Picknick auf dem Fußboden. Selbst die Sitzplätze zu tauschen, kann schon die Stimmung verändern.

BESTEHEN SIE AUF RESPEKT FÜR DIE KÖCHIN ODER DEN KOCH

Sie bringen unweigerlich irgendwann ein Essen auf den Tisch, auf das Ihre Familie nicht gerade wild ist. Macht nichts – Sie können nicht jedes Mal jeden Gaumen zufriedenstellen. Aber Sie können es zur Regel machen, dass Stöhnen, Augenverdrehen und Beschwerden nicht gestattet sind. Ein einfaches «Nein, danke» genügt.

GUTES BENEHMEN ZÄHLT

Sie werden überrascht sein, was es bewirken kann, ein wenig auf gutes Benehmen zu achten. Wenn Sie nicht ständig damit beschäftigt sind, jemanden zu ermahnen, nicht zu rülpsen, zu schlürfen oder zu unterbrechen, können Sie entspannen und das gute Essen und die Unterhaltungen genießen. Natürlich wird das einfacher, wenn die Kinder älter sind, also betrachten Sie es als einen allmählichen Prozess.

ALLE HELFEN BEIM ABRÄUMEN

Asha hat irgendwann festgestellt, dass der eigentliche Wermutstropfen bei den Mahlzeiten das Chaos danach war. Nachdem sie schon Zeit mit dem Kochen verbracht hatte, ärgerte sie sich, wenn sie dann auch noch den Tisch abräumen und die Küche in Ordnung bringen musste. Und das drückte sich oft später am Abend in schlechter Stimmung aus. Vereinbaren Sie, dass die ganze Familie mithilft, sodass Ihre Kinder lernen, dass alle die Freude *und* die Arbeit einer Mahlzeit teilen.

EINFACHES FRÜHSTÜCK UND MITTAGESSEN

Wir haben uns in diesem Kapitel auf das Abendessen konzentriert, weil es die Mahlzeit ist, die am meisten von Planung und Vorausdenken profitiert. Aber es gibt noch zwei weitere Mahlzeiten am Tag, die eingenommen werden ... plus Zwischenmahlzeiten. Die gute Nachricht ist, dass diese Mahlzeiten viel leichter zu minimalisieren sind.

Das Essen zu Hause sollte einfach und nahrhaft sein. Dort können Sie die Selbständigkeit Ihres Kindes am besten fördern und die Mahlzeiten mit Hilfe von routinierten Abläufen, Resten und einem gut bestückten Tiefkühlschrank bequem organisieren.

Beschränken Sie die Auswahl

Frühstück und Mittagessen sind beides Mahlzeiten, die sich gut für Wiederholungen eignen. Asha hat jeden Morgen Haferbrei und Kaffee zum Frühstück, während ihre Kinder Frühstücksflocken essen. Es ist überhaupt nicht nötig, dieselben Erwartungen und eine ähnliche Vielfalt anzusetzen wie für das Abendessen.

Ermutigen Sie die Kinder, sich ihre eigenen Mahlzeiten zuzubereiten

Stellen Sie die Utensilien für Frühstück und Mittagessen auf Kinderhöhe, sodass sich alle selbst bedienen können. Dasselbe gilt für Milch und andere Zutaten in der Speisekammer und im Kühlschrank. Zeigen Sie den Kindern, wie man sich ein Sandwich macht. Waschen Sie Obst, und stellen Sie es in einer Schale auf den Tisch, sodass alle sich im Vorbeigehen etwas nehmen können.

Reste haben ihre Vorteile

Reste spalten die Gemüter: Entweder man liebt sie (Asha macht sich regelmäßig über die Reste im Kühlschrank ihrer Freundin her) oder eben nicht. Wenn Sie sich für Reste nicht so erwärmen können, dann versuchen Sie doch einmal, sie als bereits fertige Komponente eines neuen Gerichts zu verwenden. Chili kann in Tortillas gewickelt werden. Reste von Pfannengerichten können mit einem Dressing zu einem Salat werden oder ein Omelett füllen. Beliebige Reste kann man zu einem Butler's Salad verarbeiten (siehe Christines Beschreibung weiter oben in diesem Kapitel).

Nutzen Sie Ihren Tiefkühlschrank

Pfannkuchen, Waffeln, Brot, geriebener Käse und andere vorbereitete Lebensmittel überleben im Tiefkühlschrank. Sie müssen nur kurz getoastet oder aufgetaut werden und können dann gleich gegessen werden.

IN DER SCHULE

Viele Eltern fürchten Lunchpakete. Doch manchmal führt kein Weg daran vorbei (wenn Ihre Tochter zum Beispiel wie Laurel ist und nicht in der Mensa anstehen möchte, weil die Mittagspause sowieso schon kurz genug ist). Hier kommen einige Möglichkeiten, um den Prozess zu rationalisieren:

Senken Sie Ihre Ansprüche

Auch hier gibt es keinen Grund zu übermäßiger Vielfalt. Eine ausgewogene Mahlzeit mit Proteinen, Obst, Gemüse und Getreide plus Wasser zum Trinken ist vollkommen ausreichend. Und falls Sie nicht an jedem einzelnen Tag alle grundlegenden Nährstoffe abdecken, ist das auch nicht weiter tragisch. Bemühen Sie sich nach Kräften, die Nahrungsauswahl Ihres Kindes über die Woche zu Hause auszugleichen.

Fragen Sie Ihr Kind nach Vorschlägen

Manchmal ist das Schwierigste an Schulbroten und Lunchpaketen, dass man nicht weiß, was man hineinpacken soll.

Lassen Sie Ihr Kind in der Pause oder beim Mittagessen in der Schule auskundschaften, was die anderen Kinder essen und was gut aussieht. Auf diese Weise fand Asha heraus, dass Mira gerne Eiersalat haben wollte. Sie hatte das Sandwich einer Freundin probiert und fand es sehr lecker!

Bereiten Sie das Pausenbrot / Lunchpaket frühzeitig vor

Morgens etwas zum Mitnehmen für die Pause oder das Mittagessen vorzubereiten, ist weniger stressig, wenn einzelne Komponenten schon vorbereitet sind. Montags und mittwochs packt Christine Obst und Gemüse für Laurel in Frischhaltedosen und legt Snack-Optionen (zum Beispiel Joghurt, Müsliriegel) für zwei Tage bereit. Das Hauptgericht (zum Beispiel Sandwich, Nudeln mit Käse, Suppe) wird am Morgen vor der Schule frisch zubereitet, je nachdem, wonach Laurel gerade ist.

 **Stefania Butler von citymama.typepad.com:** Ich mache das Lunchpaket am Abend zuvor beim Essen! Bevor ich abräume, packe ich alle Reste in Bento-Boxen für das Mittagessen in der Schule am nächsten Tag.

Wiederverwendbare Behälter helfen, eine Routine zu entwickeln

Wiederverwendbare Behälter sind nützlich, damit Kinder sich an das regelmäßige Vorbereiten von Pausenbroten und Lunchboxen sowie den anschließenden Abwasch gewöhnen. Asha befüllt die Lunchboxen ihrer Kinder mit Hilfe kleiner, wiederverwendbarer Plastikbehälter, die ihre Kinder in die Spülmaschine räumen, sobald sie nach Hause kommen.

 **Michelle Stern von whatscookingwithkids.com:** Wir benutzen immer wiederverwendbare Behälter oder Lunchboxen mit getrennten Abteilungen für jedes Nahrungsmittel – so packe ich einfach eines der folgenden Dinge in jeweils ein Fach: ein Stück Obst, ein Stück Gemüse, einen knusprigen Snack und etwas Proteinhaltiges.

Übertragen Sie Ihrem Kind die Aufgabe

Wenn Sie es wirklich hassen, die Lunchbox Ihres Kindes für die Pause oder das Mittagessen zu packen, dann arbeiten Sie daran, diese Aufgabe zu delegieren. Bereiten Sie am Wochenende Komponenten vor, die Sie im Kühlschrank lagern, und lassen Sie Ihr Kind am Morgen vor der Schule seine Box selbst zusammenstellen. Laurel hat darin so viel Übung, dass sie sich hin und wieder sogar inspiriert fühlt, auch ihren Eltern ein Lunchpaket zu machen!

VOM UMGANG MIT SNACKS

Snacks sind knifflig. Sie bilden einen wichtigen Bestandteil der täglichen Ernährung Ihres Kindes, doch sie verführen auch zu ungesunden Gewohnheiten, wie zum Beispiel Essen aus Langeweile. Nachfolgend einige Ideen, wie man den Imbiss zwischendurch einfach und gesund hält.

NEHMEN SIE VERBOTENEN LEBENSMITTELN DEN REIZ

Alle Eltern möchten, dass ihre Kinder Lebensmittel essen, die gesund sind und ihr Wachstum fördern. Aber gewisse Lebensmittel mit einer Aura des Verbotenen zu umgeben, sabotiert dieses Ziel auf lange Sicht. Bieten Sie gesundes Essen an, doch gestatten Sie Ihren Kindern auch, in Maßen zu naschen. Wenn Sie dem Thema die Bedeutung nehmen, werden «verbotene» Lebensmittel weniger attraktiv.

 *Als ich klein war, hatten wir fast nie Junk-Food im Haus – nicht weil meine Eltern prinzipiell dagegen gewesen wären, sondern weil sie es als Geldverschwendung betrachteten. Die Folge war, dass meine Geschwister und ich uns wie verrückt auf Junk-Food stürzten, wann immer wir die Gelegenheit hatten. Ich gab mein Essensgeld in der Schulmensa oft komplett für Nachtisch aus (wenn ich jetzt so darüber nachdenke, die Damen an der Ausgabe bzw. Kasse machten mir deswegen auch nie Schwierigkeiten), oder ich ging auf dem Weg zur Schule am Kiosk vorbei und investierte mein Mittagsgeld bis auf den letzten Cent in Süßigkeiten (irgendwann bekam meine Mutter Wind davon, und dann rief sie tatsächlich in dem Laden an und bat darum, mir nichts mehr zu verkaufen ... wie peinlich ...). Ich gebe zu, dass der Entzug von Süßigkeiten mich sogar zu einer Phase verleitete, in der ich Swedish-Fish-Weingummis aus dem nahegelegenen Billigladen klaute. Bis zum heutigen Tag bekomme ich spontan Magenschmerzen (und Gewissensbisse), wenn ich an Weingummis in Fischform denke.*

Mit Laurel haben wir es anders gemacht. Bei uns gibt es Nascherein, doch wir halten unsere Tochter dazu an, sie in Maßen zu genießen und aufzuhören, wenn das Verlangen danach gestillt ist. Laurel liebt Süßigkeiten wie jedes andere Kind auch, aber sie ist in der Lage zu unterscheiden, ob sie sie wirklich möchte oder ob sie sie nur isst, weil sie eben da sind.

HALTEN SIE GESUNDE SACHEN
IN REICHWEITE

Wenn Ihre Kinder gesunde Snacks zu sich nehmen sollen, dann müssen sie genauso leicht erreichbar sein wie die Tüte Chips. Gute Kandidaten sind zum Beispiel Schälchen mit geschnittenem Obst und Gemüse, Käsewürfel, Joghurt, Vollkorncracker und Nüsse. Asha portioniert Nüsse, Cracker und Brezeln in Plastikbecher, die ihre Kinder sich einfach nehmen können *und* dabei etwas über die Größe von Portionen lernen.

NUTZEN SIE SNACKS, UM DIE ERNÄHRUNG
DES TAGES AUSZUBALANCIEREN

Wenn Ihre Kids generell das Obst und Gemüse in ihren Mahlzeiten meiden, stellen Sie als Snack eine attraktive Platte Obst und Gemüse bereit. Sie werden sich wundern, was Kinder zu essen bereit sind, wenn sie beim Spielen umherlaufen, statt am Essenstisch zu sitzen.

An den Wochenenden brunchen wir am frühen Vormittag und haben dann im Hinblick auf das Abendessen keinen rechten Appetit auf ein richtiges Mittagessen. Stattdessen mögen wir am Nachmittag eine schöne Auswahl an Snacks. Vor kurzem habe ich Laurel eine Aufgabe gestellt, die ihr Spaß gemacht und gleichzeitig ausgewogenes Essen zwischendurch unterstützt hat: Ich gab ihr ein 12er-Muffinblech und schlug ihr vor, es mit zwölf unterschiedlichen Snacks zu befüllen. Sie inspizierte Kühlschrank und Schränke und füllte die einzelnen Vertiefungen mit Obst und Gemüse, das sie klein schnitt (zum Beispiel Wassermelone, Erdbeeren, Blaubeeren, Möhren, Gurke, Paprika) sowie Snacks aus der

Speisekammer (zum Beispiel Knabberstangen, getrocknete Datteln, kleine Cracker, Frühstücksflocken). Es war die perfekte Imbiss-Tafel für zwischendurch und noch dazu eine spaßige Beschäftigung.

DIE ERNÄHRUNG VON BABYS UND KLEINKINDERN

Wenn Sie noch sehr kleine Menschen zu Hause haben, dauert es sicher eine Weile, bevor diese in der Küche helfen können und / oder Ihre sorgfältig geplanten Mahlzeiten genießen. Aber selbst dann gelten viele unserer Minimalisierungsprinzipien. Nachfolgend unsere Gedanken zur Ernährung von Babys und Kleinkindern.

DIE MILCH-MONATE

Ob Sie stillen oder mit der Flasche füttern, entscheiden Sie ganz allein. Hier ist es passend, einen Grundsatz der minimalistischen Lebensführung zu wiederholen: *Lernen Sie sich selbst besser kennen.* Tun Sie, was für Sie funktioniert, und machen Sie sich keine Vorwürfe, wenn Sie sich mit anderen vergleichen. Wirklich. Sagen Sie sich das immer wieder, wenn Sie an sich selbst zweifeln, so wie viele Mütter es tun, wenn sie vor dieser Entscheidung stehen. Jede Mutter befindet sich in einer anderen und komplexen Situation. Mit welcher Methode auch immer Sie Ihr Baby schließlich satt bekommen, Hauptsache, Sie ernähren es. Vor Ihnen liegen viele, viele Jahre und Mahlzeiten, die alle zum Wachsen und Gedeihen Ihres Kindes beitragen werden.

 **Jules Pieri von DailyGrommet.com auf PopDiscourse. com:** Ich habe meine drei Söhne sehr gerne gestillt, viel lieber, als ich je gedacht hätte, das Kürzeste waren neun Monate, das Längste dreizehn Monate. Das Lustige ist, dass ich mich nicht daran erinnern kann, welches Baby ich wie lange gestillt habe ... Es war mir zu der Zeit SEHR wichtig. Ein paar Jahre später ist es auf einmal völlig gleich ... Es geht um das Wohl Ihrer Familie, und dazu gehört, dass Sie in der Lage sind, sich um Ihre Familie wie um Ihr eigenes Wohlergehen zu kümmern.

ABENTEUER FESTE NAHRUNG

Ihr Baby an feste Nahrung zu gewöhnen, kann sowohl spannend als auch ein wenig mühsam sein. Hier sind ein paar Dinge, an die Sie denken sollten:

Befolgen Sie einen Zeitplan, aber zerbrechen Sie sich nicht den Kopf darüber

Es gibt haufenweise Richtlinien, die Ihnen sagen, welche Nahrung Sie wann einführen sollten. Im Allgemeinen gilt die Faustregel, ein Nahrungsmittel drei Tage lang zu füttern, bevor Sie das nächste versuchen, sodass Sie mögliche allergische Reaktionen beobachten können. Einen solchen Drei-Tage-Zyklus zu befolgen, endet allerdings oft darin, dass frischgebackene Eltern sich völlig damit verrückt machen, jedes Lebensmittel auf der Liste abzuhaken. Wir finden, dass es völlig in Ordnung ist, in Ihrem eigenen Tempo vorzugehen: Und wenn Sie das Baby eine Woche lang mit derselben Auswahl an Nahrung füttern – kein Problem. Es gibt keine Zeitbeschränkung für das Ausprobieren neuer Dinge.

Chaos gehört dazu

Babys zu füttern, kann chaotisch sein, besonders wenn sie das Geschick entwickeln, ins Essen zu patschen und es sich ins Gesicht zu schmieren. Lassen Sie Ihr Baby ausprobieren, anstatt zu versuchen, das (unvermeidliche) Chaos unter Kontrolle zu bringen. Für die Babys ist es ein sinnlicher Spaß, und dieser kann sie eine ganze Weile beschäftigen, sodass Sie gleichzeitig selbst essen können. Außerdem müssen Sie Ihr Baby hinterher sowieso umziehen und sauber wischen.

Gesundes Essen ist gesundes Essen, ganz gleich, woher es kommt

Manchen Menschen (wie Christine) macht es Spaß, Babynahrung selbst herzustellen, aber wenn es für Sie eine mühsame Pflicht ist, dann kaufen Sie fertige Babynahrung, Punkt. Es gibt eine wirklich gute Auswahl, einschließlich einiger großer Bio-Marken.

Füttern Sie Ihr Kind von Ihrem Teller, sobald es sich dafür interessiert

Freuen Sie sich, wenn Ihr Kleinkind bereit ist, Essen zu probieren, das auf dem Tisch steht. Weniger Vorbereitung – yeah! Christine bemerkte schon sehr früh, dass Violet ganz begierig war, von allem, was die anderen aßen, zu probieren – ob es nun Hafergrütze zum Frühstück war oder ein paar Löffelchen vegetarisches Chili oder Lasagne zum Abendessen.

Fördern Sie selbständiges Essen

Wir haben schon darüber gesprochen, ein mögliches Chaos in Kauf zu nehmen, und das gehört unweigerlich dazu, wenn man selbständiges Essen fördert. Sie möchten schließlich, dass Ihre Kinder alle Aspekte des Lebens erforschen – dadurch fällt es den Kleinen leichter, unabhängig zu werden, und, was genauso wichtig ist, das macht *Ihnen* das Leben leichter. Lassen Sie Ihr Baby mit den Händen essen und mit dem Essen spielen, und legen Sie ihm dann später Babybesteck aufs Tablett, und lassen Sie es auch damit spielen und selbst herausfinden, wie man es benutzt.

 *Wir besuchten einmal Freunde, die vier Kinder haben. Die Mutter sah Laurel, die jünger war als ihre eigenen Zwillingsmädchen, wie sie gerade dabei war, den Reißverschluss ihrer Jacke zuzuziehen (was ihre Zwillinge noch nicht konnten). Sie war verblüfft: «Wow! Wir sind normalerweise so beschäftigt damit, von A nach B zu kommen, dass wir den Kindern immer helfen, ihre Schuhe anzuziehen und ihre Jacken zuzumachen. Dies erinnert mich jetzt daran, dass ich den Kindern beibringen sollte, wie man Reißverschlüsse zuzieht und seine Schuhe zubindet, damit ich es nicht tun muss!»*

Mir erging es mit Violet ähnlich, als sie erst kurze Zeit feste Nahrung zu sich nahm. Ich war so darauf fixiert, sie zum Essen zu bringen, dass ich vergaß, es sie einfach selbst tun zu lassen. Eine Freundin, deren Baby etwa gleich alt war, postete auf Facebook Bilder von ihrem Sohn, der eine Gabel benutzte, und ich dachte: «Wow, ich habe völlig vergessen, Violet Besteck anzubieten, weil ich so dermaßen darauf konzentriert war, Essen in sie hineinzubekommen!» Ich begann damit, ihr einen Löffel und eine Gabel aufs Tablett zu legen, und sie fand sehr schnell selbst heraus, wie man sie benutzte, um selbst damit zu essen. Himmlisch!

Das Wunderbare an der Minimalisierung der Essensvorbereitung ist, dass es Ihnen den Raum gibt, tatsächlich zu genießen, was Sie essen (und mit wem). Wenn Sie die Ernährung Ihrer Familie in Angriff nehmen, dann denken Sie daran, dass nicht jede Mahlzeit ernährungsphysiologisch perfekt oder besonders gelungen sein muss. (Einige der besten Familienanekdoten handeln von Essen, die danebengegangen sind.) Konzentrieren Sie sich stattdessen auf einen insgesamt gesunden Plan, gestatten Sie Naschzeug in Maßen, und ignorieren Sie Ihre härteste Kritikerin bzw. Ihren härtesten Kritiker (sich selbst!).

DIE BESTEN TIPPS, UM ZEIT UND MÜHE ZU SPAREN

Essen stellt einen wichtigen Teil des Familienlebens dar, aber es muss nicht Ihren gesamten Tag bestimmen! Wir fragten Aviva Goldfarb von The Six O'Clock Scramble (thescramble. com) nach ihren besten Küchentipps:

- Sorgen Sie dafür, Messer guter Qualität zu besitzen, und halten Sie sie scharf. Auch eine gute Küchenschere kann das Schneiden von Kräutern, Frühlingszwiebeln und anderen Lebensmitteln erleichtern.
- Organisieren Sie Ihre Küche. Wenn Sie wissen, wo in Ihrem Kühlschrank sich das Gemüse befindet (ich habe eine Schublade für Obst und eine für Gemüse) und getrocknete Bohnen und Farfalle auf Anhieb finden, gehen die Vorbereitungen viel schneller von der Hand.
- Räumen Sie die Arbeitsplatten frei, bevor Sie anfangen zu kochen, leeren Sie den Geschirrspüler (oder delegieren Sie diese Aufgabe an ein anderes Familienmitglied), und holen Sie alle Zutaten hervor. Diese Schritte machen die Essenszubereitung schneller und weit weniger chaotisch.
- Sammeln Sie während des Kochens den Abfall in einem kleinen Behälter bei der Spüle, statt ständig zum Müll-

eimer zu laufen. Sie können ihn später ausleeren, wenn Sie mit dem Kochen fertig sind (vorzugsweise in einen Behälter für kompostierbaren Abfall!).

- Beginnen Sie frühzeitig mit den Vorbereitungen für die Mahlzeiten. Bevor Sie am Dienstag alles vom Abendessen wegräumen, schneiden Sie schon mal die Zwiebel und Paprika klein, die Sie für das Gericht am Mittwoch brauchen, und wenn Sie Möhren für die Lunchbox am nächsten Tages schneiden, dann schneiden Sie gleich welche für die ganze Woche. Sie werden sich später selbst dafür küssen wollen!

- Verschaffen Sie sich tagsüber einen Vorsprung. Waschen und / oder schneiden Sie schon mal das Gemüse, das Sie brauchen, wenn die Kinder frühstücken oder Hausaufgaben machen oder während Sie ein längeres Telefongespräch führen, und stellen Sie die Töpfe und Pfannen sowie die unverderblichen Zutaten bereit, die Sie später brauchen.

- Räumen Sie die Zutaten weg, gleich nachdem Sie sie benutzt haben, dann geht das Aufräumen schneller. Wenn es Zeit zum Abwaschen ist, stapeln Sie das gesamte Geschirr bei der Spüle, und beladen Sie als Erstes den Geschirrspüler (das meiste braucht vorher nicht abgespült zu werden). So geht das Abwaschen schneller, und Sie verbrauchen weniger Wasser.

13

FEIERN UND FERIEN:
WENIGER STRESS, MEHR SPASS

Ein Glaubenssatz der minimalistischen Erziehung –
schaffen Sie Raum für Besonderes – fasst unsere Haltung zu Feiern, Feiertagen und Reisen treffend zusammen. Sehr häufig wird Minimalismus mit Einschränkungen,
Utilitarismus und einer Tendenz verbunden, größere Prasse-
reien zu vermeiden. Wir aber vertreten einen anderen Standpunkt: Es geht allein darum, Spaß zu haben und beisammen
zu sein! Eines der wichtigsten Geschenke, die Sie Ihrer Familie
machen können, ist ein geistiges Album voller glücklicher Erinnerungen. In einigen Jahren werden Ihnen diese Erinnerungen mehr wert sein als eine saubere Wohnung oder tausend
US-Dollar mehr.

Wenn Sie Ihr Familienleben von Stress und Gerümpel befreien, eröffnen Sie Möglichkeiten für Feste, Freizeit und Er-
holung. Sehen Sie es mal so: Zeit und Geld, die Sie durch die
Minimalisierung sparen, können Sie für eine Reise verwenden
oder für ein anderes Erlebnis, das Ihnen in Erinnerung bleiben
wird. Bringen Sie Freude in Ihr Leben!

Wir sind absolut dafür, regelmäßig in Familienspaß zu investieren, aber wir wissen auch, wie leicht besondere Anlässe zu einem großen Schwarzen Loch des Überflusses und der übersteigerten Erwartungen werden können. Wer war nicht schon einmal auf einer völlig übertriebenen Geburtstagsparty oder hat sich angesichts des perfekt dekorierten Weihnachtsbaums der Nachbarn als Versagerin oder Versager gefühlt? In diesem Kapitel stellen wir jede Menge Ideen vor, wie man Partys, Feiertage und Reisen wieder in einen vernünftigen Rahmen rückt und sich darauf konzentriert, was wirklich zählt: Spaß zu haben und die Beziehungen zueinander zu festigen – das, worum es bei solchen Gelegenheiten eigentlich gehen sollte.

GEBURTSTAGSPARTYS

Es ist leicht, sich über Reality-TV-Shows wie *Outrageous Kid Parties* lustig zu machen; vom Kopf her sind wir fast alle der Meinung, dass eine einfache Geburtstagsparty der richtige Weg ist. Aber das Partybudget in Grenzen zu halten, ist nur ein Aspekt der ganzen Geschichte. Wenn die Vorbereitungen, Planungen und die Durchführung der Party Sie bis an den Rand des Nervenzusammenbruchs bringen, ist es an der Zeit, das Vorgehen zu ändern. Hier sind ein paar Schritte, die Ihnen helfen können, Geburtstagsfeiern zu vereinfachen.

PLANEN SIE EINE PARTY, DIE FÜR SIE UND IHR KIND FUNKTIONIERT

Bevor Sie auch nur eine einzige Geburtstagskerze kaufen, sollten Sie sich ein paar Gedanken darüber machen, was sowohl Ihnen als auch Ihrem Kind Spaß machen würde. Natürlich ist

Ihr Kind die Hauptperson, also tragen ihre oder seine Wünsche entscheidend dazu bei, den Anlass besonders und unvergesslich zu machen, Sie aber stemmen die schwere Last der Vorbereitungen.

Überprüfen Sie ehrlich Ihre Beweggründe

Wenn Sie sich klarmachen, aus welchen Gründen Sie Geburtstage und andere Anlässe feiern, erkennen Sie leichter Ihre Partyprioritäten. Womöglich stellen Sie fest, dass Ihre Ansprüche mehr mit Ihren eigenen Bedürfnissen zu tun haben als mit denen Ihres Kindes. Fragen Sie sich:

- Tue ich dies, weil ich total gerne Partys schmeiße und (vielleicht ein bisschen) meine Qualitäten als Gastgeberin oder Gastgeber zur Schau stellen möchte?
- Versuche ich etwas wettzumachen, das mir selbst in meiner Kindheit gefehlt hat?
- Tue ich dies, weil alle anderen auch große Partys schmeißen und die ganze Klasse einladen?

 *Geburtstage sind bei mir ein etwas empfindlicher Punkt. In meiner Kindheit feierten meine Geschwister und ich nie Geburtstagspartys mit Freundinnen und Freunden, teils, weil unsere neunköpfige Familie (oder manchmal mehr, je nachdem, welche Verwandten gerade bei uns wohnten) für sich allein schon eine ausreichende Partygesellschaft darstellte, teils, weil unser Haus sich in einem ständigen Renovierungszustand befand, und teils, weil Geburtstagspartys mit einer Horde eingeladener Kindern eine zusätzliche Geldausgabe bedeuteten, die für meine Eltern verständlicherweise schwer zu bewältigen war.*

Als kleiner Mensch waren mir all diese Dinge schmerzlich bewusst, dennoch sehnte ich mich nach Geburtstagspartys mit vielen Freundinnen

und Freunden, unter anderem, weil ich ein schlechtes Gewissen hatte, wenn ich zu den Partys der anderen Kinder ging und die Einladung nicht erwidern konnte, aber auch weil mein Verhältnis zu Freundinnen und Freunden etwas komplexbeladen war. Meine Herkunft und mein sozio-ökonomischer Hintergrund unterschieden sich von denen meiner Altersgenossen, und ich lechzte nach ihrer Anerkennung und Freundschaft.

Folglich waren mir Laurels Geburtstagspartys sehr wichtig. Ich wollte sie feiern. Sie mit Familie sowie Freundinnen und Freunden umgeben. Ihr zeigen, dass sie geliebt wurde. An ihren ersten drei Geburtstagen veranstaltete ich also große Partys – keine aufwendigen und extravaganten Themenpartys, aber da wir eine große Familie sind und in der Nachbarschaft viele befreundete Familien mit Kindern haben, kamen schon so 30 bis 40 Leute zusammen.

Ich stand bis zur Erschöpfung in der Küche und produzierte tonnenweise Essen und riesige Kuchen (ich backe wirklich gerne und wollte wahrscheinlich auch ein bisschen damit angeben). Und Laurel? Bei solch großen Versammlungen vergrub sie meist ihr Gesicht an meiner Schulter und wirkte etwas verängstigt, sogar umringt von geliebten Freundinnen und Freunden sowie Verwandten. Irgendwann habe ich mich von meinen eigenen Beweggründen verabschiedet, die so eindeutig nicht zu Laurels Naturell passten.

Schneiden Sie Partypläne auf die Persönlichkeit Ihres Kindes zu

Erst wenn Sie Ihre eigene Motivation beleuchtet haben, erkennen Sie, was das Wichtigste ist: nämlich das, was Ihrem Kind Spaß macht.

 Ab Laurels viertem Geburtstag beschloss ich, ein paar Gänge zurückzuschalten. Ich ließ Laurel mitentscheiden und wir veranstalteten kleine, einfache Partys. Sie war glücklich. Wir alle waren glücklich. Ich konnte kaum glauben, dass ich es nicht schon früher so gemacht hatte! An ih-

rem sechsten Geburtstag war unser Ofen kaputt, sodass ich keinen Ku-
chen backen konnte. Also kaufte ich eine köstliche Torte, und so gerne
ich auch selbst backe, konnte ich es nicht fassen, dass ich den Kuchen
nicht schon vorher «outgesourct» hatte. Eine enorme Zeitersparnis.

Als Violets erster Geburtstag ins Haus stand, war meine Haltung
eine ganz andere. Das hatte sicherlich zum Teil mit der natürlichen
Lockerung der Standards zu tun, die mit dem zweiten Kind einhergeht,
aber ich hatte auch das Gefühl, an den Erfahrungen mit Laurel gewach-
sen zu sein. Wir veranstalteten ein kleines, einfaches Treffen nur mit
der unmittelbaren Familie. Meine gesamten Vorbereitungen beschränk-
ten sich darauf, einen Obstsalat zu schnippeln und einen Kuchen zu
backen (hübsch, aber nicht übertrieben) sowie ein bisschen Dekoration
aufzuhängen.

Es war trotzdem richtig feierlich und ähnelte – ironischerweise –
ziemlich den Partys meiner eigenen Kindheit.

Überlegen Sie, nur alle paar Jahre eine Party auszurichten

Jede und jeder sollte sich an seinem Geburtstag besonders
fühlen, aber kein Gesetz besagt, dass Ihr Kind jedes Jahr eine
aufwendige Party haben muss. Ein Familientreffen, einfache
Traditionen, Übernachtungsgäste, ein Ausflug mit ein oder
zwei guten Freundinnen oder Freunden kann genauso etwas
Besonderes sein, vor allem, wenn Ihr Kind (wie Laurel) von
großen Partys überfordert ist.

Planen Sie separate Feiern

Wenn Sie eine große Familie haben, überlegen Sie, zwei ge-
trennte (aber einfache!) Treffen zu arrangieren, um die Runde
intimer zu halten. In einem Jahr hat Christine Laurels Fami-
liengeburtstag sowie die Party mit Freundinnen und Freunden
an demselben Wochenende veranstaltet. Sie hielt die Zeitfenster klein, damit es sich nicht so anfühlte, als würde das ganze

Wochenende von Partyvorbereitungen, Feiern und Aufräumen aufgezehrt. Weil die Partys so dicht beieinanderlagen, konnte sie für beide dieselben Erfrischungen planen und zubereiten sowie die Dekoration gleich hängen lassen.

 **Erin auf Minimalist Parenting:** Von meiner Schwägerin habe ich etwas Praktisches zum Thema Geburtstage gelernt: Wir backen nur EINEN Kuchen. Wenn der Geburtstag meines Sohnes beispielsweise auf einen Dienstag fällt, die Feier mit Freundinnen und Freunden aber am folgenden Samstag stattfindet, dann bekommt er seinen Geburtstagskuchen zu dieser Geburtstagsfeier. Am eigentlichen Geburtstag stecken wir dafür Kerzen in die Frühstückspfannkuchen (oder was auch immer er sich gewünscht hat). Ich kann kaum glauben, dass ich so viele Jahre lang ZWEI Kuchen gebacken habe!

SPIELEN SIE IHRE STÄRKEN AUS

Wenn Partyplanung Ihre zweite Natur ist – super! Die Geburtstagsfeier Ihres Kindes zu planen, macht Ihnen dann sicher Spaß, also los! Wenn Sie allerdings nicht gerne Gäste haben, kann der Gedanke an zwölf Fünfjährige in Ihrem Zuhause Ihnen Angst machen. Kein Grund für Schuldgefühle, holen Sie sich einfach Hilfe.

 *Mira schwimmt sehr gerne und ist im Wasser in ihrem Element. Ich hingegen bin keine besonders sichere Schwimmerin, mir reicht es völlig, die Füße in den Pool hängen zu lassen. Als Mira mich bat, ihren Geburtstag im Schwimmbad zu veranstalten, graute es mir regelrecht davor. Der Gedanke daran, mehrere Kinder, die gerade erst schwimmen gelernt hat-*

ten, zu beaufsichtigen, ließ mein Angstbarometer steigen. Aber Mira hatte seit mehreren Jahren keine große Party mehr gefeiert, also wollte ich ihr den Wunsch erfüllen.

Rael ist ein phantastischer Schwimmer, also delegierte ich den Job des Erwachsenen im Pool an ihn. Ich widersetzte mich auch den üblichen Gepflogenheiten, denen zufolge die eingeladenen Kinder zu solchen Anlässen nur gebracht und wieder abgeholt werden, und bat Eltern von Kindern, die noch nicht sicher schwimmen konnten, ihren Badeanzug mitzubringen und dabeizubleiben. Ich bin mir sicher, dass einige Eltern bei dem Gedanken gestöhnt haben, dennoch beschloss ich, meine eigenen Grenzen zu wahren. Wäre ich in den Pool gesprungen, um die Kinder zu beaufsichtigen, und hätte mich gleichzeitig um den Kuchen, die Geschenke und andere Partyaktivitäten kümmern müssen, dann hätte meine Anspannung die ganze Party verdorben. Am Ende hatten alle Spaß, einschließlich der Eltern, die zum Schwimmen geblieben waren.

Outsourcen

Wenn Sie sich den Vor- und Nachbereitungsstress zu Hause ersparen wollen, ist eine andere gute Lösung, die Party woanders stattfinden zu lassen. Es muss nicht gleich ein teurer Ausflug in den Zoo oder zum Pizza-Backen unter professioneller Anleitung sein. Wie wäre es stattdessen mit diesen schönen Ideen?:

 **Carla auf BostonMamas.com:** Die Geburtstage unserer Mädchen sind im Oktober und Juni, und wir machen jedes Jahr an jedem Geburtstag das Gleiche. Wir laden all unsere Freundinnen und Freunde sowie unsere Familie in den nahegelegenen Park ein. Wir bringen Saft, Wasser, Obstsalat und Mini-Cupcakes mit, Pizza lassen wir liefern. Die Kinder lieben es, draußen umherzurennen, die Erwachsenen können sich unterhalten, und wir müssen hinterher nicht die Wohnung aufräumen. Es ist super einfach und macht jede Menge Spaß!

 **Aisha auf BostonMamas.com:** Ich habe vier Kinder, und schon nach dem ersten begriff ich das «Weniger ist mehr»-Konzept ganz schnell. Nun frage ich die Kinder jedes Jahr, wie sie gerne feiern möchten, und wir unternehmen dann etwas nur im engsten Familienkreis. Vor seinem achten Geburtstag fragten wir meinen Sohn Thaison, was er gerne machen würde, und er wünschte sich etwas, das mit Wissenschaft zu tun hat. Nun gehen wir abends in ein Restaurant seiner Wahl (solange es nicht zu teuer ist) und überraschen ihn dann mit einem Ausflug ins Naturwissenschaftliche Museum. Er war noch nie dort, und ich bin schon ganz gespannt, wie es ihm gefällt!

Veranstalten Sie eine Nachbarschaftsparty, zu der alle eingeladen sind

Wenn Sie das Glück haben, in einer Gegend mit vielen Kindern zu wohnen, schmeißen Sie doch mal eine Party nur für die Nachbarschaft.

 **Lynn auf BostonMamas.com:** Hier in unserem Viertel in Chicago haben ein paar Eltern die sogenannten «Nachbarschafts-Geburtstage» erfunden. Wir verteilen Flyer mit Datum und Uhrzeit, und dann kommen alle Kinder mit ihren Eltern in den Vorgarten des Geburtstagskindes zum Kuchenessen. Wir machen ein Gruppenfoto auf der Eingangstreppe und das war's. Das Ganze dauert etwa eine Stunde, es gibt keine (oder nur sehr kleine) Geschenke, die Eltern sehen sich, und die Kinder jeden Alters haben ihren Spaß. Dank der Fotos auf der Eingangstreppe haben wir eine wunderbare Dokumentation, wie die Kinder langsam größer werden. Die gesamte Nachbarschaft macht das seit etwa zwanzig Jahren so.

Sobald Sie sich entschieden haben, welche Art Party Sie veranstalten möchten, gibt es effektive Wege, die Details der Party einfacher zu gestalten.

Setzen Sie eine vernünftige Gästeanzahl fest

Eine gängige Faustregel lautet: eine Person pro Lebensjahr des Kindes. Allerdings ist das, wenn die Kinder in die Schule kommen, nicht immer möglich, und Partys mit der ganzen Klasse sind schon fast die Regel. Wenn Sie jedoch nicht die Energie haben, eine Party für die ganze Klasse zu veranstalten, ist das vollkommen in Ordnung. Verteilen Sie die Einladungen dann einfach außerhalb der Schule und sprechen Sie mit Ihrem Kind über die Bedeutung von Diskretion.

Vereinfachen Sie die Einladungen

Gedruckte oder handgeschriebene Einladungen sind etwas Schönes – aber nur, wenn Sie und Ihr Kind Freude daran haben, sich darum zu kümmern. Für alle anderen sind elektronische Einladungen per E-Mail oder über entsprechende Websites, die teilweise auch fertig gestaltete Vorlagen anbieten, schnelle und einfache Alternativen, die ebenfalls ihren Zweck erfüllen.

Bitten Sie um Antwort – und kalkulieren Sie ein paar Gäste mehr ein

Es ist immer praktisch zu wissen, wie groß die Gästeschar sein wird, vor allem, wenn Kinder ihre Geschwister mitbringen. Mit Sicherheit geht es aber bei den ein oder anderen Eltern im täglichen Wahnsinn unter, zuzusagen. Kein Problem: Planen Sie beim Essen einfach ein paar Portionen mehr ein, und machen Sie sich keine Gedanken.

Setzen Sie ein Ende fest

Planen Sie sicherheitshalber immer eine kürzere Party, und legen Sie auf den Einladungen ein Ende fest. Wenn die Kinder älter werden, erwarten die Eltern im Allgemeinen, dass sie ihre Kinder nur abliefern und nach der Feier wieder abholen. Käme Ihnen ein bisschen Hilfe von einem Erwachsenen ganz recht, sollten Sie das im Voraus arrangieren.

Senken Sie Ihre Ansprüche an das Essen

Eine Geburtstagsfeier muss nicht unbedingt eine Mahlzeit mit einschließen. Eine Auswahl an Snacks und Getränken zur Selbstbedienung plus Geburtstagskuchen stellen ein dem Anlass allemal angemessenes Angebot dar. Wenn Sie die Party zwischen den Essenszeiten ansetzen, erwartet niemand eine «Vollverköstigung».

Halten Sie die Deko einfach

Es ist erstaunlich, wie man schon mit ein paar Ballons, Luftschlangen und Girlanden eine festliche Umgebung schaffen kann. Um in kürzester Zeit eine abgestimmte Partydekoration hinzubekommen, brauchen Sie nichts weiter als Teller, Servietten, eine Papier-Tischdecke und Ballons in derselben Farbpalette zu besorgen – schon sind Sie fertig!

Erledigen Sie zuerst das, was Ihnen Spaß macht – und pfeifen Sie auf den Rest

Auch wenn Ihr Plan ganz einfach ist, können die Aufgaben geradezu überhandnehmen. Kümmern Sie sich zuerst um das, was Ihnen am meisten Spaß bringt – und lassen Sie den Rest einfach unter den Tisch fallen.

 *Wie ich selbst neigt auch Laurel dazu, Pläne zu machen. Und obwohl unsere Pläne für Violets ersten Geburtstag recht einfach waren, sagte Laurel ein paar Tage vor der Party: «Ich bin total im Stress wegen all der Sachen, die ich noch machen will!» Daraufhin schlug ich ihr vor, dass wir uns hinsetzten und eine Liste unserer Vorhaben erstellten, um sie dann entsprechend ihrem Spaßfaktor durchzunummerieren. Und was am Ende der Liste stand, konnte getrost wegfallen, ohne dass wir uns Gedanken darum machten.*

Es wurde schließlich eine wirklich lustige und aufschlussreiche Übung. Wir stellten fest, dass Backen bei uns beiden ganz oben auf der Liste stand (ich: Kuchen, sie: Kekse). Wir verzichteten auch beide letztlich auf ein paar Punkte am Ende der Liste – einschließlich einiger zusätzlicher Ideen, wie zum Beispiel allen Verwandten ein Veilchen (die für Violets Namen ja Pate stehen) im Topf mit nach Hause zu geben. Statt die Blumen zu besorgen, haben wir uns die Mühe gespart und stattdessen allen Kuchen und Kekse mitgegeben ... perfekt! Und es fühlte sich großartig *an.*

Verzichten Sie auf die sogenannten Mitgebsel!

So! Jetzt haben wir es gesagt! Wir schätzen den großzügigen Gedanken, der hinter den Tütchen mit den kleinen Geschenken für die eingeladenen Kinder steckt. Aber wir alle können gut auf den wahllosen Nippes verzichten, mit dem fünf Sekunden lang gespielt wird (wenn überhaupt) und der dann in irgendeiner Schublade verschwindet. Wie wäre es zum Beispiel, mit den Kindern gemeinsam etwas zu basteln und ihnen das Ergebnis als Abschiedsgeschenk mit nach Hause zu geben? Oder die Kinder mit etwas Essbarem bzw. Nützlichem nach Hause zu schicken? Oder ein Gruppenfoto zu machen und für jedes Kind (während der Party oder danach) einen Ausdruck zu machen?

Einmal verwendeten wir Frisbees als Unterlage für die Pappteller, auf den wir den Geburtstagskuchen servierten. Am Ende der Party hatte jedes Kind ein Frisbee, das es mit nach Hause nehmen und mit dem es den ganzen Sommer spielen konnte. In einem anderen Jahr verteilten wir Ringbücher und einfache Stifteetuis, gefüllt mit Schulutensilien, die wir im Ausverkauf erstanden hatten. Die Eltern und die Kinder fanden sie toll.

Feiern Sie mit einer Freundin oder einem Freund zusammen
Hat Ihr Kind vielleicht eine gute Freundin oder einen guten Freund, die oder der zur selben Zeit Geburtstag hat? Tun Sie sich zusammen, um allen Mühe (und Planung) zu ersparen!

Als Laurel in der Vorschule war, hatte sie eine gute Freundin namens Grace. Die Geburtstage der beiden Mädchen lagen etwa eine Woche auseinander, und sie teilten denselben Freundeskreis. So beschlossen Grace' Mom und ich, ihre Freundschaft mit einer gemeinsamen Geburtstagsparty zu feiern. Die Mädchen fanden die Idee super, und die Eltern waren hin und weg, die Mädchen feiern zu können und einen Termin weniger im Kalender zu haben. Die gemeinsame Party war ein großartiger Weg, die Last für jede Familie zu reduzieren, weil wir die Erledigungen aufteilen konnten. Weil es im Grunde eine Spieleparty war – wir hatten keine besondere Bastelarbeit geplant, deren Ergebnis als Partygeschenk hätte mitgenommen werden können –, bestellte ich Kekse mit einem Foto der beiden Geburtstagskinder auf dem Zuckerguss. Süß, essbar und garantiert nippesfrei!

Übergangsriten sind wunderbare und prägende Ereignisse der Kindheit. Schulabschluss, Kommunion, Firmung, Konfirmation oder Jugendweihe und sogar «Sweet Sixteen»-Partys – jeder Anlass hat eine besondere Bedeutung, abhängig von Ihrem Hintergrund und Ihrer Geschichte. Doch wenn jeder Übergang Grund für eine Party wird, beginnt das Besondere zu verblassen.

Es ist ganz natürlich, dass Sie stolz sind, wenn Ihr Kind es bis zum Ende des Schuljahres oder der Sportsaison schafft oder wenn es besonders schwierige Prüfungen besteht, und wir möchten gar nicht sagen, dass Sie mit diesen Gefühlen hinter dem Berg halten sollen. So ein Schulterklopfen ist enorm wichtig. Aber es wird häufig vom Glanz einer großen, glitzernden Party überdeckt. Kinder werden von Geschenken und Aufmerksamkeiten abgelenkt und verpassen es oft, die tiefe Zufriedenheit angesichts ihrer eigenen Leistung zu empfinden.

Wir würden gerne einen kleinen minimalistischen Aufruf starten, um besondere Meilensteine wirklich in Ehren zu halten. Der Schulabschluss ist eine große Sache, die es sehr wohl verdient, anerkannt und gefeiert zu werden. Der Abschluss der zweiten Klasse hingegen nicht so sehr. Wenn überhaupt sind Umarmungen und Milkshakes am letzten Schultag mehr als genug. Die eigentliche Belohnung sind die Sommerferien!

FEIERTAGE

Oje, die Feiertage … Sie sollten eigentlich bedeutsam sein und Freude bereiten, und dennoch sind Feiertage für so viele Familien eine Zeit des Chaos und der überhöhten Erwartungen.

Das Essen, die Dekoration, die Familiendynamik, die Zeit- und Geldnot ... alles wird in einen einzigen stressigen Tag (oder mehrere) hineingepackt.

Aber lassen Sie uns einen Moment innehalten und einmal die üblichen Feiertagsstressfaktoren betrachten:

- zu viele Einladungen für zu viele Feiern
- suboptimale Deko
- Einkauf auf den letzten Drücker
- das «richtige» Essen zubereiten und an einer perfekt gedeckten Tafel servieren
- die passende Garderobe – ob nun ein selbstgemachtes Halloween-Kostüm oder das perfekte Partykleid
- die Erwartungen der Familie
- Budgetbeschränkungen
- zu viele Übernachtungsgäste
- die Sorge, dass der Feiertag sich nicht «besonders» genug anfühlt, wenn er nicht mit allen Schikanen begangen wird

Sind diese «Probleme» es wirklich wert, dass Sie sich deswegen stressen? (Sprechen Sie uns nach: «Nein.»)

Wenn Sie die Feiertage minimalisieren, dann kommt die Freude zurück, ganz gleich, wie Ihr Hintergrund oder Ihre Traditionen aussehen. Es ist möglich, Feiertagsbelastungen in erinnernswerte Anlässe zu verwandeln, ob es sich nun um eine Halloweenparty mit der Nachbarschaft, ein mit bunten Eiern und einem ausgedehnten Spaziergang gefülltes Osterfest oder ein ganz entspanntes Weihnachtsfest handelt (ja, so etwas gibt es tatsächlich).

MACHEN SIE EINEN PLAN, UND STREICHEN SIE IHN DANN ZUSAMMEN

Stellen Sie einen Plan auf, der den *minimalen* Vorbereitungsaufwand bedeutet, um aus dem Feiertag etwas Besonderes zu machen. Erstellen Sie eine Liste all derjenigen, die ein Geschenk erhalten sollen (um Geschenke geht es im nächsten Abschnitt), der Mahlzeiten, der Veranstaltungen in der Nachbarschaft, der Reisepläne und von allem anderen, das mit Ihrer Feiertagsplanung zusammenhängt. So haben Sie nicht nur den Umfang Ihres Planungsbedarfs vor Augen, bevor Sie überhaupt anfangen, sondern Sie können auch die «Feiertagspanik» verhindern (und Ihrer To-do-Liste nach Belieben Dinge hinzufügen, während sie schon in der Mache sind).

Sehen Sie sich nun die fertige Liste an. Steigt in Ihnen ein Gefühl der Panik hoch? Dann ist es Zeit, die Liste zu überarbeiten. Streichen Sie gnadenlos alles weg, was unnötig oder unerfreulich ist. Zum Beispiel: Lieben Sie es, die Weihnachtszeit in einem festlich geschmückten Zuhause mit dem Einschalten von Herrnhuter Stern, Schwibbogen, jeder Menge Lichterketten oder sonstiger beleuchteter Dekoration einzuläuten, dann behalten Sie das auf der Liste. Löst diese Vorstellung hingegen Fluchen und Kopfschmerzen aus, dann streichen Sie es. Dasselbe gilt für selbstgenähte Halloween-Kostüme. Spaß: lassen. Lästig: weg.

BEWAHREN SIE TRADITIONEN

Eigene Familientraditionen zu schaffen und zu bewahren, hat logistische *und* emotionale Vorteile.

 **Kristin Brandt von ManicMommies.com auf Boston Mamas.com:** Ich stelle unsere Krippe immer vorne im Eingangsbereich auf, den Baum im «Solarium» (ein etwas ausgefallener Name für unser Hinterzimmer) und die Weihnachtsmann-Figuren auf den Kartenschrank. An Heiligabend essen wir schwedische Fleischbällchen, am Weihnachtstag Zimtschnecken zum Frühstück und Paula Deens idiotensicheren Rostbraten zum Abendessen. Es ist nicht so, dass ich nichts Neues ausprobieren möchte, sondern dass solche Traditionen die Dinge vereinfachen und den Stress reduzieren. Und für die Kinder werden sie zu etwas Regelmäßigem, auf das sie sich freuen können.

 *Wir feiern Chanukka, und unser traditionelles Essen für diesen Anlass beinhaltet Latkes (frittierte Kartoffelpfannkuchen). Jedes Mal, wenn ich die Latkes vergesse oder weglasse, weil ich immer noch kein richtig gutes Rezept dafür gefunden habe, vermissen die Kinder sie. In einem Jahr habe ich gefrorene Latkes gekauft und sie dann im Ofen aufgebacken. Mein Mann und ich haben den Unterschied geschmeckt, doch die Kinder mochten sie genauso gern wie die selbstgemachte Variante. Letztlich war Chanukka ein kleines bisschen besonderer, nur weil es überhaupt Latkes gab.*

VERABSCHIEDEN SIE SICH VON DER PERFEKTION

Kennen Sie diese Feiertags-Specials in den Zeitschriften, die Ihre Dekoration und Ihr Essen ein wenig (okay: komplett) glanzlos wirken lassen? Vergessen Sie nicht, dass es Stunden gedauert hat, diese Bildmotive aufzubauen und zu fotografieren. Von *Profi-Teams*. Es ist in Ordnung, wenn es bei Ihnen nicht so perfekt aussieht. Unvollkommenheit ist sogar mehr als in Ordnung. Denn durch sie wirken Feiertagsmomente realer und werden zu richtigem Spaß und schönen Erinnerungen. Dekorieren Sie alles mit Petersilie und damit Schluss.

 *Auch wenn meine Begabungen für Handarbeiten weit davon entfernt sind, intergalaktisch zu sein, habe ich Spaß daran, Halloween-Kostüme für meine Kinder zu machen. Mein großes Geheimnis? Ich nähe nicht, und ich sehe Kostüme eher als Interpretationen denn als genaue Repräsentationen. Die ganze Sache geschieht in Zusammenarbeit mit den Kindern. Wir verwenden Secondhand-Klamotten, Gegenstände aus der Verkleidungskiste, eine Heißklebepistole, Sicherheitsnadeln und Klebeband. Einmal improvisierten wir für meine Tochter «Weltraumstiefel», indem wir Turnschuhe mit Alufolie umwickelten. Der einzige Grund, weshalb das so gut funktioniert, ist, dass wir so viel Spaß dabei haben.*

ÜBERDENKEN SIE DIE ROLLE ALS GASTGEBERIN ODER GASTGEBER

Wenn Sie es lieben, Partys zu schmeißen, aber dazu neigen, sich dabei völlig zu verausgaben, sollten Sie Ihre Erwartungen an sich als Gastgeberin oder Gastgeber überdenken. Nehmen Sie sich entweder eine komplette Auszeit, und genießen Sie es auch mal, zu den Feiern der anderen zu gehen, oder vereinfachen Sie Ihre Essenspläne und die Vorbereitungen (oder lassen Sie jeden etwas mitbringen!), um den Stress und die Ausgaben zu reduzieren. Es geht schließlich darum, Zeit mit den Gästen zu genießen, und nicht darum, die ganze Zeit in der Küche zu stehen – oder im Badezimmer Panik zu schieben. Die Menschen möchten Sie sehen und nicht, wie perfekt Sie Horsd'œuvres anrichten können.

LASSEN SIE DIE KINDER HELFEN

Kinder lieben Feiertage, warum also sollten sie nicht mit anpacken? Ist es nicht viel niedlicher und kommt viel mehr von Herzen, wenn ein Geschenk von einem Kind verpackt wurde, als wenn die Kanten alle akkurat sind? Überlassen Sie Ihren Kindern beim Festschmuck die Führung, indem Sie ihnen thematische Bastelarbeiten suchen, die Spaß machen, als Dekoration dienen und sie beschäftigen, während Sie sich um andere Vorbereitungen kümmern. Die Kinder können auch dabei helfen, essbare Geschenke zusammenzustellen oder zu kochen.

ACHTEN SIE AUF DEN SPASS, UND HÖREN SIE AUF ZU VERGLEICHEN

An den Feiertagen fällt es schwer, keine Vergleiche zu ziehen. Aber warum nur? Sie werden bedeutend glücklicher sein, wenn Sie Ihrem eigenen Rhythmus folgen. Dann werden Sie nicht nur bei Ihren eigenen Festlichkeiten entspannter sein, sondern auch die der anderen mehr zu schätzen wissen.

 *Einmal läutete eine Weihnachtskarte, die nur wenige Tage nach Thanksgiving bei uns im Briefkasten lag, die Vorweihnachtszeit bei uns ein, und ich drehte sofort durch und jammerte, dass schon Karten eintrudelten und dass meine ganz sicher zu spät kommen würden (und das mir als Grafik-Designerin!). Als ich dastand, im Geiste meine Arbeitsabläufe durchging, und überlegte, ob ich wohl in jener Woche Zeit hätte, Karten zu entwerfen, fragte Jon: «Warum kannst du nicht einfach die Grüße annehmen und dich darüber freuen, anstatt sie als ein Symbol einer wie auch immer gearteten Unzulänglichkeit zu verstehen?»*

Diese Bemerkung ist wirklich bei mir hängengeblieben. Der ganze Sinn von Feiertagsgrüßen liegt doch schließlich darin, in Kontakt zu bleiben, nicht als Siegerin oder Sieger aus einem Wettbewerb hervorzugehen. Schließlich versendeten wir unsere Feiertagskarten im darauffolgenden März (als Frühlingsgrüße) – wir verschickten sie zu einem Zeitpunkt, der uns passte, und unsere guten Wünsche kamen wirklich von Herzen. Und wissen Sie was? Die Leute freuten sich wie verrückt, außerhalb der Weihnachtszeit persönliche Post zu erhalten.

HALTEN SIE DIE FAHREREI IN MACHBAREM RAHMEN

Falls Ihr erweiterter Familienkreis in einiger Entfernung wohnt, versuchen Sie, die Fahrten so zu arrangieren, wie es für Sie und Ihre Familie am sinnvollsten ist, und *nicht*, wie es allen anderen gefällt. Erhitzte Gemüter sind kein Grund, Ihr Bankkonto und Ihre Energiereserven zu strapazieren oder Ihre Feiertagslaune zu verlieren. Denken Sie zum Beispiel darüber nach, sich jährlich abzuwechseln, wenn die Feiertage lange oder kostspielige Reisen erfordern.

AKZEPTIEREN SIE DIE FAMILIENDYNAMIK ALS TEIL DES PAKETS

Die familieneigene Dynamik kann ganz besonders an den Feiertagen eine schwierige Sache sein. Wir alle wünschen uns glückliche, perfekte Beziehungen auch zu den entfernteren Verwandten, doch manchmal kommen alte Konflikte an die Oberfläche. Denken Sie daran, dass Ihre Familie ständig in Bewegung ist und dass Sie nur Ihre eigenen Aktionen und Reaktionen kontrollieren können.

 *Wie es aussieht, geraten alle Familien während der Feiertage mehr oder minder in Stress, allerdings erhöht in meiner Familie schon rein rechnerisch ihre Größe die Wahrscheinlichkeit für Dissonanzen. Meine Therapeutin hat mir ein Konzept verraten, das mir in vielen Bereichen meines Lebens enorm geholfen hat: Auch wenn ich nicht damit einverstanden bin, wie jemand sich verhält, ist es nicht mein Job (und selbst, wenn ich es wollte, wäre es nicht meine Aufgabe), diese Person zu ändern. Das Beste, was ich tun kann, ist, herauszufinden, wie ich meine eigenen Reaktionen verändern kann, um Stress zu reduzieren oder zu eliminieren.*

Ich habe mir dieses Mantra wirklich zu Herzen genommen. Besonders bei einer zerrütteten Beziehung in der Verwandtschaft versuche ich mein Bestes, um Vergebung zu signalisieren und einen Heilungsprozess in Gang zu setzen, aber eben auch unser momentanes Verhältnis so zu akzeptieren, wie es nun mal ist. Ich kann es nicht kontrollieren, also sollte ich nach vorne sehen und mich auf die Beziehungen konzentrieren, die mich aufbauen, statt mich zu zermürben.

SEIEN SIE NETT ZU SICH SELBST

Sie und Ihre Familie verdienen es, diese Tage zu genießen. Sie haben das ganze Jahr über hart gearbeitet – im Job, zu Hause, mit den Kindern –, und Sie verdienen eine Pause. Nehmen Sie nur die Einladungen an, bei denen Sie Menschen treffen, die Sie sehen möchten, und lehnen Sie den Rest höflich ab. Halten Sie Dekoration und Essen einfach, und lassen Sie die Menschen um sich herum dafür sorgen, dass die Weihnachtszeit ihren Zauber entfaltet. Tun Sie Dinge – und nur diese Dinge –, die Sie und Ihre Familie an den Feiertagen glücklich machen. Und dann lehnen Sie sich zurück und entspannen mit etwas Glühwein oder Punsch.

MINIMALISTISCHES SCHENKEN:
GESCHENKE IN GRENZEN HALTEN,
NICHT DIE FREUDE AM SCHENKEN

Minimalistische Eltern lieben es zu schenken und beschenkt zu werden! Aber den Kollegenkreis, das gesamte Schulpersonal, jede Nichte, jeden Neffen und die komplette Nachbarschaft zu beschenken, ist nicht nötig. Wir haben Vorschläge, wie Sie das Schenken in Grenzen halten und trotzdem Ihre Liebe und Großzügigkeit ausdrücken können.

STELLEN SIE EINEN PLAN UND EIN BUDGET AUF

Besonders vor den Feiertagen kann das Kaufen von Geschenken außer Kontrolle geraten. Machen Sie im Voraus eine Geschenkliste, und bestimmen Sie ein Budget nach dem altbewährten Motto: «Erstellen Sie einen Feiertagsplan, und setzen Sie dann die Schere an.» Streichen Sie Geschenke, die Sie kaufen «sollten». Um Ihr Budget einzuhalten, können Sie dem Rat von Jessica in Kapitel 6 folgen, und sich Bargeld in Umschlägen bereitlegen. Auf diese Weise verlieren Sie nicht so schnell den Überblick und verhindern die Ausgaben-Panik.

SCHRAUBEN SIE ZURÜCK

Wenn Sie eine große Familie haben, dann legen Sie ein paar Grundsätze fest. Als die Kinder dazukamen, beschlossen Christine und ihre Geschwister, sich nicht mehr gegenseitig zu beschenken und sich stattdessen auf die gemeinsame Zeit zu konzentrieren. Kleine Aufmerksamkeiten (zum Beispiel

Selbstgemachtes) waren von dieser Regel ausgenommen, verpackte Geschenke jedoch waren den Kleinen sowie der älteren Generation vorbehalten (ein Zeichen von Respekt in der koreanischen Kultur). Allein diese Entscheidung verringerte den Feiertagsstress und die Ausgaben für die gesamte Familie.

VERSCHENKEN SIE DINGE, DIE MAN BENUTZEN KANN

Mit nützlichen Geschenken können Sie einfach nicht falschliegen: ein Kaffeebecher, der mit Liebe von Ihrem Kind bemalt wurde, oder selbstgemachte Köstlichkeiten wie eine Gewürzmischung, eine Keks-Backmischung im Glas oder etwas Selbstgebackenes.

GREIFEN SIE AUF DINGE ZURÜCK, DIE SIE SCHON HABEN

Haben Sie vielleicht eine passionierte Bastlerin oder einen eifrigen Künstler zu Hause? Widmen Sie Kunstwerke in Geschenke um (und veredeln Sie sie vielleicht mit einem günstigen Rahmen). Noch eine Idee: Legen Sie eine Reihe von Bildern auf einen Stapel, stanzen Sie auf einer Seite ein paar Löcher hinein und binden Sie die Gemälde mit Geschenkband zu einem hübschen Kunstbuch, das von Herzen kommt. Ihre Familie wird diese Aufmerksamkeiten lieben, während Sie gleichzeitig Ihr Zuhause aufräumen, indem Sie einen Teil der Malereien auslagern.

VERSCHENKEN SIE ERLEBNISSE

Tickets für ein Konzert, Dauerkarten fürs Museum oder eine Übernachtungseinladung für einen geliebten Verwandten – Erlebnis-Geschenke verursachen keinen Müll, bieten die Gelegenheit, gemeinsam Zeit zu verbringen, und schaffen die Grundlage für bleibende Erinnerungen. Solche Erlebnisse müssen nicht teuer sein, gerade für die Kleinen mit ihrer begrenzten Aufmerksamkeitsspanne nicht. Halten Sie Ausschau nach kostengünstigen Veranstaltungen in Schulen, Büchereien und Kirchen oder von lokalen Theater-, Musik- und Kunstvereinen und -gruppen. Wenn Verwandte fragen, womit sie Ihrem Kind eine Freude machen können, dann kann es eine wunderbare Idee sein, Zeit zu schenken – und wenn es nur ein oder zwei Stunden sind, die man zusammen verbringt.

VERSCHENKEN SIE DINGE, DIE LANGE HALTEN UND EINEN ZWECK ERFÜLLEN

Überlegen Sie, anstelle des gerade angesagten Spielzeugs Geschenke mit einer längeren Lebensdauer zu machen. Bücher sind ideal, denn sie können jüngeren Freundinnen und Freunden vermacht oder der örtlichen Bibliothek gespendet werden, wenn Ihr Kind zu alt dafür geworden ist. Mal- und Bastelutensilien bieten nicht nur Spaß in der Freizeit, sondern ihrerseits Inspiration für das Selbermachen von Geschenken. Brettspiele bringen Familie und Freundeskreis zusammen. Sportgeräte und Musikinstrumente regen dazu an, sich zu bewegen und gemeinsam Zeit zu verbringen.

VERGESSEN SIE GESCHENKPAPIER
(ES SEI DENN, ES IST IHNEN WIRKLICH WICHTIG)

Verpacken Sie Ihre Geschenke in Malereien der Kinder, Zeitungspapier, Pergamentpapier oder einfaches Packpapier. Dekorieren Sie es mit Garn(resten). Ashas Familie malt «Geschenkbänder» auf die Pakete und versieht sie mit lustigen Etiketten, auf denen zum Beispiel «gefriergetrockneter Salat» oder «lebenslanger Sockenvorrat» steht.

DENKEN SIE KARITATIV

Wenn Sie Ihren Kindern Wohltätigkeit als Selbstverständlichkeit vorleben, lernen diese, die Welt jenseits ihrer eigenen, unmittelbaren Umgebung wahrzunehmen.

 **Isabel Kallman von AlphaMom.com auf Boston Mamas.com:** Arbeiten Sie als Familie ehrenamtlich bei einer Tafel (wo Bedürftige mit Lebensmitteln versorgt werden) mit. Machen Sie Ihre Weihnachtseinkäufe in Geschäften oder über Online-Portale, die einen Teil ihrer Verkaufserlöse an karitative Einrichtungen Ihrer Wahl spenden. Spenden Sie Bonuspunkte von Kreditkarten und aus Kundenbindungsprogrammen sowie Vielfliegermeilen, um karitative Organisationen zu unterstützen und damit Menschen, die es sich nicht leisten können, die Feiertage mit ihrer Familie zu genießen.

UNTERSTÜTZEN SIE DIE GESCHÄFTE IN IHRER NÄHE

Online-Shopping ist schrecklich praktisch, doch lokale Geschäfte und ansässiges Kunstgewerbe zu unterstützen, hat etwas Besonderes und macht einen echten Unterscheid. Machen Sie es sich zu einem Teil Ihrer Feiertagstradition, lokale Unternehmen zu fördern, indem Sie Ihre Einkäufe in der Nachbarschaft erledigen oder in Ihrer Gegend hergestellte Geschenke über Portale wie DaWanda.de und Etsy.de beziehen.

SCHEUEN SIE SICH NICHT, GESCHMACKVOLLE SECONDHAND-SCHÄTZE WEITERZUVERSCHENKEN

Eine sorgfältige Auswahl, eine persönliche Note und eine einfallsreiche Verpackung können Secondhand-Käufe oder unbenutzte Sachen aus Ihrem eigenen Besitz zu hübschen Geschenken machen. Luxus-Geschenke werden erschwinglich, wenn sie schon eine Vorbesitzerin oder einen Vorbesitzer hatten (Christines Secondhand-Babyparty ist der beste Beweis dafür; zu den Einzelheiten siehe Kapitel 4). Außerdem ist es völlig akzeptabel, die Idee vorher mit der Empfängerin oder dem Empfänger eines solchen Geschenks abzuklären.

Eine meiner Freundinnen hat vor kurzem ein Baby bekommen, und ich wollte ihr ein Care-Paket schicken. Ich wusste, dass sie vorhatte, ihr Baby zu tragen, und ich hatte eine phantastische Tragehilfe, die Violet nie so richtig gemocht hatte. Also habe ich ihr eine kurze E-Mail geschickt und gefragt, ob sie sich über eine kaum benutzte Tragehilfe freuen würde, und die Antwort war ein hundertprozentiges JA.

NUTZEN SIE GESCHENK-ANLÄSSE
ALS GELEGENHEIT ZUM ENTRÜMPELN

Jeder bekommt gerne Geschenke, doch wenn Sie sich nicht an die altbekannte Rein-raus-Regel halten, ist die unvermeidbare (wenn auch allmähliche) Folge ein stetig anwachsender Haufen Gerümpel. Nutzen Sie bevorstehende Geburtstage und Feiertage (und andere Ereignisse, die eine Flut von Geschenken produzieren) als Erinnerung daran, Ihren Kram auszusortieren.

Helfen Sie Ihren Kindern, «Platz für Neues zu schaffen», indem sie alte Spielsachen spenden

Die großzügige Ader von Kindern ist leichter zum Vorschein zu bringen, wenn sie wissen, dass Geschenke unterwegs sind. Geburtstage und Feiertage sind gute Gelegenheiten, um mit Ihrem Kind die Spielsachen durchzusehen und Platz zu schaffen *sowie gleichzeitig* für andere Kinder zu spenden.

 **Susan auf Parent Hacks:** Ich habe meiner Tochter erzählt, dass der Weihnachtsmann an Heiligabend nicht nur neue Spielsachen bringt, sondern auch alte Spielsachen mitnimmt, damit die Elfen sie aufarbeiten und sie kleinen Jungen und Mädchen schenken, die vielleicht nichts zu Weihnachten bekommen.

Meine Tochter war sofort Feuer und Flamme, Spielsachen für den Weihnachtsmann herauszusuchen, sogar einige ihrer Lieblingssachen, und sie erklärte uns, dass die Kinder, die nicht so viele Spielsachen haben, sie bestimmt noch mehr lieben würden als sie selbst. Am 26. Dezember gingen die Spielsachen in Omas Kofferraum auf eine Fahrt zum nahegelegenen Frauenhaus.

Wenn Sie es über sich bringen, dann spenden Sie ungewollte Geschenke lieber, statt sie umzutauschen

Wenn Sie Geschenke bekommen haben, die Sie zwar zu schätzen wissen, trotzdem aber nicht so gern behalten wollen, beherzigen Sie diesen großartigen Tipp eines Mitglieds der Parent-Hacks-Community: Umgehen Sie zeitraubendes Anstehen an der Umtauschkasse, und spenden Sie solche Dinge stattdessen.

DIE ENTDECKUNG DER WELT: URLAUB UND REISEN

Familienreisen, die Spaß machen – ein Widerspruch in sich? Nicht unbedingt. Natürlich ist die Aussicht, stundenlang mit einem brüllenden Baby in einem Flugzeug gefangen zu sein, nicht unbedingt verlockend. Doch dieses Stereotyp verdienen Familienreisen nicht. Reisen ist einer der besten Wege, um Ihrem Kind die Welt zu zeigen, die außerhalb seines bisherigen Erfahrungsumfelds atmet und lebt. Schon ein einziger Urlaub bietet die Chance, die Familienbande zu erneuern und zu vertiefen, etwas Neues zu lernen und gleichzeitig Spaß zu haben.

Wenn Ihr Kind die weite Welt kennenlernt, beginnt es, ein mündiger Teil der Gesellschaft zu werden. Reisen, wenn die Kinder noch jung sind, fügt ihrem Charakter eine globale Perspektive hinzu, die auch dann noch nachwirkt, wenn sie schon längst wieder nach Hause gekommen sind. Hier stellen wir Ihnen unsere Ideen dazu vor, wie man Reisen in ein minimalisiertes Familienleben einpasst, sowie unsere Strategien, wie man Ärger im Urlaub reduziert und dafür mehr glückliche Erinnerungen schafft.

DIE HERAUSFORDERUNG, ZEIT
UND GELD LOCKERZUMACHEN

Schaffen Sie es *wirklich* nicht, ein paar Tage freizunehmen, um aus einem Wochenende einen Kurzurlaub zu machen? Und können Sie nicht vielleicht andere Ausgaben kürzen, um mehr Geld in Ihre Urlaubskasse zu schleusen? Vergessen Sie die üblichen Ausreden, dass Sie zu beschäftigt sind oder eine Reise zu viel kostet. Delegieren Sie Arbeit an Kolleginnen und Kollegen, lassen Sie einige Aufgaben etwas länger liegen, oder nehmen Sie sich einen Monat lang Ihr Mittagessen mit ins Büro, statt in die Kantine zu gehen, um das Geld wettzumachen, das Sie «verlieren», wenn Sie auf einen Arbeitstag verzichten. In Kapitel 6 haben wir darüber gesprochen, wie man den Unterschied zwischen einer Geldausgabe und einer Investition erkennt. Wenn Reisen für Ihre Familie eine Priorität ist, dann lohnt es auch die Investition.

 *Ich habe das Glück, meine Arbeitszeiten flexibel planen zu können, wir sparen an allen Ecken und Enden und nehmen die Kinder aus der Schule, um uns Reisen leisten zu können. Viele unserer schönsten Reiseerinnerungen haben nichts mit exotischen Zielen oder ausgefallenen Unterbringungen zu tun. Oft waren es einfach nur warme Tage, an denen wir im Garten meiner Cousine am Pool spielten – für den Preis des Benzins, um dorthin zu gelangen.*

VERZICHTEN SIE AUF LUXUSREISEN

Um einen Urlaub erschwinglich zu machen, braucht es manchmal nur ein Umdenken, woraus Urlaub überhaupt besteht.

Verreisen muss nicht verboten teuer sein, und manchmal geht es weniger um das Ziel als um die gemeinsam verbrachte Zeit.

 *In meiner Kindheit waren Flugreisen für unsere neun-köpfige Familie finanziell unmöglich, und wir konnten das Geschäft unserer Eltern selten alleine lassen. Ein paar Mal fuhren wir dennoch alle zusammen für ein Wochenende nach Cape Cod. Wir quetschten uns in einen großen, grünen Lieferwagen und waren ganz aufgeregt bei der Vorstellung, Zeit miteinander zu verbringen, die frei von den Anforderungen in Haushalt und Geschäft war. Ich habe lebhafte Erinnerungen an diese Ausflüge – und ich habe meine Eltern nie zuvor so entspannt erlebt. Diese Ausflüge waren nichts Ausgefallenes, aber wir waren alle glücklich und genossen jeden Augenblick.*

Jon und ich sind glücklicherweise dazu in der Lage, mit den Mädchen in den Urlaub fahren zu können. Wir sind nicht extravagant, aber normalerweise unternehmen wir mehrere Reisen pro Jahr – Wochenend-fahrten mit dem Auto zum Cape oder nach Maine oder auch größere Reisen mit dem Flugzeug. Ehrlich gesagt ist es mir völlig gleich, wohin wir reisen. Mir geht es weniger um das Ziel oder das Programm, ich möchte einfach die Zeit und die Möglichkeit nutzen, mit meiner Familie zusammen zu sein.

Wenn es wirklich nicht möglich ist, von zu Hause fortzukommen, gibt es auch in der Umgebung zahlreiche Ausflugsziele. Zum Beispiel:

- Erkunden Sie Ihre Nachbarschaft. Besuchen Sie die neue Eisdiele in der Nähe. Was läuft gerade im Programmkino? Sehen Sie sich das örtliche Veranstaltungsprogramm an, und nutzen Sie die Vergnügungen, die Ihre Gegend zu bieten hat.
- Werden Sie aktiv. Steigen Sie aufs Fahrrad, gehen Sie spa-

zieren oder wandern. Sofern Ihre Kinder mobil sind, erhöht nichts den Spaßquotienten eines Ausflugs so sehr, wie aus dem Auto rauszukommen.

- Sehen Sie sich die Hotels in der Nähe an. Falls Sie einen Tapetenwechsel brauchen und sich einen kurzen Hotelaufenthalt leisten können, dann verbringen Sie doch mal eine oder zwei Nächte in einem nahegelegenen Hotel, das Sie schon immer von weitem bewundert haben. Erkundigen Sie sich nach Hotels mit familienfreundlichem Programm: Viele größere Hotels veranstalten ein Mini-Club-Programm und Aktivitäten für Kinder.

VORBEREITUNG UND PACKEN

Das Reiseziel ist entschieden. Ihre nächste Aufgabe ist es nun, zu packen und Ihre Familie dorthin zu bekommen. Hier kommen ein paar minimalistische Reisetipps, die Ihnen bei den Vorbereitungen helfen.

Treffen Sie Arrangements vor Ort

Schonen Sie Ihren Koffer(raum und Ihre müden Arme), indem Sie bereits im Vorfeld Dinge für die Reise vor Ort mieten oder leihen (benutzen Sie zum Beispiel ein Kinderbett des Hotels). Wählen Sie eine Unterkunft mit Kochnische oder wenigstens einem Kühlschrank, sodass Sie Verderbliches unterbringen und Geld sparen können, indem Sie einige Ihrer Mahlzeiten im Hotelzimmer einnehmen. Eine Suite oder benachbarte Zimmer haben den Vorteil, dass Sie nicht im Dunkeln herumschleichen müssen, wenn Ihre Kinder schon im Bett sind.

Packen Sie wohlüberlegt

Mit ein paar einfachen Tricks erleichtern Sie Ihr Gepäck und kommen gut auf den Weg.

- **Begrenzen Sie die Anzahl Ihrer Gepäckstücke.** Je weniger Platz Sie haben, desto weniger Platz werden Sie füllen. Versuchen Sie, möglichst mit nur einem Gepäckstück und einem Handgepäckstück zu reisen. Vergessen Sie nicht, dass Sie nur eine begrenzte Anzahl an Armen besitzen und vielleicht noch weitere Ausrüstung (zum Beispiel einen Buggy) handhaben müssen (denken Sie auch daran, dass Kinder im Schulalter sich selbst um ihr Gepäck kümmern können). *Boston-Mamas*-Leserin Chris von sturdyblog.blogspot.com empfiehlt die Tipps für leichtes Gepäck von Doug Dyment auf der englischsprachigen Website onebag.com.
- **Denken Sie oldschool.** Nehmen Sie nur das Wesentliche mit (zum Beispiel einen zusammenklappbaren Buggy), und lassen Sie Unwesentliches zu Hause (zum Beispiel eine Wippe, haufenweise Spielzeug), mit dem die Generation Ihrer Eltern sich nie abgegeben hat. Ihre Kinder werden ohne jeden Zweifel mehr als genug finden, womit sie sich in ihrer neuen Umgebung beschäftigen können.
- **Packen Sie Basics ein, die gut kombinierbar sind.** Machen Sie das meiste aus Ihrer Garderobe, indem Sie Teile einpacken, die Sie wiederholt tragen und einfach mit platzsparenden Accessoires abwandeln können.
- **Erst stapeln, dann packen.** Um Platz zu sparen, legen Sie die Vorauswahl Ihrer Kleidungsstücke nach Kategorie (zum Beispiel T-Shirts, Hosen) auf einen Stapel, den Sie dann in der Mitte zusammenfalten. Kleidung im Stapel zu falten statt einzeln, spart Platz und verhindert außerdem, dass sie knittert.

- **Waschen Sie am Reiseort.** Nehmen Sie weniger Kleidung mit, und waschen Sie stattdessen auf Reisen eine Ladung Wäsche. Es mag Ihnen blöd vorkommen, sich im Urlaub mit Dreckwäsche zu befassen, doch dafür müssen Sie weniger waschen, wenn Sie wieder nach Hause kommen!
- **Seien Sie auf Engpässe vorbereitet.** Packen Sie Wechsel-Klamotten für Ihr Kind und ein Notfall-T-Shirt für sich selbst ins Handgepäck (Sie wissen ja: Wenn Sie es nicht tun, passiert auf jeden Fall etwas ...). Packen Sie auch Snacks ein. Packen Sie auf jeden Fall immer Snacks ein!

AM ZIEL

Sie haben geplant und gepackt, jetzt beginnt der Urlaub! Glückwunsch! Wir freuen uns für Sie. Legen Sie die Füße hoch, und genießen Sie den Augenblick des Ankommens.

- **Schalten Sie ab.** Die Videospiele haben vielleicht die Reise erleichtert, aber nun, da Sie am Ziel sind, packen Sie die elektronischen Geräte weg (außer der Kamera). Dies gilt für die Erwachsenen genauso wie für die Kinder. Wenn unverplante Momente zwischendurch mit Videospielen oder dem dauernden Blick auf das Smartphone gefüllt werden, gehen die Gelegenheiten verloren, Zeit füreinander zu haben und sich vor Ort einzuleben. Als Asha und ihr Mann diese Urlaubsregel aufstellten, gab es zunächst Proteste, doch inzwischen stimmen sogar die Kinder zu, dass Urlaub ohne elektronische Geräte mehr Spaß macht.
- **Vermeiden Sie es, die Urlaubszeit zu verplanen.** Zügeln Sie Ihre Erwartung, alles zu besichtigen, was Ihr Urlaubsort zu bieten hat. Machen Sie eine Liste der Hauptattraktionen, die

Sie gerne sehen würden, und entscheiden Sie dann gemeinsam nach Lust und Laune. Sie wissen ja, dass Sie jederzeit wiederkommen und sich mehr ansehen können.

 *Als Jon und ich zum ersten Mal in Großbritannien waren, entschieden wir uns beim Sightseeing für die Methode «Aufwachen und sehen, wonach uns gerade ist», die wir seitdem beibehalten haben. Jeden Morgen blätterten wir durch den Reiseführer und entschieden dann, was wir an dem Tag tun wollten, und zwar abhängig von unserem Energiepegel und unseren Interessen. Es war total angenehm, keinem durchstrukturierten Reiseplan zu folgen, und inzwischen gehen wir genauso vor, wenn wir als Familie verreisen (Laurel liebt es, an den Entscheidungen beteiligt zu sein!). Auf einer Reise sollte man tun, was Spaß macht und interessant ist, es geht nicht darum, sklavisch Sehenswürdigkeiten auf einer Liste abzuhaken.*

- **Quälen Sie sich nicht mit festen Schlafenszeiten.** Im Allgemeinen ist es zwar gut, Kinder in einem einigermaßen regelmäßigen Rhythmus zu halten. Aber gehen Sie das auf Reisen ruhig etwas lockerer an, vor allem, wenn alle noch mit einem Jetlag kämpfen. Kindern fällt es oft schwerer, in fremder Umgebung tagsüber zu schlafen, also lassen Sie vielleicht ihren regelmäßigen Mittagsschlaf ausfallen. Dafür schlafen sie vielleicht im Auto oder im Buggy ein oder gehen einfach früh ins Bett. Sie können auf Reisen nicht alle Elemente des Zeitplans kontrollieren, also ersparen Sie sich den Stress.
- **Seien Sie offen für neue Erfahrungen.** Reisen erweitert Ihren Horizont und den Ihrer Kinder auf eine Art und Weise, wie es zu Hause, umgeben von Routinen und dem ganzen Drumherum, gar nicht möglich ist. Sie haben die Gelegenheit,

neue Leidenschaften zu entdecken, mit alten Gewohnheiten zu brechen und Dinge über Ihre Familie herauszufinden, die Sie sonst vielleicht niemals erfahren hätten.

 *Auf einer kürzlichen Reise nach Hawaii probierten wir mit unseren Kids Snuba aus (eine Kombination aus Schnorcheln und Tauchen, die es auch Neulingen ermöglicht, unter Wasser zu schwimmen und mit Hilfe eines Sauerstoffgeräts zu atmen). Wir haben uns damit schon ein wenig aus dem Fenster gelehnt – das heißt, wir riskierten einen kindlichen Ausraster allererster Güte aufgrund der körperlichen Anstrengung – doch als Sam wieder an die Oberfläche kam, sprudelte er vor Begeisterung. «Das ist mein neues Hobby! Wer braucht schon Videospiele?» Auch wenn seine Pläne vielleicht nicht realistisch waren, so war seine Begeisterung doch real. Derzeit informiert er sich, wie und wo er den Tauchschein machen kann.*

Was besondere Anlässe, Feiertage und Reisen angeht, ist es wirklich möglich, sie zu genießen, ohne unter den Erwartungen zusammenzubrechen. Konzentrieren Sie sich auf das, was Ihnen Spaß macht – Sie werden staunen, wie diese Einstellung die Menschen um Sie herum, die Gestaltung der Feste und Ihre Umgebung zum Strahlen bringt.

IHR MINIMALISTISCHES
SELBST

Nicht ohne Grund ist dies das letzte Kapitel von *Minimalismus für Eltern*. Denn häufig genug stehen Sie selbst als letzter Punkt auf der Prioritätenliste (wenn Ihre eigenen Belange nicht komplett unter den Tisch fallen). Doch unsere Absicht ist es, dass Sie dieses Buch mit dem Gedanken an sich selbst zuklappen ... denn in Ihrem Leben stehen Sie an *erster* Stelle.

Wir haben alle schon die lahme Metapher gehört, dass man «erst einmal sich selbst die Sauerstoffmaske aufsetzen» soll. In der Theorie ist das sinnvoll. Aber Zeit für sich selbst herauszuschinden, und vor allem zu verinnerlichen, dass man *ein Recht* auf diese Zeit hat, ist leichter gesagt als getan. Da kommen nicht nur die ganz konkret begrenzenden Faktoren wie Zeit, Geld und Ihre mentalen Kapazitäten ins Spiel, es existieren darüber hinaus auch unleugbar kulturelle Assoziationen zwischen Mutterschaft und Märtyrertum. Es wäre unrealistisch, zu behaupten, dass wir immun gegen solchen Druck wären.

Natürlich verschieben sich die Prioritäten, wenn man ein Kind bekommt. Aber das bedeutet noch lange nicht, dass Sie sich damit in Luft auflösen sollen. Zwar gibt es keine Rückkehr zu den sorglosen Tagen von einst oder den verrückten Nächten im Club. Als Elternteil ist man eine andere Person mit vielen Facetten, und es braucht Zeit, diese neue, glorreiche Inkarnation Ihres Ich kennenzulernen und zu feiern.

SELBSTFÜRSORGE IST NICHT SELBSTSÜCHTIG

Wenn Sie sich selbst gut behandeln, dann überträgt sich diese Güte auch auf die Beziehungen mit Ihrem Partner, Ihren Kindern, Ihren Freundinnen und Freunden und Ihrem sonstigen Umfeld. Es ist wie ein großer überwältigender Kreislauf.

WAS SIE TUN, WIRKT SICH AUCH AUF ANDERE AUS

Ihre Fähigkeit, sich um andere zu kümmern, verhält sich genau proportional zu Ihrer eigenen Vitalität und Ihrem eigenen Glück. Eine Pediküre macht Sie nicht zu einer besseren Mutter. Aber eine glückliche, erfüllte Person hat anderen mehr zu geben.

IHRE KINDER BEOBACHTEN SIE

Kinder sehen und hören alles. Es ist schon fast unheimlich, wie empfänglich sie für unsere jeweilige Verfassung sind. Sie wissen genau, wann Sie erschöpft sind, und reagieren entsprechend. Manche Kinder veranstalten dann ein Drama, um im Zentrum Ihrer Aufmerksamkeit zu bleiben, während andere ihre Bedürfnisse zurückschrauben und selbst eine fürsorgliche

Rolle übernehmen. Es ist gut, wenn Kinder ihre Eltern als umfassende und fehlbare Individuen erleben (statt als Perfektion in Menschengestalt), doch sie müssen auch darauf vertrauen können, dass Sie die grundlegenden Dinge im Griff haben, sodass sie sich auf ihr eigenes Erwachsenwerden konzentrieren können. Durch Selbstfürsorge leben Sie Ihren Kindern vor, wie wichtig es ist, auf sich selbst zu achten, um sich auch um andere kümmern zu können.

SIE HABEN BEREITS DEN RAUM GESCHAFFEN!

Ganz zu Anfang dieses Buches haben wir über das Konzept gesprochen, sich selbst Dinge zuzugestehen – dass es an der Zeit ist, sich zu erlauben, von der Tretmühle des Übereltern-Daseins abzusteigen und das besondere Rezept zu finden, das für Ihre Familie passt. Sie befinden sich auf dem Weg, den materiellen und emotionalen Ballast zu minimalisieren. Sie haben Raum in Ihrem Leben geschaffen (oder werden es tun, sobald Sie dieses Buch beiseitegelegt haben)! Nun sollten Sie sich selbst Priorität einräumen. Selbstfürsorge ist nicht maßlos oder selbstsüchtig – sie ist ein bedeutender Bestandteil eines erfüllten Lebens.

SETZEN SIE SICH SELBST WIEDER AUF DIE LISTE DER PRIORITÄTEN

Auch wenn wir dieses Kapitel gerne mit der Forderung bzw. Ankündigung «Eine Woche Wellness für alle!» beginnen würden, so wäre das doch wenig realistisch. Genauso wenig wie plötzlich fünf Tage die Woche im Fitnessstudio zu verbringen,

200 Dollar bei der Kosmetikerin zu lassen oder jeden Abend eine Stunde lang zu meditieren. Wir verstehen Selbstfürsorge vielmehr als eine Gewohnheit und eine Haltung, die man entwickeln sollte, und nicht als etwas, das man einfach «tut».

Während man versucht, die Anforderungen zu Hause und im Job unter einen Hut zu bekommen, scheint es manchmal unmöglich, Zeit für sich selbst zu finden. Wir verstehen das nur zu gut. Wir haben es selbst erlebt. Vielleicht sogar gerade erst gestern. Versuchen Sie es mit folgenden Strategien, um sich mit den Parametern Ihres neuen «Ich» anzufreunden.

BEGINNEN SIE KLEIN

Es ist verlockend, sich große Selbstfürsorge-Ziele zu stecken, doch Ihre Erfolgschancen steigen, wenn Sie klein beginnen. Christine hat einmal in einem Laufmagazin gelesen, dass zehn Minuten Laufen besser sind, als überhaupt nicht zu laufen. Dieser Gedanke wirkte nach, denn verdienen wir nicht alle wenigstens zehn Minuten am Tag, um uns auf uns selbst zu konzentrieren? Zweifellos. Setzen Sie sich als erstes Ziel, jeden Tag zehn Minuten für sich selbst herauszuschinden, und bauen Sie diese Zeiträume dann weiter aus.

TRAGEN SIE SELBSTFÜRSORGE IN IHREN KALENDER EIN

Dieser Tipp eignet sich besonders für diejenigen, die nach ihren To-do-Listen und Kalendern leben (was Sie hoffentlich tun, nachdem Sie unserer Missionierung in Kapitel 2 erlegen sind). Setzen Sie Selbstfürsorge auf Ihre wiederkehrende tägliche To-do-Liste (lesen Sie weiter, um zu erfahren, was Selbstfürsorge alles nach sich ziehen kann). Sie werden sich wirklich jeden Tag freuen, wenn Sie diesen Punkt abhaken können.

KONZENTRIEREN SIE SICH AUF DEN AUGENBLICK

Am Anfang kann es schwerfallen, die Zeit mit sich selbst zu genießen, weil es nicht einfach ist, die Arbeit und die Haushaltspflichten auszublenden, die im Hintergrund unerbittlich lauern. Versuchen Sie darauf zu achten, wie viel ruhiger Sie sind, wenn Sie sich jeweils nur auf eine Sache konzentrieren. Wenn Sie im Moment präsent sind, können Sie all Ihre Energie und Kreativität in die Aufgabe stecken, mit der Sie sich gerade beschäftigen, einschließlich der, etwas für sich selbst zu tun. Wenn Sie also Ihre zehn Minuten (oder mehr!) für sich reserviert haben, dann schieben Sie alles andere beiseite, und konzentrieren Sie sich nur auf sich selbst.

BITTEN SIE UM HILFE

Wenn Sie sich von dem Bedürfnis lossagen, jede Kleinigkeit selbst zu organisieren, dann öffnen Sie sich der Möglichkeit, um Hilfe zu bitten. Tun Sie es! Um Hilfe zu bitten, ist *keine* Schwäche. Es bedeutet nicht, dass Sie unfähig sind, etwas zu schaffen – es bedeutet ganz einfach, dass Sie sich entschieden haben, etwas zu diesem Zeitpunkt nicht zu tun. Akzeptieren Sie, dass Menschen oft andere Wege gehen, als Sie es tun würden, und stehen Sie dazu.

Kapitel 3 hat Sie hoffentlich davon überzeugt, dass es in Ordnung (und mehr als in Ordnung) ist, zu Dingen nein zu sagen, die Sie nicht tun möchten. Wir erinnern Sie noch einmal daran, denn man gerät leicht in die Falle, sich egoistisch zu fühlen, wenn man beispielsweise die eigene Workout-Zeit wichtiger nimmt als eine Anfrage der Schule, einen Ausflug zu begleiten. Sie haben die Macht, von Fall zu Fall zu entscheiden, wie Sie Ihre Zeit nutzen möchten – entscheiden Sie nicht standardmäßig zu Ihren Ungunsten.

Sie werden lernen, «Selbstfürsorge» für sich zu definieren. Vergessen Sie eins nicht, während Sie daran arbeiten, Ihre neue minimalistische Haltung anzunehmen: Sie sind es, die oder der den Bus steuert. Machen Sie es sich zum Ziel, Spaß zu haben. Sie verdienen es, glücklich zu sein. Jeden Tag.

FITNESS: FINDEN SIE IHRE KRAFT – SCHRITT FÜR SCHRITT

Ja, ja ... Sport. Gut für Körper und Seele. Teilstrategie einer vernünftigen Gewichtskontrolle. Wichtig für Herz und Kreislauf. Gesunde Leute tun es. Die Regierung möchte, dass Sie es tun. Sie wissen, dass Sie es tun sollten.

Seit wann wird Fitness eigentlich mit *sollen* assoziiert? Wir bevorzugen folgende Argumentation: Sport macht Spaß, er ist einfach in Ihr Leben zu integrieren, er wird Ihr Selbstbewusstsein stärken und auf eine Weise Ihre Kraft zum Vorschein bringen wie nichts anderes sonst. Ihr Ziel braucht es nicht zu sein, an Olympischen Spielen teilzunehmen, einen Marathon zu laufen, als Model auf dem Cover eines Magazins zu landen oder zehn Kilo Gewicht zu verlieren. Es genügt, sich zu bewegen. Spazieren gehen, tanzen, schwimmen, wandern ... womit auch immer Sie sich wohl fühlen.

Das Schöne daran ist: Wenn Sie mit was auch immer anfangen und *Spaß dabei haben*, entwickelt sich auf wunderbare Weise eine Eigendynamik in die richtige Richtung. Zeitungsartikel und Gesundheitsexpertinnen und -experten empfehlen in der Regel, X Minuten an Y Tagen pro Woche zu trainieren. Aber Sie wissen ja, was wir von Expertinnen und Experten generell halten: Sie sind hilfreich, aber sie leben nicht Ihr Leben. *Sie* entscheiden, womit und wie Sie beginnen. Hier sind ein paar einfache Wege, um auf die Fitnessschiene zu kommen und dabeizubleiben oder wieder einzusteigen.

AUCH ZEHN BIS FÜNFZEHN MINUTEN LOHNEN SICH SCHON

Entsprechend dem vorangegangenen Argument «klein anfangen» ist jede auch noch so geringe Anstrengung gut. Lassen Sie sich nicht von dem Gedanken abhalten, dass es sich sowieso nicht lohnt, wenn Sie kein volles 45-Minuten-Workout schaffen.

SETZEN SIE SICH KLEINE, ERREICHBARE ZIELE

Wenn Ziele Ihnen helfen, sich selbst Vorrang zu geben, dann stecken Sie sich welche, aber beginnen Sie klein. Es ist großartig, an größere, langfristigere Ziele zu denken, doch sie können auch entmutigend sein, wenn Sie gerade erst wieder ein Fitnessprogramm beginnen. Setzen Sie sich stattdessen kleinere

Ziele wie «zehn Minuten laufen» oder «fünf Liegestütze» (es gibt viele günstige und auch kostenlose Apps, die sich hervorragend für Laufanfängerinnen und -anfänger eignen, die dabei Unterstützung brauchen, sich kleine, konkrete Ziele zu setzen, darunter einer der englischsprachigen «Pioniere» Couch to 5k). Sie entscheiden, was «klein anfangen» für Sie bedeutet.

LASSEN SIE SICH VON DEN SOZIALEN MEDIEN INSPIRIEREN

Nutzen Sie die sozialen Medien als Inspiration und um andere Eltern zu unterstützen, die versuchen, Zeit für sich selbst zu finden. Es motiviert ungemein, wenn Sie online über einen geplanten Lauf daherschwafeln und dann ein Haufen Leute Sie via Twitter oder Facebook anblafft, dass Sie gefälligst endlich mal Ihren Arsch in Bewegung setzen sollen.

VERBINDEN SIE FITNESS MIT ALLTÄGLICHEN VERRICHTUNGEN

Manchmal ist der beste Weg, um Sport im Tagesablauf unterzubringen, buchstäblich das Tempo bei bestimmten Tätigkeiten im Alltag anzuziehen. Das passt nicht unbedingt zu unserer Empfehlung, sich möglichst immer nur auf eine Sache zu konzentrieren, aber manchmal funktioniert es eben.

An den Wochentagen – wenn ich die Kinder nur in begrenztem Maße betreue, dafür aber ein volles Arbeitspensum habe – bringe ich Sport am leichtesten unter, indem ich ihn mit dem verbinde, was ich sowieso tue.

Zum Warmmachen bringe ich Violet zu Fuß zur Kita und im Anschluss jogge ich dann wieder zurück nach Hause. Oder ich jogge dorthin, wo ich etwas zu erledigen habe. Ich bin sogar schon zu Meetings gejoggt (zum Glück stört es meine Kollegin Morra nicht, wenn ich verschwitzt zum gemeinsamen Brainstorming erscheine).

 *Einmal habe ich einen nicht ganz ernstgemeinten Beitrag für den Blog* Parent Hacks *geschrieben, mit dem Titel: «Das völlig verrückte Eltern-Workout!!!» Ich beschrieb darin, wie ich es mir zur Angewohnheit gemacht hatte, wenn ich zum Einkaufen fuhr, das Auto am äußersten Ende des Parkplatzes abzustellen, meine Tochter, die damals zur Vorschule ging, in einen Einkaufswagen zu setzen und dann mit ihr bis zum Ladeneingang zu rennen. Der Rest der Welt hat mich wahrscheinlich tatsächlich für verrückt gehalten, aber meine Tochter liebte diese Einkaufswagen-Sprints, ich brachte mein Herz zum Pumpen, und meine Einkäufe waren in Rekordzeit erledigt.*

TRAINIEREN SIE MIT FREUNDINNEN UND FREUNDEN

Treffen Sie sich mit Freundinnen und / oder Freunden zum Laúfen, Walken oder zu einem Fitness-Kurs. Melden Sie sich zusammen für einen Lauf an. Die anderen werden helfen, Sie in die Pflicht zu nehmen, und Sie genießen das herrliche Privileg, Zeit mit Erwachsenen zu verbringen (ein weiterer wichtiger Bestandteil der Selbstfürsorge).

FÜHREN SIE BUCH ÜBER IHRE LEISTUNGEN

Wenn Sie gerne Daten sammeln, dann registrieren Sie sich bei einem Online-Dienst, bei dem man Workouts teilen, Laufstrecken-Daten einsehen und mit Menschen in Verbindung treten kann, um sich gegenseitig zu motivieren und zu beglückwünschen. Christine ist Fan der App MyFitnessPal, mit deren Hilfe man Workouts dokumentieren und auf seine Ernährung achten kann.

SCHALTEN SIE EINEN GANG HÖHER

Wenn Ihr Yoga-Outfit schlecht sitzt oder abgetragen ist, werden Sie sich beim «Herabschauenden Hund» nicht wohl fühlen. Gut auszusehen, ist eben auch wichtig. Gönnen Sie sich Sportklamotten in guter Qualität, sodass Sie sich frei und ungehindert bewegen können.

RAUS AUS DEM TROTT

Langweilt Sie Ihr Fitnessprogramm? Fahren Sie Fahrrad, statt zu laufen. Machen Sie einen Zumba-Kurs statt Steppaerobic. Lassen Sie sich nicht einschüchtern, sondern legen Sie einfach los. Sie sind stärker, als Sie denken.

MELDEN SIE SICH AN, UND BLEIBEN SIE DABEI

Manchmal ist ein Kurs ein guter Motivator. Heather von Rookie Moms.com empfiehlt auf *Boston Mamas*: «Zahlen Sie für einen

Kurs, und machen Sie ihn damit zu einer Priorität.» Und Jennifer von HeyGirlMommaGo.com empfiehlt, solche Kurse, die man ja immerhin belegt, damit sie einen bereichern, genauso wichtig zu nehmen wie die außerschulischen Aktivitäten der Kinder. «Ich besuche einen BodyJam-Tanzkurs, den ich liebe und genauso behandle wie den Karate-Kurs meines Sohnes oder die Ballettstunden meiner Tochter ... Ich schwänze ihn nie!»

TUN SIE, WAS AUCH IMMER
FÜR SIE FUNKTIONIERT

Versuchen Sie mal, gleich morgens Ihre Workout-Klamotten anzuziehen, bis Sie sich selbst nicht mehr riechen können. (Das klingt eklig? Mag sein, aber es funktioniert.)

 *Eine überraschend wirksame Methode, um mich selbst zum Trainieren zu bewegen, ist, meine Workout-Klamotten gleich morgens anzuziehen und mir nicht zu gestatten, unter die Dusche zu gehen, bis ich etwas ge-* tan habe. *Irgendetwas. Neulich hatte ich einen Tag, an dem ich eigentlich laufen gehen wollte, aber ich musste es aus dem einen oder anderen Grund immer wieder verschieben. Obwohl ich am späten Nachmittag normalerweise nicht mehr joggen gehe, konnte ich irgendwann mein stinkendes Ich nicht mehr ertragen und machte mich auf die Socken zu einem schnellen Zehn-Minuten-Lauf. Die Dusche danach war ein Genuss!*

STIL: KLEINE VERÄNDERUNGEN
BEWIRKEN VIEL

Ihr «Stil» ist per definitionem persönlich. Genau wie Sie Ihren eigenen Weg in Erziehungsfragen definieren, entscheiden auch Sie – nicht die *Vogue* oder der Einkäufer des Kaufhauses –, welcher Stil für Sie am besten passt.

Stil ist ein wichtiger Aspekt der Selbstfürsorge, auch wenn Sie sich vielleicht nicht als Modefreak betrachten. Was auch immer Grundrichtung Ihres Stils ist – schon kleine Veränderungen können Wunder für Ihre Selbstwahrnehmung bewirken, und Sie müssen gar nicht viel Zeit investieren. Hier kommen ein paar Wegweiser.

FÜHLEN SIE SICH NICHT SCHLECHT,
WEIL SIE GUT AUSSEHEN MÖCHTEN

Das ist eine wichtige Ausgangsvoraussetzung. Frauen werden ständig mit den sich widersprechenden Botschaften bombardiert, dass es einerseits oberflächlich sei, sich mit seinem Aussehen zu befassen UND dass sie andererseits versuchen sollten, so auszusehen wie auf den Bildern in den Zeitschriften. Das mag verwirrend sein, doch in Wirklichkeit ist keine der beiden Botschaften richtig – Sie können schlau, kompetent und attraktiv sein ... auch ohne den genauen diktatorischen Vorgaben der Modemagazine zu folgen.

SORTIEREN SIE IHREN KLEIDERSCHRANK UND IHRE KOSMETIKSCHUBLADE AUS

Die Entrümpelungsmethoden, die wir in Kapitel 5 besprochen haben, gelten auch für Ihre Garderobe und Ihre Kosmetikartikel.

 *Lange Zeit war mein Kleiderschrank «guter Hoffnung», er quoll fast über vor Kleidungsstücken, von denen ich hoffte, dass sie eines Tages wieder passten oder wieder modern werden würden. Und Teile, die ich lieber nicht gekauft hätte, von denen ich aber hoffte, den Kauf eines Tages nicht mehr zu bereuen. Der Gedanke daran, meinen Kleiderschrank einer Komplettüberholung zu unterziehen (also alles herauszuholen, auszusortieren und nur noch die Kleidungsstücke wieder einzuräumen, die man wirklich behalten möchte), überforderte mich, also entschied ich mich für ein schrittweises Vorgehen: Wenn ich mich morgens anzog, legte ich alle «hoffnungsvollen» Kleidungsstücke, die ich als Möglichkeit herausgenommen und dann doch wieder verworfen hatte, in eine Spendentasche. Über den Zeitraum von etwa zwei Wochen hatte ich den Inhalt meines Kleiderschranks tatsächlich zurechtgestutzt, bis er nur noch Kleidungsstücke enthielt, die ich gerne trug.*

FINDEN SIE HERAUS, WELCHER STIL IHNEN SCHMEICHELT UND AM BESTEN STEHT

So viel wissen Sie bereits: Die Kleidung, die an einem Model mit einer Körpergröße von 1,80 Meter und einer Kleidergröße 34 gut aussieht, wird nicht unbedingt auch Ihnen stehen. Aber verdammt, es ist so verlockend, es zu versuchen! Es mag einige Versuche und Fehlkäufe erfordern (bewahren Sie immer die Quittungen auf!), bis Sie erkennen, welche Schnitte am bequemsten sind und Ihnen am meisten schmeicheln. Damit stehen die «Arbeitspferde» in Ihrem Kleiderschrank. Sie können natürlich auch andere Stile ausprobieren, aber es ist immer sinnvoll, sich erst einmal eine Basisgarderobe aufzubauen, auf die man blind zurückgreifen kann, und von dort aus herumzuexperimentieren, soweit Ihr Budget es erlaubt.

SEIEN SIE ZUFRIEDEN MIT EINER ALLMÄHLICHEN STIL-ENTWICKLUNG

Es ist ganz unterschiedlich, wie sicher Menschen sich mit ihrem Stil fühlen. Vielleicht sind Sie noch auf der Suche. Blättern Sie in Zeitschriften, und markieren Sie Looks, zu denen Ihr Auge automatisch hinwandert, gehen Sie mit einer stilsicheren Freundin shoppen, oder lassen Sie sich in einem Kaufhaus persönlich beraten, um Ihre Garderobe mit neuen Augen zu sehen.

ZIEHEN SIE DIE JOGGINGHOSE AUS … WENIGSTENS EIN PAARMAL PRO WOCHE

Wenn Sie sich nicht für die Arbeit oder einen besonderen Anlass kleiden müssen, ist es *sehr* verlockend, die Jogginghose anzuziehen und für die nächsten 48 Stunden zu tragen. Das verstehen wir. Aber überlegen Sie mal, wie gut es sich anfühlt, sich zehn Minuten für sich selbst zu nehmen (wirklich, mehr brauchen Sie nicht). Ziehen Sie einen Rock oder eine Hose an, ein hübsches Top und eine schöne Kette. Fertig. Einer von Christines Garderoben-Standards sind Kleider, über die man nicht groß nachdenken muss. Mit Ohrringen oder einer Kette, Sandalen oder Ballerinas und einem hübschen Gürtel oder einer Tasche kombiniert, sind Sie innerhalb weniger Minuten gut angezogen.

ERKENNEN SIE DIE LÜCKEN IN IHRER GARDEROBE, UND SHOPPEN SIE ENTSPRECHEND

Wenn Sie erst einmal erkannt haben, was Sie gerne tragen und was Sie viel nutzen werden, erstellen Sie eine Liste von dem, was noch fehlt. Bewahren Sie diese Liste irgendwo auf, wo Sie sie jederzeit zur Hand haben (auf Ihrer To-do-Liste!), sodass Sie sich beim Schlussverkauf in Ihrem Lieblingsladen gleich die wesentlichen Teile schnappen können.

FREUNDEN SIE SICH MIT ACCESSOIRES AN

Sie möchten sich bei Ihren Garderoben-Standards nicht auf große Muster und knallige Farben einlassen? Dann sollten Sie sich mit Accessoires anfreunden.

 *Obwohl ich Mode liebe, investiere ich nicht gerne in viele verschiedene Drucke oder Teile, die, nun ja, leicht wiederzuerkennen sind. Mein Stil ist es, gut kombinierbare, neutrale Basics zu kaufen und dann mit Hilfe von Accessoires Farbe reinzubringen und den Look abzurunden. Ich liebe vor allem Statement-Ketten und bereichere meine Garderobe gerne mit Farbtupfern in Form von Taschen, Schuhen oder Gürteln. Außerdem bin ich ein großer Fan von rotem Lippenstift.*

NEHMEN SIE SICH ZEIT FÜR KÖRPERPFLEGE

Es ist ein Klischee des modernen Mutterseins, dass man nicht einmal mehr Zeit zum Duschen hat. Das ist nicht wahr. Sie sind die zehn Minuten wert, die es braucht, um zu duschen und mit einer Bürste durchs Haar zu gehen, selbst wenn es während der bereits umnebelten Momente ist, bevor Sie abends ins Bett fallen.

VEREINBAREN SIE BEAUTY-TERMINE IM VORAUS

Wenn Sie dringend einen Haarschnitt brauchen, dann planen Sie ihn *genau jetzt*, auch wenn Sie vielleicht erst in drei Wochen einen Termin bekommen. Dann steht er jedenfalls in Ihrem Kalender, und Sie können ihn in Ihre Zeitplanung einbeziehen. Wenn Sie beim Friseur sind und die Dame am Empfang Sie fragt, ob Sie gleich einen neuen Termin vereinbaren wollen, dann sagen Sie JA, und vereinbaren Sie ihn sofort an Ort und Stelle. Und wenn wir schon über Termine reden, dasselbe gilt für Arzt- und Zahnarztbesuche. Kümmern Sie sich um Gesundheitsthemen, solange sie noch klein sind und bevor sie sich zu größeren und kostspieligeren Problemen auswachsen.

MINIMALISTISCHE SCHÖNHEIT

Wir lieben Sarah James von Whoorl.com für ihren bodenständigen Beauty-Ansatz. Wir haben sie gebeten, uns hier ihre liebsten Beauty-Tipps zu verraten, die auch wirklich machbar sind.

DENKEN SIE AN IHRE HAUT

Es kommt vor, dass ich die perfekte zarte Haut meiner Kleinen anstarre und mich nach den guten alten Zeiten sehne. Die bittere Wahrheit ist, dass sich unsere Haut eindeutig verändert, wenn wir uns den späten Dreißigern oder den Vierzigern nähern. Feine Linien und Falten, Hyperpigmentierung, ungleichmäßiger Teint ... es ist wirklich nicht lustig. Aber lassen Sie sich nicht von der Unzahl an Hautpflegeprodukten abschrecken. Hautpflege muss weder einschüchternd noch zeitraubend sein. Halten Sie sich an die Eins-zwei-drei-(Faust-) Regel: reinigen, behandeln, cremen. Reinigen Sie Ihre Haut mit einem sanften Reinigungsprodukt, behandeln Sie dann speziellere Probleme mit einem Serum und / oder Peeling und verwenden Sie anschließend eine Feuchtigkeitscreme. Wie navigiert man durch das Überangebot an Hautpflegeprodukten? Sprechen Sie mit Ihren Freundinnen, lesen Sie Online-Bewertungen, sammeln Sie Proben, wenn Sie unterwegs sind ... und finden Sie heraus, was gut für Sie ist. Ich selbst habe das Gefühl, dass die Haut am besten aussieht, wenn man die Pflege-Routine einfach beibehält und sich darauf konzentriert, gesund zu leben. Wie Audrey Hepburn sagte: «Ich glaube, dass glückliche Frauen die schönsten sind.»

FÜNF MINUTEN, FÜNF PRODUKTE

So gerne ich auch neue Looks ausprobiere, schminke ich mich doch meistens zwischen Tür und Angel. Es ist wunderbar, ein Alltags-Make-up aus dem Ärmel schütteln zu können, also einen bewährten und mühelosen Look, mit dem Sie sich der Welt gewachsen fühlen. Zu den fünf Beauty-Essentials für beschäftigte Mamas gehören Concealer, eine Wimpernzange, Wimperntusche, Creme-Rouge sowie Lipgloss. Diese fünf Produkte eignen sich hervorragend, um Ihre natürliche Schönheit hervorzuheben und gleichzeitig die Tatsache zu verbergen, dass Sie letzte Nacht nur drei Stunden geschlafen haben.

PFLEGELEICHTES HAAR

Für Mamas liegt das Geheimnis einer schönen und leicht zu handhabenden Frisur in einem pflegeleichten Schnitt. Denn ganz ehrlich: Wer hat schon morgens Zeit für ein ausgedehntes Haar-Styling? (Ich nicht!) Wenn Sie schöne Wangenknochen haben, warum nicht mal ein schicker Kurzhaarschnitt? Trifft kurzes Haar nicht so recht Ihren Geschmack, stellt Haar, das mindestens schulterlang ist, eine unaufwändige Alternative dar. Ein paar Stufen bringen Bewegung und Schwung in langes Haar, das sich zudem für alle möglichen Hochsteckfrisuren wie einen strengen Haarknoten oder einen lockeren Pferdeschwanz eignet und Ihnen somit jede Menge Möglichkeiten bietet, Ihr Haar auf die Schnelle zu stylen. Mein Haar-Geheimnis? Ich wasche mein Haar am Abend, binde es zu einem losen Knoten, wenn es noch feucht ist, gehe damit schlafen, et voilà! Wenn ich am nächsten Morgen den Knoten löse, fällt mir das Haar sofort in weichen und glänzenden Wellen auf die Schultern. Eine enorme Zeitersparnis.

ENTSPANNUNG MUSS SEIN

Man vergisst leicht, dass Zeit und Raum für Entspannung ein wichtiger Aspekt der Selbstfürsorge ist. Es kann ein Zehn-Minuten-Zeitfenster sein, um eine Zeitschrift durchzublättern, einen Spaziergang zu machen, zu stricken oder einfach nur eine Tasse Tee zu trinken und ansonsten absolut nichts zu tun. Steht Ihnen mehr Zeit zur Verfügung, dann versuchen Sie, sich selbst ein bisschen zu verwöhnen, plaudern Sie mit einer Freundin, sehen Sie sich einen Film an, oder tun Sie etwas Kreatives, schlafen Sie, oder probieren Sie neue Hobbys aus.

 **Allyson auf Minimalist Parenting:** Ich koche nach wie vor «erwachsene» Gerichte. Wir essen eine große Bandbreite an Lebensmitteln, die gut schmecken und gesund sind. Dabei ist es hilfreich, dass unser Kleinkind ein echter Gourmet ist («Ich Dinosaurier! Dinosaurier essen Lachs!»), aber gut zu kochen und zu essen, fühlt sich auch dann noch wie ein Verwöhnprogramm an, wenn Sie Teile davon später vom Fußboden, aus Ihrem Haar oder vom Hemd Ihres Mannes entfernen müssen.

 **Ingrid auf Minimalist Parenting:** Als meine Tochter klein war, gestaltete sich das Schlafengehen schwierig, weil sie, solange ich in der Nähe war, nur zur Ruhe kam, wenn ich auch tatsächlich bei ihr war. Also ging ich ein bis zwei Mal pro Woche abends in die Bibliothek und überließ es ihr und ihrem Vater, eine eigene Routine zu entwickeln. Ich las, strickte, blätterte Zeitschriften durch oder nahm meinen Laptop mit, um im Internet zu surfen ... Manchmal machte ich einen Schaufensterbummel mit einem Latte macchiato in der Hand. Inzwischen ist unsere Tochter älter und bekommt das mit dem Schla-

fengehen gut hin, aber ich liebe es immer noch, ab und zu einen Abend in der Bibliothek zu verbringen.

SIE UND IHR PARTNER
ODER IHRE PARTNERIN

Einer der vielen Vorteile, wenn man sich Zeit für sich selbst nimmt, ist der damit einhergehende positive Effekt, den das automatisch auch auf die Beziehung mit dem Partner oder der Partnerin hat. Mit Ihrer zunehmenden Ruhe und Gelassenheit beißen Sie sich nicht so leicht an leise vor sich hinschwelendem Ärger fest und öffnen stattdessen die Türen für produktive Gespräche. Ein weiterer Bonus: Die erhöhte Aufmerksamkeit, die Sie Ihrem Äußeren schenken, bringt Ihnen vielleicht auch den ein oder anderen anerkennenden Blick ein.

Aber wir alle wissen, wie hart das Elternsein die Partnerschaft auf die Probe stellen kann, und Sie könnten wahrscheinlich – wie die meisten von uns – auch ein bisschen neuen Schwung in Sachen Romantik gebrauchen. Ein Teil der Selbstfürsorge besteht auch darin, Ihre Liebesbeziehung zu pflegen – sowohl um zu kitten, was womöglich zerbrochen ist, als auch um die Dinge zu pflegen, die Sie ursprünglich mal zusammengebracht haben.

VERMEIDEN SIE ES, GEFÜHLE IN SICH
HINEINZUFRESSEN

Menschen sind sehr unterschiedlich darin, ihre Gefühle auszudrücken – manche tragen Ihr Herz auf der Zunge, andere igeln sich regelrecht ein. Schließen Sie einen Pakt der offenen

Kommunikation mit Ihrem Partner oder Ihrer Partnerin, denn man kann angespannte Situationen so viel schneller auflösen und Missverständnisse so viel einfacher klären, wenn man Konflikte anspricht, statt sie totzuschweigen. Denken Sie an all die Energie, die Sie dadurch für wichtigere Dinge aufsparen können!

WENN SIE EINE ANGELEGENHEIT NICHT KLÄREN KÖNNEN, SUCHEN SIE SICH HILFE

Manchmal ist es schwierig, Beziehungsprobleme zu erkennen, wenn man mittendrin steckt. Sie mit Hilfe einer Therapeutin oder eines Therapeuten zu bearbeiten, ist kein Zeichen von Schwäche; ganz im Gegenteil zeugt es von Stärke, wenn Sie bereit sind, Zeit und Energie in Ihre Partnerschaft zu investieren. Eine dritte Person mit im Raum zu haben, und sei es nur für einige Sitzungen, kann dazu beitragen, dass Sie sich angehört fühlen, sodass Sie alte Unstimmigkeiten klären und Platz für eine neue Geschichte schaffen können, die für Sie beide bereichernd ist.

BRINGEN SIE IHR EIGENES PÄCKCHEN WOANDERSHIN

Eltern haben oft kaum Zeit, um einander nahe zu bleiben und als Paar zu genießen. Wenn Christine mit Problemen kämpft, die nicht mit der Familie zu tun haben, sucht sie oft den Rat einer Freundin oder therapeutischen Beistand, statt ihre Zeit mit Jon dadurch zu blockieren.

HABEN SIE VERTRAUEN, UND UNTERSTÜTZEN SIE IHREN PARTNER ODER IHRE PARTNERIN

Vielleicht sind Sie und Ihr Partner bzw. Ihre Partnerin nicht immer derselben Meinung, wie genau man ein Problem löst (sei es ein persönliches, ein berufliches oder eines im Zusammenhang mit dem Elternsein). Doch solange Sie sich über das gewünschte Ergebnis einig sind, sollten Sie Vertrauen in die Kompetenz und die guten Absichten Ihres Partners oder Ihrer Partnerin haben und ihn oder sie unterstützen.

MACHEN SIE «WIR-ZEIT» ZU EINER PRIORITÄT

Damit Ihre Beziehung überleben und wachsen kann, sollten Sie sich ab und zu dem tagtäglichen Familienrummel entziehen, einander zuhören und miteinander reden. Verabreden Sie sich, auch wenn es nur einmal im Monat ist, und tragen Sie Ihr Date in den Kalender ein. Versuchen Sie hin und wieder gemeinsam dem Alltag zu entfliehen, und sei es auch nur für eine Nacht. Fällt es aus finanziellen Gründen flach, eine Babysitterin oder einen Babysitter zu bezahlen, gibt es auch immer die Möglichkeit, sich mit Paaren aus dem Freundeskreis abzuwechseln oder Ihre Familie um Hilfe zu bitten.

 **Tiffany auf Minimalist Parenting:** Uns ist es wichtig, zusammen wegzufahren, solange jemand da ist, der sich um die Kinder kümmern kann. Wir unternehmen viel zusammen als Familie, doch mein Mann und ich finden, dass es genauso wichtig ist, zu zweit zu verreisen (ob es

nun eine Nacht oder zwei Wochen sind). Unsere Auszeiten helfen auch den Kindern, Flexibilität und Unabhängigkeit zu entwickeln, und zeigen ihnen, dass ihre Mom und ihr Dad einander lieben und gerne Zeit miteinander verbringen.

SCHAFFEN SIE MEHR ZEIT FÜR UNBESCHWERTEN SPASS

Bei Eltern verkommt die Paarbeziehung nur allzu leicht zu einer Management-Partnerschaft – ausschließlich Logistik, kein Spaß. Tauschen Sie daher ein paar Haushaltspflichten gegen etwas schöne Zeit miteinander.

KLEINE AUFMERKSAMKEITEN ZEIGEN GROSSE WIRKUNG

Manchmal entfalten die kleinsten Gesten die größte Wirkung. Christine ist überzeugt davon, dass ihr Kaffee viel besser schmeckt, wenn Jon ihn für sie gemacht hat. Und solche kleinen Aufmerksamkeiten bringen sie auch auf die Idee, ebenfalls etwas Nettes für ihn zu tun.

ZÖGERN SIE NICHT, UM HILFE ZU BITTEN, UND REAGIEREN SIE SELBST AUF BITTEN SOFORT UND RESPEKTVOLL

Es mag hart sein, um Hilfe zu bitten, und es kann genauso hart sein, nein sagen zu müssen. Vereinbaren Sie, dass Sie beide einander um Hilfe bitten dürfen, *und* dass der oder die andere das Recht hat, ja oder nein zu sagen, und zwar im Vertrauen darauf, dass Sie beide von einer Grundlinie der Hilfsbereitschaft und der Unterstützung aus handeln.

GESTATTEN SIE EINANDER
ZEIT DER ACHTSAMKEIT

So wie wir durchs Leben hetzen, tut es gut und ist es wertvoll, sich gegenseitig daran zu erinnern, etwas langsamer zu machen und sich mehr Zeit zu nehmen, ob es nun um Erledigungen geht oder darum, sich mal kurz in ein Café zu setzen und ein bisschen Zeit alleine zu verbringen.

RESPEKTIEREN SIE DIE ROLLE
DES BZW. DER ANDEREN

Ob Sie nun beide (außer Haus) arbeiten oder einer mit den Kindern zu Hause ist, während der andere arbeiten geht, beide Rollen sind wichtig und verdienen Respekt. *Boston-Mamas*-Mitglied Priya (eine Anwältin mit einer mehr als 60-Stunden-Woche, deren Mann mit den beiden Kindern zu Hause bleibt) empfiehlt folgende drei Elemente als wesentliche Maßnahmen, um eine Grundlinie des Respekts zu entwickeln:

- **Widerstehen Sie dem Impuls, korrigierend in die Erziehung des bzw. der jeweils anderen einzugreifen.** Ständiges Korrigieren kann in dem Elternteil, das kritisiert wird, ein Gefühl von Unsicherheit und Groll auslösen.
- **Hören Sie einander zu.** Beide Seiten verdienen die Gelegenheit, ein bisschen Dampf abzulassen – nur weil ein Elternteil

den Tag in Freizeitklamotten im Park verbringen konnte, bedeutet es nicht unbedingt, dass es ein leichter Tag war.

- **Teilen Sie die «ersten Male».** Wenn ein Elternteil eine große Errungenschaft des Kindes zuerst miterlebt, dann sollte der andere Elternteil die Zeit und den Raum erhalten, um es ebenfalls mit Freude zu erleben, anstatt sich schuldig zu fühlen oder verärgert zu sein, etwas verpasst zu haben.

SIE UND IHR SOZIALES UMFELD

Und schließlich ist da noch die Gemeinschaft außerhalb Ihrer Familie. Sie haben einen Freundeskreis und Verwandte, die Sie auf einzigartige Weise bereichern. Wie Sie auch entscheiden zusammenzukommen und in welcher Konstellation (zu zweit oder als kleine Gruppe), nehmen Sie sich die Zeit, um Ihre Freundschaften und Beziehungen mit der erweiterten Familie zu vertiefen und zu genießen. Probieren Sie aus, wie ein Mitwirken in der Gemeinschaft Ihr Leben bereichern kann. Indem Sie Ihr weiteres soziales Umfeld pflegen, bauen Sie letztlich auch ein Unterstützungssystem auf, mit dem das Elternsein reicher und schöner wird.

Neben all Ihren Rollen – Mutter oder Vater zu sein, ist nur eine davon – sind Sie immer noch Sie selbst. Ein wunderbares Ich. Eine minimalistische Lebensweise verschafft Ihnen die Zeit und den Raum, um zu erforschen, wer Sie jetzt sind und wer Sie noch werden können.

NACHWORT:
WIE GEHT ES WEITER?

Wir applaudieren. Ehrlich. Es ist harte Arbeit, seine Anschauungen und Prioritäten zu hinterfragen und sich einer neuen Denkweise zu öffnen. Wir sind wirklich dankbar dafür, dass Sie uns auf diesem Weg vertraut haben. *Sie haben in sich selbst und in Ihre Familie investiert.*

Wir hoffen, dass *Minimalismus für Eltern* Ihnen Inspiration ist und das praktische Rüstzeug an die Hand gibt, um ein Familienleben zu schaffen, das einzigartig, glücklich und ganz das Ihre ist. Es gibt keine Eile, um zur Ziellinie zu gelangen (genau genommen gibt es überhaupt keine Ziellinie); nehmen Sie sich Zeit, und machen Sie so viele große oder Babyschritte, wie Sie brauchen, um Ihrem neu freigelegten Weg zu folgen.

Wie geht es nun also weiter?

Wir möchten den Dialog fortsetzen! Besuchen Sie den *Minimalist-Parenting*-Blog (auf minimalistparenting.com). Wir sind auch auf Twitter zu finden, unter @bostonmamas und @parent hacks, sowie auf Facebook unter facebook.com/Minimalist Parenting. Wir wollen Sie einladen, weiter über Herausforderungen und Erfolge mit uns zu sprechen.

Sie sind auf dem Weg zu etwas Besonderem. BRAVO!

HILFSMITTEL

In *Minimalismus für Eltern* haben wir immer wieder Hilfsquellen angeführt und möchten Ihnen hier sogar noch weitere auflisten, die Ihnen hoffentlich auf Ihrer minimalistischen Reise weiterhelfen. Auf unserer Website MinimalistParenting.com finden Sie alle Links, die direkt angeklickt werden können, und vieles mehr.

ERZIEHUNG

Literatur

Faber, Adele, und Elaine Mazlish. So sag ich's meinem Kind: Wie Kinder Regeln fürs Leben lernen. Düsseldorf: Oberstebrink, 2009. (Ein hervorragendes Modell für respektvolle Unterhaltungen mit Kindern)

Kohn, Alfie. Liebe und Eigenständigkeit: Die Kunst bedingungsloser Elternschaft, jenseits von Belohnung und Bestrafung. Freiburg im Breisgau: Arbor, 2010. (Von Christines Ehemann Jon empfohlen)

Internet

AlphaMom.com (kluge Unterhaltungen zum Thema Erziehung)

AskMoxie.com (nachdenkliche und aufschlussreiche Erziehungsdiskussionen)

LoveThatMax.com (ein Blog über Kinder mit besonderen Be-
dürfnissen)
ManicMommies.com (Internetseite und wöchentlicher Podcast
für berufstätige Eltern)
Pbs.org/parents (eine zuverlässige Quelle guter Gespräche)
SimpleMom.net (eine großartige Betrachtung des einfachen
Familienlebens)
TheHappiestMom.com (ein glücklicheres Leben von Tag zu
Tag)
TheMotherhood.com (Community und Live-Chats zu zahlrei-
chen Erziehungsthemen)
Wired.com/geekdad (leidenschaftliche, einsatzfreudige Väter
tauschen sich aus)

VERHALTEN UND ENTWICKLUNG
VON KINDERN

Literatur

Greene, Ross W. Das explosive Kind: Plan B für Eltern von
kleinen Tyrannen. Winterthur: Edition Spuren, 2011. (Eine
ausgezeichnete praktische Neubetrachtung des «schwierigen
Kindes»)
Harris, Robie H., und Michael Emberley. Total normal: Was du
schon immer über Sex wissen wolltest. Weinheim: Beltz&Gel-
berg, 2010. (Es ist besser, wenn Kinder ihre Sexualerziehung
von den Eltern erhalten)
Kindlon, Dan, und Michael Thompson. Was braucht mein
Sohn? Wie Eltern die emotionale Entwicklung fördern können. Frankfurt am Main: Fischer Taschenbuch, 2003. (Für Eltern von Jungen)

ZEIT-MANAGEMENT UND PRODUKTIVITÄT

Literatur

Allen, David. Wie ich Dinge geregelt kriege – Selbstmanagement für den Alltag (gekürzte Ausgabe). Hamburg: TIDE exklusiv, 2017. (Eine Empfehlung unserer Community)

Covey, Stephen R., A. Roger Merrill und Rebecca R. Merrill. Der Weg zum Wesentlichen: Der Klassiker des Zeitmanagements. Frankfurt am Main, New York: Campus Verlag, 2014. (Eine wertebasierte Betrachtung des Zeit-Managements)

Internet

FlyLady.net (Ein E-Mail-Service zur Entwicklung von häuslichen Routinen, mit einer äußerst engagierten Fangemeinde)

LifeHacker.com (Tipps, Tricks und Technik für ein besseres Leben im digitalen Zeitalter, von unserer Community empfohlen)

MyTomatoes.com (Web-basiertes Zeit- und Leistungs-System)

ZenHabits.net (Einfachheit inmitten des täglichen Chaos)

Kalender und Planer

Franklin Covey (Der Organizer, der Christine auf dem College zu neuen Höchstleistungen brachte)

Get Buttoned Up (Gut entworfene Tools für Produktivität und Aufbewahrung)

MomAgenda (Ein Tagesplaner für Mütter)

Moleskine (Ashas Lieblings-Notizbuch für Gedanken und Tagesplanungen)

Internet-Kalender, Planer und Apps

Cozi (Kalender-Management)

Dropbox (Gemeinsame Dateien, um To-do-Listen jederzeit einsehen zu können)

Evernote (Virtuelle Pinnwand)

Google Calendar (Gratis-Kalender online)

Orchestra (To-do-Listen und mehr)

Things for iPhone (Ashas liebste App für To-do-Listen)

ORDNEN UND ENTRÜMPELN

Literatur

Walsh, Peter. Alles zu viel: Wie man sein Leben wieder in den Griff kriegt. Bergisch Gladbach: Ehrenwirth, 2008. (Weniger Krempel! Wir sind ganz derselben Meinung)

Internet

CatalogChoice.com (Reduzierung von Junk-Mail)

Craigslist.de (Kostenlose Anzeigen zum An- und Verkauf von Sachen)

DonationTown.org (Kostenlose Abholung von Sachspenden)

Ebay.de (Verkauf hochwertigerer Sachen, für die Portokosten lohnen)

Freecycle.org (Anzeigen kostenloser Sachen)

Goodwill.org (Helfen durch Spenden)

MabelsLabels.com (Persönliche Etiketten für alles)

MomAdvice.com (Organisieren, einfach leben und mehr)

PeaceLoveSwap.com (Tauschbörsen)

SwapMamas.com (Tauschbörse für Babyartikel)

TheSwapaholics.com (Tauschbörsen)

Zwaggle.com (Tauschnetzwerk für Eltern)

Verleih und Outsourcing

Airbnb.de (Wohnungsvermietung)

Amazon.de (Günstige Angebote für größere Mengen; viele in unserer Community empfehlen den Windel-Lieferservice)

Care.com/ Betreut.de (Betreuungsservice für Kinder, Erwachsene, Senioren, Haustiere und Wohnungen)

Diapers.com (Blitzschneller Windel-Lieferservice)

Drugstore.com (Ersparen Sie sich einen weiteren Weg)

Merrymaids.com (Reinigungsservice)

Netflix.com (Film-Verleih)

RenttheRunway.com (Verleih von Kleidung für besondere Anlässe)

Sittercity.com (Kinderbetreuung)

TaskRabbit.com (Besorgungen)

Yelp.de (Suchmaschine und Bewertung von Serviceleistungen in der Umgebung)

Zipcar.de und Car2Go.com (Carsharing)

FINANZEN

Internet

BabyCheapskate.com (Günstige Babyausrüstung)

BudgetsAreSexy.com (Sparen macht Spaß ... Sparen ist sexy!)

GetRichSlowly.org (Kluger Rat zu persönlichen Finanzen)

Napfa.org (Nationale Vereinigung persönlicher Finanzberater; eine gute Seite für Empfehlungen in der Umgebung)

TheCentsibleLife.com (Zur Verbindung von Muttersein und Finanzen)

TheSimpleDollar.com (Praktische Spartipps)

Wisebread.com (Lebendiger Austausch zum Thema Sparen)

Finanz- Tools

Adaptu.com (Verwaltung der Finanzen)
ImpulseSave.com (Tool für Ersparnisse)
KiddyBank (App für die Verwaltung von Taschengeldern)
Mint.com (Verwaltung der Finanzen)

SPIELEN

Literatur

Flett, Heather Gibbs, und Whitney Moss. Willkommen im Mama-Club: Alles, was Ihnen und Ihrem Baby guttut. 250 Ideen für das erste Jahr. Köln: vgs Egmont, 2009. (Aktivitäten mit Ihrem neugeborenen Baby oder auch ohne)
Jacobs, Meredith, und Sofie Jacobs. Nur für uns zwei: Tagebuch für Mutter und Tocher. München: riva, 2016. (Eine wunderbare Anregung für Gespräche zwischen Mutter und Tochter; wir hoffen auf eine Version für Jungen oder für Eltern und Kinder allgemein!)

Internet

DesignMom.com (Kreativität für Eltern und Kinder)
FamilyFun.go.com (Rezepte, Bastelideen und weitere Anregungen)
KidsCraftWeekly.com (Bastelideen für Kinder)
KidsGardening.org (Gärtnern mit Kindern)
LetsPlay.com (Anregungen für Beschäftigung im Freien für die ganze Familie, Bauspielplätze im ganzen Land)
MakeandTakes.com (Bastelideen für Kinder)
Nwf.org/Kids.aspx (Anregende Informationsquelle der National Wildlife Federation zur Erforschung der Natur)
RookieMoms.com (Eine Adresse für frischgebackene Eltern)

SCHULE UND AUSBILDUNG

Internetseiten
KhanAcademy.org (Eine eindrucksvolle Sammlung von Online-Vorträgen)

ERNÄHRUNG

Literatur / Kochbücher
Oliver, Jamie. Jamies Kochschule: Jeder kann kochen. München: Dorling Kindersley, 2008 (Gute Gerichte einfach gekocht – ein toller Typ!)
Waters, Alice. The Art of Simple Food: Rezepte und Glück aus dem Küchengarten. München: Prestel, 2014. (Eine der ersten Vertreterinnen einfacher Ernährung)

Internetseiten / Apps
Dinewise.com (Lieferservice für fertige Gerichte)
FreshDirect.com (Lebensmittel-Lieferservice in New York und Umgebung)
GroceryIQ.com (Tool zur Erstellung von Einkaufslisten, von unserer Community empfohlen)
How to Cook Everything app (hilfreiche Kochbuch-App)
Netgrocer.com (Lebensmittel-Lieferservice)
Peapod.com (Lebensmittel-Lieferservice)
Relish.com (eine Rezeptsammlung für gesunde Gerichte)
ThePioneerWoman.com (phantastische Rezepte, Fotos und Geschichten)
TheScramble.com (familienfreundliche Mahlzeitenplanung)
ThisWeekForDinner.com (Anregungen für die wöchentliche Mahlzeitenplanung)

WhatsCookingWithKids.com (geprüfte mobile Naturkost-Kochschule für Kinder)

FESTE UND BESONDERE
ANLÄSSE

Internet

BirthdayswithoutPressure.com. University of Minnesota Department of Family Social Science. (Für Geburtstagsfeiern ohne Ballast)

Etsy.com (Durchstöbern Sie die nähere Umgebung nach Geschenken, und unterstützen Sie die kleinen Geschäfte)

Evite.com (Papierloser Einladungsservice)

HelenJane.com (Für freundliche und großzügige Gastgeber)

iGive.com (Einkaufen und Gutes tun, empfohlen von Isabel Kallman von AlphaMom.com)

PaperlessPost.com (Papierloser Einladungsservice)

ToysforTots.org (Sachspenden für bedürftige Kinder)

REISEN

DeliciousBaby.com (So macht Reisen mit Kindern Spaß)

MotherofallTrips.com (Gedanken und Tipps zum Thema Familienurlaub)

OneBag.com (Tipps für Reisen mit wenig Gepäck)

Packing Pro (Eine App zur Erstellung von Listen, empfohlen von unseren Freunden bei CoolMomTech.com)

TravelsWithBaby.com (Anleitungen und Tipps)

WeJustGotBack.com (Ratgeber für den Familienurlaub)

LIFESTYLE UND
SELBSTFÜRSORGE

Bücher und Zeitschriften

Brown, Brené. Die Gaben der Unvollkommenheit: Leben aus vollem Herzen. Bielefeld: Kamphausen, 2012. (Kluge Ratschläge, um sich selbst kennenzulernen)

Rubin, Gretchen. Das Happiness-Projekt. Frankfurt: Fischer, 2011. (Wir alle verdienen glücklich zu sein)

Internet

CoolMomPicks.com (Shopping-Website mit Schwerpunkt auf unabhängigen Läden und / oder Läden von Müttern)

DailyMile.com (Teilen Sie Ihre Fitnessfortschritte mit Gleichgesinnten)

DesignForMinikind.com & DesignForMankind.com (Schöne, kreative Dinge für Eltern und Kinder)

GoMighty.com (Inspiration für ein besseres Leben)

MyFitnessPal app (Ernährungs- und Fitnessdokumentations-App zur Kontrolle des Kalorienverbrauchs)

PetitElefant.com (Lifestyle-Blog voller einfacher Beauty-Ideen zum Selbermachen)

PostpartumProgress.com (Community zur Unterstützung bei Wochenbett-Depressionen)

SeeingTheEveryday.com (Ein Online-Magazin über die Wunder des täglichen Lebens)

ShoestringMag.com (Die beste Seite für ein sparsames Leben)

SimpleLovelyBlog.com (Eine Auswahl wirklich einfacher und schöner Dinge)

Whoorl.com (Bodenständige Tipps zu Beauty und Style)

WorkingCloset.com (Minimalistische Mode für jeden Tag)

HIER FINDEN SIE CHRISTINE UND ASHA – AUSSER SELBSTVERSTÄNDLICH AUF MINIMALISTPARENTING.COM!

Christine Koh

ChristineKoh.com (Über mich)

BostonMamas.com (Erziehungs- und Lifestyle-Portal für Familien in Boston und anderswo)

Ebenfalls auf Twitter (@bostonmamas), Facebook (facebook.com/bostonmamas),

Pinterest (christinekoh), und Instagram (bostonmamas)

Asha Dornfest

AshaDornfest.com (Über mich)

ParentHacks.com (Tipps und Erleuchtungen für Eltern)

Ebenfalls auf Twitter (@parenthacks) und Facebook (facebook.com/parenthacks)

DANKSAGUNGEN

CHRISTINE KOH

Nachdem Sie dieses Buch gelesen haben, ist Ihnen sicher deutlich geworden, dass meine Kindheitserfahrungen in mir eine Sehnsucht nach bedeutungsvollen Beziehungen verankert haben – danach, ein geschätzter, akzeptierter Teil einer Gemeinschaft zu sein. Während ich *Minimalismus für Eltern* schrieb, wurde ich daran erinnert, mit wie vielen wunderbaren Beziehungen ich tatsächlich gesegnet bin.

Ich danke den Teilnehmerinnen und Teilnehmern des Bliss-Dom 2010, die mir nach meinem Podiumsbeitrag nahelegten, doch ein Buch zu schreiben (ich habe den Entwurf für *Minimalismus für Eltern* noch auf dem Heimflug skizziert und mir kurz darauf die Domain gesichert). Ich danke Whitney Johnson dafür, Bibliomotion auf mich aufmerksam gemacht zu haben, obwohl sie noch gar nichts von meiner Buch-Idee wusste, und Morra Aarons-Mele, die eine wunderbare Kollegin und dazu die Inspiration hinter Pivot Boston ist (wo wiederum die Verbindung zu Bibliomotion zustande kam). Gretchen Rubin danke ich für unsere frühen Gespräche über das Buch und dafür, dass sie mir zu einer Literaturagentur geraten hat, als das Projekt *Minimalismus für Eltern* ins Rollen kam.

Erika Heilman und Jill Friedlander bei Bibliomotion – ihr habt eine unglaubliche neue Art geschaffen, Dinge zu tun, die allen Verlagen als Vorbild dienen sollte. Unsere Autoren-Kolleginnen und -Kollegen bei Bibliomotion – ihr seid eine tiefe Quelle der Bedachtsamkeit, des Humors und der Großzügigkeit. Josh Getzler – du warst ein vertrauenswürdiger Ratgeber, dessen Feedback zum ersten Entwurf von *Minimalismus für Eltern* unbezahlbar war. Dank auch an Rusty Shelton, Barbara Henricks, Margaret Kingsbury und ihre Teams für ihre Expertise und Beratung in Sachen Marketing und soziale Medien.

Kristen Chase, Liz Gumbinner, Ellen Galinsky, Melissa Massello, Ellen Seidman, Aviva Goldfarb und Sarah James – danke, dass ihr eure Weisheiten mit uns geteilt habt, obwohl ihr selbst genug um die Ohren habt. Die zahllosen Eltern der Communitys von Minimalist Parenting, Boston Mamas und Parent Hacks – es war uns eine Ehre, eure Geschichten und Anekdoten in unser Manuskript einzubinden. Vielen Dank an Karen Walrond für ihren Rat und die brillant produzierte Buch-Ankündigung und ebenfalls vielen Dank an Jen Bolitho, Stephanie Brubaker, Leslie Fandrich, Sarah Hubbell, Jim Lin, Rachel Matthews, Irène Nam, Stephanie Precourt und Maile Wilson für die phantastischen Fotos, die unser Skript so schön unterstreichen und akzentuieren.

Meine geniale Co-Autorin Asha, ich könnte ein ganzes Buch darüber schreiben, was ich in der Zusammenarbeit mit dir gelernt habe. Danke, dass du dich bei Camp Mighty mit mir getroffen hast, um über diesen Traum zu sprechen, und einverstanden warst, mit mir zu dieser Reise aufzubrechen. Dank dir war es der erfreulichste Einstieg ins Bücherschreiben, den man sich vorstellen kann. Danke, dass du immer wusstest, wann unsere To-do-Liste gekürzt werden musste, und dafür, dass du meine To-dos übernommen hast, wenn ich unter der Last zusammenzubrechen drohte. Danke für deine Unterstützung in so vielerlei Hinsicht.

Meine Familie sowie Freundinnen und Freunde – ich kann

nicht alle aufzählen, aber ich liebe und schätze euch alle so sehr. Rachel und James (in absentia) Koh, ich glaube nicht, dass es mir je gelingen wird, auszudrücken, wie viel Respekt ich dafür habe, was ihr durchlebt habt, als ihr so viele Kinder unter solch widrigen Umständen aufgezogen habt. George, Kyoungho, Jason, Jennifer, Stephanie, Sharon, danke, dass ihr in jenen ersten Jahren Teil meines Teams wart. Estelle, Marjorie, Christophe, Jonathan, Nancy, Led, Josh, Claudia, Peter und Joanne – ich könnte mir keine bessere Schwiegerfamilie wünschen. Patrick und Jeannie – danke für all unser gemeinsames Lachen. Kate Fichter, Paige Lewin, Heidi Milne – danke, dass ihr meine kreative Ader hervorgebracht habt. Nicola Majchrzak, Heather Hoffman, Heather Zuzenak – ich schätze unsere Abendessen so sehr. Lynne und Kevin Lappin, Sharla und Frank Randazzo – ich danke euch für all die Spielverabredungen (von denen viele mir ermöglicht haben, die Buchfristen einzuhalten!). Anna Maka und Michael Dakin – wir freuen uns immer über eure Besuche in den USA. An mein «ONE Moms Äthiopien»-Team – ihr habt alle einen festen und besonderen Platz in meinem Herzen. Danke, Mary, der unglaublichsten Kita-Leiterin der Welt. Adelaide – danke für all deine klugen Unterweisungen.

Und schließlich Jon, Laurel und Violet. Danke, dass ihr mir so viel über mich selbst beigebracht habt und mir gezeigt habt, wie ich zu einem besseren Menschen werden kann. Danke für die Unterstützung auf meiner Buch-Reise; ich weiß, dass ich viele Details aus eurem Leben preisgegeben habe. Ich hoffe, dass es mir gelungen ist, die bemerkenswerten Lektionen, die ich von euch allen gelernt habe, mit großem Respekt und tiefer Dankbarkeit zu vermitteln. So vieles in meinem Leben wäre ohne euch nicht möglich – oder vollkommen bedeutungslos. Ich liebe euch alle.

Ein Buch auf die Welt zu bringen, ähnelt dem langen, außergewöhnlichen Prozess des Elternseins, mit all seinen Überraschungen und Momenten der Demut. Einschließlich des Wissens, dass eine ganze Gruppe von Menschen daran beteiligt ist. Ich werde niemals alle nennen können, die mich für *Minimalismus für Eltern* inspiriert haben, aber ich bin euch allen dankbar.

Zuallererst muss Christine genannt werden, meine multitalentierte Co-Autorin und liebe Freundin. Ich bin dankbar für alles, was du mir über Partnerschaft, Arbeitsmoral, Großzügigkeit und Freundschaft beigebracht hast. Danke, dass du mir vertraut hast, deinen Traum zu teilen, und mir den Raum gegeben hast, ihn zu meinem eigenen zu machen.

Ich wäre Christine nie begegnet ohne die Community, die mir eine Stimme verliehen hat: mein Blog Parent Hacks. Mein Beitrag zu diesem Buch verdankt sich auch den Tausenden von Eltern und Blogger-Kolleginnen und -Kollegen, die mir ihre Tipps geschickt sowie Kommentare hinterlassen und sich in den letzten sieben Jahren an klugen, offenen Gesprächen beteiligt haben.

Ich schließe mich Christines Dank an alle an, die an der Produktion von *Minimalismus für Eltern* beteiligt waren: die inspirierenden Momente, die durch BlissDom und Camp Mighty ermöglicht wurden, zusammen mit Whitney Johnsons Elfenstaub; unsere wunderbaren Verlegerinnen Erika, Jill und der Rest des Bibliomotion-Teams; Josh Getzler von der Agentur HSG; Rusty Shelton von Shelton Interactive; Margaret Kingsbury und Jessica Krakoski von Cave Henricks; Karen Walrond von Chookooloonks mit ihrem magischen Video-Filmschnitt, und all die genialen Mitwirkenden und Mitstreiterinnen und Mitstreiter in unserem Buch, Blog und Video.

Während wir *Minimalismus für Eltern* schrieben, reisten Christine und ich mit der Organisation ONE nach Äthiopien. Diese Erfahrung stellte unsere Erziehungsvorstellungen in einen globalen Zusammenhang, für den ich ewig dankbar sein werde. Ein großer Dank geht an Ginny Wolfe und Jeannine Harvey von ONE, die solch eine Erfahrung möglich gemacht haben. Dank allen ONE-Müttern – Kelly Wickham, Liz Gumbinner, Maya Haile Samuelsson, Diana Prichard, Alice Currah, Rana DiOrio, Gabrielle Blair, Cathleen Falsani, Jennifer Howze und Michelle Pannell – für die herzlichste Umarmung, die man sich wünschen kann. Und an die Menschen, die wir in Äthiopien trafen – ihr habt mir gezeigt, dass wir alle zu großen Dingen fähig sind.

Mein Dank geht an die Lehrerinnen und Lehrer sowie Betreuerinnen und Betreuer im Leben meiner Kinder: Carol Hewig, Lisa O'Brien, Rick Short, Jennifer Edler, Kristin Werts, Melissa Dragich, Teri Geist, Cara Pettit, Abby Largo und Charla Cunningham. Ich konnte mich nur auf ein Projekt dieses Umfangs konzentrieren, weil ich wusste, dass es meinen Kindern in eurer Obhut gut ging.

Meinem Freundeskreis, der Nachbarschaft und allen, die mir mit Rat zur Seite gestanden haben: So vieles in diesem Buch ist aus Gesprächen mit euch entstanden. Alisa Mallinger, Judie Sedrick, Karen Einbinder, Kyran Pittman, Harriet Steinberg, Heather und Nate Angell, Mary Wells Pope, Lyla Wolfenstein, Mary Levy, Katrina Norwood, Jill Duval und meine geliebten Cousinen Leslee Koritzke und Hayley Alexander.

Meiner Familie, ohne die es all dies nicht geben würde, möchte ich aus tiefstem Herzen danken. Meinen wunderbaren Eltern, Rosalyn und Jagdish Jirge; meinen Schwiegereltern Carol und Franklyn Dornfest sowie meinem Schwager und meiner Schwägerin Robin und Eileen Dornfest.

Meinen Kindern: Von euch wurde alles inspiriert, was ich hier geschrieben habe. Sam, deine Stärke, dein Humor und deine Sichtweisen haben meine eigenen bereichert. Mirabai, deine Klugheit und Klarheit verblüfft und erfreut mich jeden einzelnen Tag. Ich liebe euch beide mehr, als ich je ausdrücken kann, und ich bin dankbar, eure Mutter zu sein.

Und schließlich meinem wunderbaren Mann Rael: Danke für deine Unterstützung auf jedem Schritt unseres Weges. Du bringst alles, was ich tue, zum Strahlen.

WO CHRISTINE UND ASHA
SONST NOCH ZU FINDEN SIND

Christine findet man an allerlei Orten im Netz. Ihr täglicher Blog Boston Mamas (bostonmamas.com; facebook.com/bostonmamas) ist ein preisgekröntes Lifestyle-Portal für Eltern in Boston und Umgebung; die Website umfasst Lokales, Lebensmittel, Mode, Design, Kunsthandwerk, ökologisches Leben, Fitness, Familienthemen und mehr. Christine rief die Seite im Jahr 2006 ins Leben; kurz darauf hängte sie ihre Laufbahn als Musikwissenschaftlerin und Hirnforscherin an den Nagel.

Außerdem ist Christine autodidaktische Grafik-Designerin; ihre Arbeiten für Posh Peacock (poshpeacock.com) sind in *Brides, Daily Candy* sowie *Pregnancy & Newborn* erschienen. Sie entwirft digitale Strategien bei Women Online (wearewomenonline.com), setzt sich bei The Mission List (themissionlist.com) für soziale Projekte ein und hilft Frauen via Pivot Boston (pivotboston.com) zu einem phantastischeren Leben. Sie isst, bloggt und läuft gerne und versucht andere über Eat. Blog.Run (eatblogrun.com) dazu anzuregen, es ihr gleichzutun. Eines Tages möchte sie ihren persönlichen Blog Pop Discourse (popdiscourse.com) wiederbeleben.

Sie können Christines komplettes Portfolio von Tätigkeiten auf christinekoh.com einsehen und ihr auf Twitter (@bostonmamas), Pinterest (christinekoh), Instagram (bostonmamas) und YouTube (bostonmamas) folgen.

Asha verbringt den Großteil ihrer Online-Zeit auf Parent Hacks (parenthacks.com; facebook.com/parenthacks), seit 2005 eine vertrauenswürdige Quelle für «einfache, kluge Ratschläge und Tipps» in Sachen Erziehung. Leserinnen und Leser beschreiben die Seite als «lebensverändernd» sowie als «eine Insel des Anstands in der Erziehungs-Blogosphäre». Parent Hacks ist gleich drei Mal die Ehre zuteil geworden, in der Babbles-Top-50 der Mütter-Blogs als «Nummer 1 aller hilfreichen Seite» ausgezeichnet zu werden.

Dank einer schlauen und großzügigen Community von Eltern gibt Asha Tipps, Kniffe und Empfehlungen weiter, die das Familienleben leichter machen. Die Themen umfassen die Organisation des Haushalts, Zeitmanagement, die Vereinfachung der Mahlzeiten, die Organisation des Schuljahres, Reisen mit Kindern, Spaßprojekte, Basteleien und Aktivitäten sowie viele weitere einzigartige Ideen.

Praktische Ratschläge öffnen häufig die Tür zu guten Gesprächen, und einige der besten Tipps erscheinen in den Kommentaren, Tweets und Updates von Leserinnen und Lesern. Parent Hacks ist ein lebendiger, aufschlussreicher Aufenthaltsort – kommen Sie vorbei!

Asha beschäftigt sich auch mit anderen Projekten. Informieren Sie sich auf AshaDornfest.com, was sie gerade tut, und folgen Sie ihr auf Twitter (@parenthacks).

Asha Dornfest
Life Hacks für Eltern
Geniale Tricks für das Leben mit Kindern

Das unverzichtbare, unterhaltsame, superpraktische Buch für den forderndsten aller Jobs: Kinder erziehen. Es zeigt mit kurzen Texten und vielen bunten Illustrationen, wie man sich mit unkonventionellen Lösungen das Leben mit kleinen Kindern einfacher macht; z. B., wie An- und Ausziehen des Babys leicht gelingt oder wie man für ruhigen Schlaf sorgt, welche Tricks Essen und Trinken erleichtern und wie eine Wohnung sicher wird, wofür ein Schlitten im Sommer gut ist, wie hilfreich Weinträger sein können oder wie in Sekundenschnelle eine Sandkiste entsteht.

Einfach genial – der Bestseller aus Amerika.

272 Seiten

Sb 145/1